细讲中国历史

沉暮与新生

明

张海英 著

上海人民出版社

序

一

　　上海的郭志坤先生是我的多年老友。在十几年前世纪之交的时候，我同郭先生曾经有过一次非常愉快的合作，就是依照他的提议，共同编写了一本通俗讲述中国古代历史的图书，题为《中国古史寻证》，列入上海科技教育出版社"名家与名编——世纪初的对话"丛书出版。当时没有料到，这本书印行后博得相当不错的反响，使郭先生和我都觉得所作的一番努力是值得的。

　　以这件事为契机，郭志坤先生同我有不少次机会谈起历史学的通俗化问题。我们都认为，有必要组织编写一套系统讲说中国历史，将学术界的丰硕成果推广于大众的图书。郭先生精心拟出规划，并很快约请到多位学养深厚的作者，形成老中青结合的团队，投入了撰写的工作，其成果便是现在这套"细讲中国历史丛书"。

　　"细讲中国历史丛书"从夏商周三代写起，一直到最末的王朝清朝为止，全套共十二册。这套丛书的编写，贯穿了两条原则：就书的性质和对象来说，是"面向大众"；就书的体裁与风格而言，是"通俗化"。我认为郭志坤先生的这两条提得好，也提得及时。

　　先说"面向大众"。我近些年在不同场合屡次说过，历史虽不能吃，也不能穿，似乎与国计民生渺不相关，实际却是社会大众的一种不可缺少的精神需求。我们每一个人，不管从事什么职业，处于何种身份，都会自然而然地对历史产生一定的兴趣，这或许可以说是人的天性使然吧。一个人活在世界上，不但要认识现在，也必须回顾过去，这就涉及了历史。我从哪里来，又往哪里去，是每个人都会意识到的问题，这也离不开历史。人们不能只想到自己，还总会考虑到我们的国家和民族，这就更应该了解历史。社会大众需要历史，历史学者自当"面向大众"。

抗日战争时期，历史学前辈钱穆先生在西南联大讲授《国史大纲》，所撰讲义一开头便标举："当相信任何一国之国民，尤其是自称知识在水平线以上之国民，对其本国已往历史，应该略有所知"，"否则最多只算一有知识的人，不能算一有知识的国民。"历史学者的工作任务，不应只限于自身观察历史、探索历史，更有责任把所认识、所了解的历史，原原本本地告诉广大的社会大众，使大家对历史有应有的认识和必要的了解。

特别是在今天，当我们的国家、民族正在走向伟大复兴之际，尤其有必要推动历史学"面向大众"。中国有五千多年的文明历史，我们的先人创造了辉煌而且源远流长的文化，对人类的发展进步做出过丰富卓越的贡献。我们有义务把这样的史实告诉社会大众，提升大家建设祖国、走向世界的凝聚力和自信心，从而为今后人类的发展进步做出更多更新的贡献，这应当成为历史学者的襟怀和抱负。

再谈"通俗化"。"面向大众"与"通俗化"是结合在一起的，要想真正做到"面向大众"，历史著作就必须在语言和结构上力求"通俗化"。

说起"通俗化",我联想到我国"二十四史"之首《史记》的作者司马迁。司马迁是学究天人的大学者,是"读万卷书、行万里路"的典范,然而他撰著历史,引经据典,还是在通俗上下了很大功夫。比如他论述唐虞以来古史,自然离不开《尚书》,而他本人曾受学于《尚书》博士孔安国,亲得古文《尚书》之学的传授,然而他在引用《尚书》时,对于古奥费解的字词,都采用意义相同的字来代替,这应该说是在"通俗化"方面的重要创意。另外,司马迁还尽力将史事的叙述情节化,使之活现于读者眼前,无愧于历史家的大手笔。这都是后人需要学习的。

必须说明,"通俗化"并不意味着降低历史学著作的学术水准。相反的,编写"通俗化"的历史作品,实际是对作者设立更高的要求,绝不是轻易就能够做到的。在这里,我还想附带说一句,即使是专供学术界专业阅读的论著,其实也应当(而且也能够)写得简明流畅一些。不少著名的前辈学者,例如胡适、郭沫若、冯友兰等先生,他们的著作不都是这样的么?

"细讲中国历史丛书"是"面向大众"的,并且在"通俗化"方向上作了很大的努力。郭志坤先生还说过:"通俗,通俗,只有通,然后能俗。"这也很有道理。这十二册书是一个整体,作者们在上下五千年的一个"通"字上花费了不少精力,对于内容的构架和文字作风也下了一番苦功夫,相信这套书的读者都会体认到他们的用心。

李学勤

2014年8月17日

序
二

　　我和李学勤先生在讨论历史学的通俗普及问题的时候，很自然回忆起吴晗先生。二十世纪五十年代末，吴晗以史学界权威和北京市副市长的身份，向学界提出："要求各方面的学者、专家也来写一点通俗文章、通俗读物，把知识普及给民众。"吴晗不仅撰文提倡，向史学界游说，还亲自主编影响很大的"中国历史小丛书"。这段回忆让我们萌发了组织编纂"细讲中国历史丛书"的打算。

　　当我向李先生提交了编纂方案后，他认为，这对以史鉴今、以史资政、以史励人是极有意义的事，很值得编纂。随后，我们又把多年酝酿的编纂构想作了大致的概括：突破"阶级斗争为纲"和"残酷战争"描写的局限，注重于阶层、民族以及世界各国之间的友好交融和交流的记述；突破"唯帝王将相"和"否帝王将相"两个极端的局限，注重于客观反映领袖人物的历史作用以及"厚生""民本"思想的弘扬；突破长期分裂历史的局限，注重阐述统一始终是主流，分裂无论有多严重，最终都会重新走向统一；突破中原文化中心论的局限，注重全面介绍中华文化形成的多元性和影响力；突破历朝官方(修史)文献的局限，注重正、野史兼用，神话传说等口述历史与文物文献并行，突破单一文字表述的局限，注重图文并茂，以考古文物图表佐证历史。

"细讲中国历史丛书"的编纂重在创新、面向大众和通俗化。李先生认为这一美好的愿望和构想，要付诸实施并非容易的事。他特别强调要组织专业队伍来撰写，并提出"让历史走向民众是史家们义不容辞的责任"。令我欣喜的是，精心撰写这部"丛书"的作者本身就是教师。他们中有的是学殖精深、卓有建树的史学名家，有的是常年立足于三尺讲台的传道、授业、解惑者，有的还是以"滔滔以言"享誉学界的优秀教育工作者，其中多为年轻的历史学博士。由这样一个教师团队来担当编写中国历史读物的重任，当得起，也信得过。

我们把编纂的原则性方案统一后，在同作者商议时遇上了某些疑虑：一是认为这类图书没有多大市场，二是认为通俗作品是小儿科，进不了学术专著之殿堂。经过一番调查分析后，我们取得了共识，一致认为，昨天的历史是创造明天的向导，从中可以汲取最好的营养，好的历史通俗读物是很有市场的，因为青年读者中普遍存在一种历史饥饿感。本套"丛书"的作者深感，编写中国历史通俗读物，历史工作者最有得天独厚的条件和义不容辞的责任。旅外学者得悉我们在编纂这套"丛书"，认为这是很有价值的，也很及时。美国纽约州立大学历史学博士张德文参加撰写并专门来信期待我们早日推出这套丛书。信中说："在知识大众化、数字化的年代，历史学者不应游离在这个历史进程之外。个人电脑以及智能手机的普及，大大促进了微知识的渴求。在此背景下，历史学者的通俗表述为微知识的传播提供了必要的积淀和范本。"行文虽然不长，但一语中的，说清了普及历史知识的重要性。复旦大学历史地理研究中心邹逸麟教授、华东师大历史系王家范教授等读了"丛书"的文稿后还专门撰文评说，认为这既是一套通俗的、面向大众的历史读物，又是一套严谨而富于科学精神的史著，对于广大读者学习和发扬中华民族的爱国传统、学习和发扬中华民族的奋斗精神，为推动中华民族复兴的中国梦早日实现很有作用。

这一切，让我们得到莫大的鼓舞。作者在通俗方面作了极大的努力，他们中的不少人在写作中进行了刻苦再学习。从史实的查证，到篇章的构架，再到文字的通俗易懂以及图片的遴选，都花费了他们大量的时间和心血。丛书采用章节结构的叙史形式，目的在于从目录中就一目了然书中的大概内容。中国历史悠久，史料浩如烟海，读史者历来有"一部二十四史，不知从何读起"之叹，讲史时"以时间为纲"，即可以从纷繁中理出头绪来，再辅之以"专题为目"，这样在史料取舍上就更加突出主题、把握中心。细讲中注重故事取胜，以真实的历史故事吸引人、感动人、启迪人。图文并茂也是本丛书通俗化的一途。中国历来重视"右文左图"，以文注图，以图佐文。

通俗而雅，也是这套丛书的一大特色。雅者，正也。通俗不是低俗，亦不是庸俗，它是建立在科学和学术的基础上而展开的。把应该让读者知道的历史现象和历史观念用最浅显明白的方式告诉读者，这就是我们所需要并强调的通俗。本套丛书的学者们在撰写时一是力求在语言上的通俗，二是着力于情节中的通俗，继承和发展了太史公司马迁那种"以训诂代经文"的传统，把诘屈聱牙的古文经典用活了。所以说，深入浅出的通俗化工作更是一种学术活动。

为了增加生动性、可读性，作者尽量选择对某些有意义的人和事加以细讲，如对某些重大的出土文物的介绍评说，对悬而未解的疑问加以释惑，对后人误传误解的问题予以纠正，对某些典故加以分析，对某些神话传说进行诠释。在图表上尽量做到随文佐证。在每册图书之后增加附录，旨在增强学术性和通俗性：附录"大事记"，旨在对本段重大历史事件有个大致了解；附录"帝王世系表"，意在对本朝创业、守业和虚位之王的传承有所知晓；附录"历史地图"，在于对本段历史地理形势方位有个立体印象；附录"主要参考书目"，目的在于提供进一步学习本段历史的索引。

意愿和努力是如此，最终的结果如何？诚望读者鉴定。

郭志坤

2014年8月19日

目　录

导语

　　元朝末年，政治腐败，经济凋零，民不聊生，农民起义风起云涌。一个衣食不周的苦行僧人朱元璋崛起于反元群雄之中。他率军扫平群雄，北伐中原，最后于公元1368年建立起了大明王朝。这个王朝维持到公元1644年，历十二世、十六帝，国祚凡二百七十六年。

　　中国历史上长期实行丞相制度，丞相处于"一人之下，万人之上"，辅佐帝王实行中央集权的统治。可是，朱元璋一登上皇帝的宝座，为了加强专制皇权，断然宣布废除延续了一千多年的丞相制度，使六部机关听命于皇帝。为了强化个人独裁统治，朱元璋还建立了大理寺、刑部、都察院"三法司"体系，使这些机关之间相互牵制，而不能由一个部门独断独行。朱元璋要臣僚们绝对忠诚于他，便建立了具有特务性质和职能的"锦衣卫"，下设镇抚司，建有监狱和法庭，从事侦察、逮捕、审讯、判刑等活动。

　　这一切都表明了：到了明代，中国君主专制统治达到了空前的程度，也说明旧制度已经走到了它的末路。

　　明太祖朱元璋想通过高压手段，求得万世太平。孰料洪武三十一年（1398）朱元璋一病死，第二年就祸起萧墙，一场争夺帝位的战争打响了。燕王朱棣为了从自己的侄儿手中夺得帝位,发动了一场长达四年的战争,史称"靖难之役"。夺得政权的这个朱棣,就是中国历史上威名赫赫的永乐大帝。他做了不少有益于国富民强的好事。他削除了藩王的兵权,继续实施垦荒屯田,重视兴修水利和治理运河。这样,使国家真正地强盛了起来。同时,他改变了明太祖闭关自守的国策,实行规模空前的对外开放政策。

永乐三年(1405)到宣德五年(1430)间,明王朝派遣郑和率领庞大的船队出使西洋各国,史称"郑和下西洋"。船队行程十万余里,访问了马来半岛以东十五国,马六甲地区三国,苏门答腊地区七国,印度地区六国,阿拉伯地区五国,非洲地区三国,还有一些现今难以考究的地方。这样的泛世界行,在当时和以后的相当长一段时间里是难以想象的。可以说,郑和是中外历史上最早、最伟大的航海家,中国也是世界上最早的海洋大国。

戚继光的抗倭也值得大书。嘉靖(1522—1566)中叶以后,东南沿海一带的倭寇活动愈演愈烈,尤其是浙江、福建两省,倭寇出入无常,如入无人之境,引起了百姓的恐慌和朝廷的担忧。嘉靖三十四年(1555)七月,朝廷将开国元勋戚祥之后戚继光调防东南,任浙江都司金事,主管宁波、绍兴、台州一带的防务。戚继光在那里造就了一支由数万人组成的能打仗、打胜仗的"戚家军",经过军民几十年的努力,东南沿海一带的"倭患"终于彻底地被平息了。

隆庆六年(1572),纵欲无度的隆庆皇帝死去,年仅十岁的万历皇帝即位,当时朝政就由首辅大臣张居正主持,万历帝的生母李贵妃也参与协理。有这样一则有趣的掌故:每当不懂事的万历"不听话"时,生母李贵妃就会说:"要是张先生(指张居正)知道你那样不听话，他会很生气的！"一听到母后此言，万历就会显得很害怕的样子，也不敢再乱来了。可见，当时张居正的确是重权在握。张居正就是利用手中的重权，进行了历时十载的改革。他首抓万历的读书。从朱元璋开始，明朝诸帝都是不读书的，在张居正坚持下，万历皇帝养成了每天读书的好习惯。同时，张居正把改革矛头对准官僚阶层，名为"考成法"。规定事必专任、立限完成，层层监督，各司其职。张居正还在全国范围内推行"一条鞭法"，减轻民众负担。张居正为国事日夜操劳，连老父去世也不去奔丧，受到上上下下的一致赞许。在他五十七岁病倒去世前，万历帝赐其为柱国、太傅、太师，生前被封为"三公"的，独此一人而已。

大明王朝建立

01

元末群雄并起

元朝末年，政治腐败，统治集团内部争权夺利，从1308年到1333年的二十五年中，换了八个皇帝。政府卖官鬻爵，贪污贿赂之风盛行。与此同时，天灾不断，从元泰定元年（1324）开始，到洪武元年（1368）元朝灭亡，仅仅四十多年的时间，关于水灾、旱灾、蝗灾的记载不绝于书：天历二年（1329），陕西诸省饥民一百二十余万；至顺元年（1330），江南水灾，松江、嘉兴、平湖等地饥民四十余万；元统

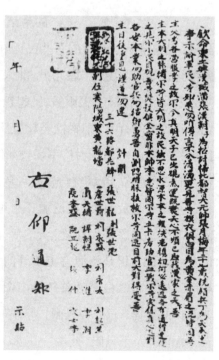

白莲教起义军的布告

元顺帝像

元年（1333），北方水灾，京畿饥民四十余万；至正十二年（1352），大名路开、滑等州水旱蝗虫为害，饥民七十余万；至正十四年（1354），黄河山东、河南等处决口，百姓损失惨重；至正十九年（1359），山东、河南、关中等处蝗虫蔽天，饥民数十万。当众多的饥民成为流民，便不可避免地成为社会不稳定的根源。

但元朝统治者照旧过着骄奢淫逸的生活，并肆意搜刮。全国上下，怨声载道，民怨沸腾。当时的一些民谣颇能反映出人们要求推翻元统治的情绪。如河北流传"塔儿黑，北人做主南是客；塔儿红，朱衣人作主人公"；河南则有"天雨线，民起怨，中原地，事必变"。而浙江温州和台州等地的百姓，则索性竖起造反大旗，上面写着："天高皇帝远，民少相公多；一日三遍打，不反待如何！"人心思反，已成为当时民间百姓的强烈愿望，元朝统治岌岌可危。

元顺帝时黄河决口，泛滥千余里。至正十一年（1351），元顺帝命工部尚书贾鲁征发汴梁、大名等十三路十五万民工修治黄河，开凿黄河新道。但是治河官吏不管河工的死活，克扣河工的食钱，激起河工的怨恨。白莲教首领韩山童、刘福通等人，一面散布民间广为流传的民谣"石人一只眼，挑动黄河天下反"，一面暗中把背面刻有"莫道石人一只眼，此物一出天下反"的石人预先埋在将要开挖的河道里。当河工挖出这个石人时，大为惊讶，以为是天意，于是

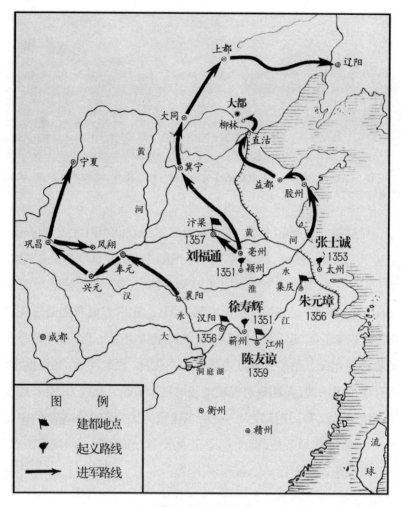

元末农民起义形势图

纷纷计谋造反。刘福通推韩山童为明王，在安徽颍州（今安徽阜阳）扯起义旗。但旋即遭到元政府的镇压，韩山童被捕牺牲，刘福通冲出包围后，重组义军。当时起义军每人头裹红巾，所以人称"红巾军"，简称"红军"。

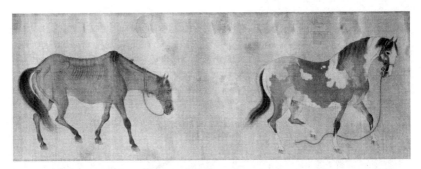

二马图（元代任仁发绘）。图中绘肥瘠两马，肥马神气得意，瘠马步履蹒跚，用以比喻为官之贪与廉。

刘福通在颍州起义后，南北各地义军纷起。当时北方地区有：芝麻李（李二）、彭大、赵均用等起兵于徐州；布王三（王权）占领唐、邓、南阳等地，称"北琐红军"；孟海马占领均、房、襄阳等地，称"南琐红军"；郭子兴占领濠州（今安徽凤阳）。在南方则有彭莹玉在袁州（今江西宜春）起义，失败后逃至淮西继续组织义军；徐寿辉等在湖北蕲州起义。他们都属红巾军系统。这样，西起汉水，东至淮水，均有红巾军活动，元朝政府管辖地几被拦腰截断。此外，还有非红巾军系统的起义军，规模较大的有浙东盐贩方国珍和江苏高邮的张士诚。一时间，中原各地，群雄并起，正如一首民谣所唱："满城都是火，府官四散躲；城里无一人，红军府上坐。"

朱元璋的崛起

朱元璋是濠州钟离（今安徽凤阳）人，生于元朝天历元年（1328），家境贫寒，全家以佣佃为生。由于家世寒微，父兄都没有正式的名字，朱元璋唤名重八。至正四年（1344），濠州连续发生旱灾、蝗灾、瘟疫，朱元璋的父母兄长相继病死，他无依无靠，只得进皇觉寺当了和尚，以求有口饭吃。那一年，他才十七岁。然而，接连不断的灾情，使得寺庙里的僧饭也维持不下去了，他仅在寺里呆了五十多天，就不得不和其他和尚一样，外出化缘乞讨，做"游方僧"了。

明太祖朱元璋像

从安徽南部的庐州，到北部的鹿邑、亳州（今安徽亳州）、颍州（今安徽阜阳）及至河南信阳、汝宁（今河南汝南），朱元璋餐风宿露、如蓬逐风般地流浪了三年多，周游了皖西豫东的八九个郡县。这期间，他生活在社会的最底层，从而对下层百姓生活的贫苦、社会的弊端，有了最切身的体会。艰苦的流浪生活，锻炼了他性格中刚毅、坚强的一面，同时也铸就了他猜忌、残忍的另一面。这对他以后的皇帝生涯有着十分重大的影响。至正八年（1348），他又回到了濠州皇觉寺。

至正十一年（1351），当刘福通率红巾军揭竿而起的时候，朱元璋仍在皇觉寺里当和尚。至正十二年（1352），定远人郭子兴也聚众"烧香"，率部起义，自称元帅，攻占了濠州城。元朝政府派彻里不花率三千骑兵前来镇压，但元军胆小怯战，不敢逼近红巾军，却从别处捕捉平民百姓，包上红头巾，充作抓到的红巾军俘虏，以向上级邀功请赏。一天，朱元璋所在的皇觉寺也被元军一把火烧毁了，所幸他恰好外出，才躲过了这场劫难。眼看着寺里也无安身之地，为了避免被抓充俘继而砍头的厄运,二十五岁的朱元璋下定决心,来到了濠州城,投奔了郭子兴。

在郭子兴的队伍中,朱元璋因才略出众,敢作敢为,深得郭子兴的赏识。他一开始做步卒,很快就被提升为九夫长,不久又调到元帅府做事,被郭子兴视为心腹,把养女马氏嫁给了他,从此便有了身份,并起了个官名叫元璋,字国瑞。至正十五年 (1355) 三月,郭子兴病死,朱元璋掌握了这支部队的实际领导权。

从至正十一年 (1351) 秋到至正十四年 (1354) 冬的三年多时间,红巾军虽遭到元朝政府的镇压而有挫折,但南北各地均有较大的发展。至正十五年二月,刘福通将韩山童的儿子韩林儿迎至亳州称帝,国号大宋,改元"龙凤"。又利用"明王出世"的宣传效果,称韩林儿为"小明王",中原各地的红巾军一时都接受了大宋政权的领导。朱元璋也被大宋政权任命为所率郭子兴旧部的左副元帅。此后直到韩林儿死,朱元璋一直沿用"龙凤"年号,旗帜等皆用红色。

至正十五年 (1355),朱元璋南渡长江,夺取了太平路 (今安徽当涂) 一带大片土地。次年三月,他又亲率部队攻克集庆路 (今江苏南京),改名应天府,建立江南行省。他以应天为根据地,逐渐发展壮大,成为当时起义军中的一支劲旅。在扩展地盘、壮大队伍的过程中,朱元璋显示了其运筹帷幄、气度不凡的过人才略。他战略周密,用兵谨慎,军纪严明,所到之处,严禁部队骚扰百姓,故而赢得了民心;同时,能够做到礼贤下士,知人善任,信赏必罚。这也使得他的部队能在元末各路义军中,异军突起,发展壮大。

这期间,各地名儒如定远人李善长、太平儒士陶安等均来相投。陶安向朱元璋指出,如今虽然群雄并起,攻城夺邑,互竞雄长,但多数朱元璋《大军帖》(北京故宫博物院藏)。此帖为朱元璋写给部将的一封信。此时朱元璋已消灭了陈友谅、张士诚等势力。信的内容就如何妥善处置收降的元朝官员告谕部下。

义军首领胸无大志,他们眼里只看见子女玉帛,烧杀抢掠,成不了大气候。他建议朱元璋要有拨乱救民安天下的气度,一反群雄所为,严明纪律,不烧杀抢掠,根据形势变化,出兵以临四方,继而平定天下。李善长则大讲汉高祖刘邦布衣起家、知人善任、五载而成帝业的故事,向朱元璋描绘了一幅布衣天子的图景。朱升向朱元璋提出"高筑墙,广积粮,缓称王"的策略。朱元璋基本上采纳了他们的意见。后来浙东名士刘基、宋濂、章溢、叶琛等儒士(时人号称四先生)也都得到朱元璋的特别重用,成为朱元璋麾下的重要谋士,对朱元璋成就大业起了重要的作用。

至正二十四年(1364)正月,朱元璋在应天称吴王,建百司官属。

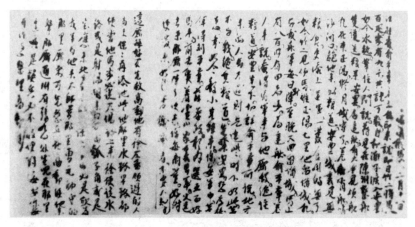

朱元璋在龙凤十二年（1366）亲笔书写的两道命令

按说张士诚已于前一年的九月自立为吴王，为什么朱元璋仍要称吴王呢？这与当时民间流传的一首歌谣有关。当时流传"富汉莫起楼，贫汉莫起屋；但看羊儿年，便是吴家国"的说法。羊儿年是丁未年，即至正二十七年。为了迎合这首民谣，朱元璋也自称吴王。故而有人称金陵（应天）为西吴，平江（苏州）为东吴。

至正二十六年（龙凤十二年，1366）十二月，朱元璋派大将廖永忠迎接小明王于瓜洲渡江，船至江中沉没，小明王死，大宋政权灭亡。

对于这件事，至今仍是明史研究中的一个未解之谜。大多数人认为，此船乃朱元璋指使廖永忠凿沉。因为此时朱元璋势力日益强大，想要名正言顺地称帝就必须除掉韩林儿。事实上，韩林儿一死，朱元璋就毫无顾忌地宣布即帝位，而且对于负责迎接韩林儿的廖永忠未加任何责罚，也从侧面证实了这一点。此后，朱元璋不再提与龙凤政权任何相关联的事，文书上有关龙凤的史料，更是销毁得干干净净。《明太祖实录》中也没有提及朱元璋和龙凤政权臣属关系一事，这段历史曾一度被湮没。

吴元年十二月，朱元璋正式即皇帝位。第二年（1368）正月，改元"洪武"，定国号为明，以应天为京师。[①]

削平群雄，统一中国

朱元璋称帝前，以应天为中心的吴政权，西面是徐寿辉的活动范围（后被陈友谅所取代，国号为汉），东面为张士诚的崛起之地，东南浙江有方国珍，南方福建有陈友定，北面则有红巾军的主力小明王。东西两面虽是敌对之方，但却起着隔绝元军主力部队的作用，特别是北面的红巾军，一直抵抗着元朝部队。这种局面给了朱元璋发展壮大的机会。等到小明王的部队被元军大部分消灭以后，元朝的军事力量也基本消耗殆尽，再也无力聚集大规模的军事进攻了。而这时的朱元璋也以应天为中心站稳了脚跟，扩大了控制区域，其主要精力也转向对付割据的群雄。

面对陈友谅、张士诚相互串通，准备东西夹击的形势，刘基向朱元璋指出，张士诚保守多疑，胸无大志，成不了大事；倒是陈友谅雄踞上游，时常觊觎东下，且此人狂妄自大，目中无人，应先对付。陈氏一灭，张士诚势单力孤，也就不足虑了。朱元璋采纳了刘基的主张，决定首先对付陈友谅。至正二十三年（1363），双方爆发了著名的鄱阳湖水战。这次战役中，陈友谅拥兵六十万，大舰数十艘；而朱元璋则只有二十万的兵力，且用的是小船，应该说双方力量对比非常悬殊。但由于朱元璋部下士气旺盛，且小船机动灵活，陈友谅部下则士气低落，未战先怯，故而重演了一场三国时期的赤壁之战。朱元璋采取火攻,大败陈军。陈友谅本人也在这次战役中中箭丧命,陈军主力被消灭。至正二十四年(1364)二月,朱元璋亲率大军进攻武昌,陈友谅之子陈理率部投降,至此,陈友谅的政权灭亡了。

至正二十五年(1365),朱元璋派兵进攻东部的张士诚。割据江苏的张士诚,在元政府的进攻和安抚面前,时战时降,反复无常。面对朱元璋的大举进攻,他自恃占据江南富庶之地,粮草充足,殊死抵抗。吴元年(1367)九月,苏州被攻克,但张士诚拒不投降,被俘后押送应天,"东吴"灭亡。朱元璋对张士诚的誓死不降和苏州富绅支持张士诚顽强抵抗的行为至为恼怒,故而明初江南苏州、松江一带的赋役奇重,与此不无关系。

陈友谅、张士诚的被灭,使朱元璋摆脱了东西两面受敌的局面,他可以腾出手来对付其他的割据势力了。吴元年九月,朱元璋派兵进攻盘踞浙东的方国珍。方国珍虽占领浙东沿海一带,拥有水军千艘,但在朱元璋强大的攻势下,只抵抗了三个月便计穷投降。

洪武元年(1368),朱元璋在应天称帝,建立了明朝。但全国的统一还远未实现。当时朱元璋据有相当于今天的两湖地区、河南东南部、江西、安徽、浙江等地,基本上占领了当时全国土地最肥沃、物产最丰富、人口密度最高、最繁荣富庶的地区。全国其他地区除了元朝的残余势力外,西部是以四川为中心的夏政权(明玉珍),云南由元宗室蒙古贵族梁王镇守,两广有效忠元朝的何真,福建有效忠元朝的陈友定。朱元璋开始了南征北伐的统一进程。

从洪武元年到洪武五年(1368—1372),朱元璋很快平定了福建陈友定、两广何真及西南四川的明玉珍,云南梁王自恃地处僻远,拒绝招降。直到洪武十五年(1382),在明将蓝玉、沐英等三十万大军进攻下，梁王逃到晋宁自杀，云南才最后平定。至此，朱元璋基本上统一了南方。

吴元年 (1367) 十月，朱元璋派徐达、常遇春率军二十万北伐。由于北伐军队纪律严明，战略部署正确，加之元军此时已无力抵抗，因此北伐军事进展顺利。仅三个月徐达就平定了山东，继而西行攻下汴梁，挥师潼关。朱元璋亲自坐镇汴梁，指挥进兵元都的大决战。洪武元年七月，徐达与诸将会于山东临清，大军沿运河长驱北上，直逼直沽 (天津)，元将也先自海口逃跑。七月十八日，元顺帝弃大都北遁；八月初二，徐达率北伐军进入大都。从1271年元世祖建国号以来，统治了中国九十八年之久的元朝，至此结束。元顺帝北逃后，其残余势力直到洪武二十年 (1387) 才被最后降服。朱元璋从起义到完成全国的统一，前后用了三十五年多的时间。[②]

"大明"国号的由来

朱元璋在应天府正式即皇帝位，洪武元年 (1368) 正月初四，昭告上天，"定有天下之号曰大明，建元洪武"(《明太祖实录》卷二九)。

中国历代王朝称号大体受以下几种因素影响：或由部族、部落联盟的名称而来，如商朝 (相传商的始祖契曾助禹治水有功而受封于商，后来便用"商"来称其部族。汤灭夏后，就以"商"作为国名。后盘庚迁殷，又称"殷"或"殷商")；或来自创建者原有封号、爵位 (如唐朝)；或源于创建者最初所掌政权统治的区域 (如辽，原称"契丹"，后因居辽河上游而改为"辽")；或是借用当地的物产 (如"金")；或是寓意吉祥。"大明"国号当属最后一种。

"大"表示伟大、高妙、壮美等美意。按照吴晗在其《明教与大明帝国》一文中所述："至'大明'之国号，则私见以为出于韩氏父子之'明王'，明王出于《大小明王出世经》。"③《大小明王出世经》为明教经典，明之国号实出于明教。

明教，原称摩尼教，是波斯人摩尼所创，唐延载元年(694)传入中国。明教吸收了佛教、祆教、基督教的教义因素，主要的教义是"二宗三际"。明教崇拜光明之神，认为世界上有两种不同的力量，即明、暗二宗，明即是光明，是善，是理；暗是指黑暗、恶欲。

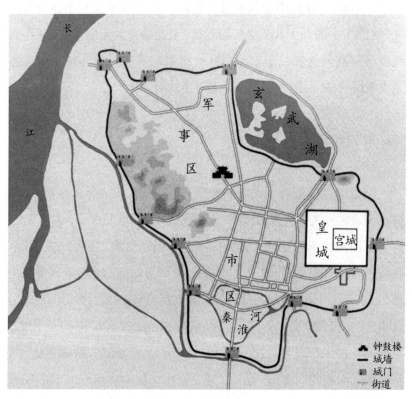

明都南京城区域分布图

由于明教常常遭到禁止，为了保护自己，就跟佛教的弥勒教和白莲宗拉上关系，甚至还渗透了一些道教及民间信仰，最后就形成了内容颇杂的白莲教。元末时期，农民起义军首领韩山童、刘福通利用白莲教广招信众，并宣传"天下将乱，弥勒降生，明王出世"，等等。通俗地说，就是当天下黑暗至极时，光明之神——明王便会出现，经过斗争，赶走黑暗，重建光明，也即确立正义和善的世界。起义领袖用这些说法来鼓舞人民反抗当朝统治者，所以明教总体又称"光明教"。元末白莲教的首领韩山童称"明王"，其子韩林儿称"小明王"，都体现了其教义宗旨。朱元璋自己曾为小明王左副元帅，接受了明教的思想，认为自己便是明王出身，所建立的国家也是正义、真理和光明的化身，因此当他正式登基后，便改原来的吴政权为"明朝"。

　　学术界也大多认为，朱元璋定国号为"大明"，是承继小明王而来，"国号大明，承林儿小明号也"。据说这是刘基的主意。朱元璋手下的将领，不是出于淮西彭莹玉的教众，就是小明王的属下，大都是明教的教徒，因此朱元璋定国号为大明自然顺理成章；而且这样还意味着朱元璋就是明王降世，其他人都不具有合法性，社会上再也不应出现其他的明王了，这也有助于稳定人心。

　　使用"大明"国号，也完全符合儒家意识，能够得到社会舆论支持。"明"字拆开是日与月二字，代表着光明，字意十分吉祥，代表了大明王朝的神圣，象征朱家天下如太阳普照四方，如日月般前途光明，万代永昌。况且古代向有祀"大明"，朝"日"夕"月"之礼。千百年来，"大明"和日月都是朝廷的正祀，为历代皇家所重视。所以，"明"依从古礼，具有尊贵崇圣之意。

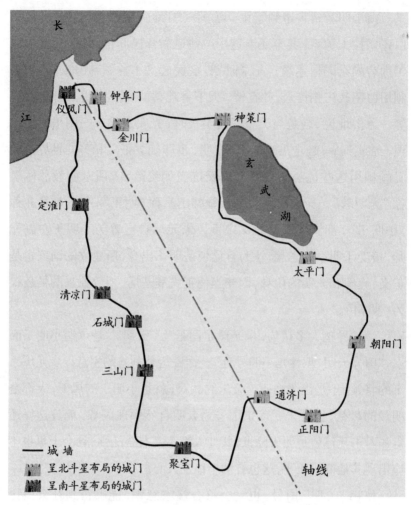

长
江

钟阜门
仪凤门
金川门
神策门

玄
武
湖

定淮门

太平门

清凉门
石城门

朝阳门

三山门

通济门

正阳门

—— 城墙
呈北斗星布局的城门
呈南斗星布局的城门

聚宝门

轴线

依据天象布置的南京城城墙

此外，民间还有比较离奇的附会之说：新建王朝崛起于南方，元人栖息于北土；而新建王朝是起于南方，再平定北方的。依阴阳五行学说，南方为火，为阳，是光明之意；北方是水，属阴，神是玄冥，颜色黑。中国古代的火神、太阳神、光明神，是祝融，颜色是赤，又称朱,祝融又叫朱明,而朱姓源出于祝融朱明。南方打垮元朝统治的北方,是顺理之事,是光明之意。而朱元璋恰又姓朱,兆示以火制水,以阳消阴,以明克暗。所以朱明王朝为正宗,新朝以"大明"为国号则顺理成章。而朱元璋定都金陵,金陵正是祝融的故墟,建国号为"大明",正巧是将皇帝的姓与国号联在一起,以示不忘朱明先祖。"以大明光天,中天下而立,定四海之民,所重民历,以示三纲五常,以昭日月。"可见国号"大明",也是天意。

确切地说,"大明"国号的由来与明教乃至佛教、白莲教等密不可分。而耐人寻味的是,朱元璋登基之后不久,即下旨禁止一切"邪教",包括白莲教、弥勒教、明教等。《大明律》明确规定,禁止"师巫邪术":"凡师巫假降邪神,书符咒水,扶鸾祷圣,自号端公、太保、师婆,妄称弥勒佛、白莲社、明尊教、白云宗等会,一应左道乱正之术,或隐藏图像,烧香集众,夜聚晓散,佯修善事,煽惑人民,为道者绞,为从者各杖一百,流三千里。"

大明谱系匣

这是朱元璋为防止秘密教会危害自己的统治而采取的必要手段。朱元璋自己是借宗教起家的,其队伍中有许多信教的人,他绝不会允许别人学他的样子,出现新的"明王"转世,危害他的统治。况且,"大明"已经成为皇朝

明南京城聚宝门,建于洪武十三年 (1380)

称号了,自然也不能容许对这一称号的亵渎。因此,明教在明朝受到严厉打击,教堂被毁,教众被逐归农,那些"死心塌地"的明教徒只好改换门庭,步入地下秘密组织了。

大权独揽的洪武皇帝

朱元璋建立明朝后,政治上所面临的一个重要问题便是如何保证明王朝的长治久安,实际上这也是历代统治者所面临的共同问题。他自己经历了元末农民战争,亲眼目睹了元朝统治的覆亡。前车之鉴,当引以为戒。他总结了自己在战争中的实际经验和元朝灭亡的历史教训之后,逐渐形成了自己的一套治国指导思想:他认为元朝灭亡的原因之一，便是委任权臣，上下蒙蔽，从而政弛姑息，吏治腐败。因此他最突出的治国思想便是加强君权，削弱臣权，整顿吏治，以猛治国。

明朝建立之初，其整套官僚机构仍然沿用元朝的制度，中央设中书省，置左右丞相，掌管全国政务；地方设行中书省，置平章政事和左右丞，总揽地方军政要务。中书省由丞相总管，凡事均要先经过丞相，然后奏闻皇帝。这对权力欲极大的朱元璋来说，自然是不能满意的。为加强君权，朱元璋先从削弱地方权力开始。

洪武九年（1376），朱元璋废行中书省，在全国陆续设置了十三个承宣布政使司（但在习惯上仍然称行省或省），置左右布政使，主管一省的民政和财政；另设提刑按察使司主管司法，都指挥使司掌管军队，三者合称"三司"。这样，原来属于行中书省的地方权力，现在被三个机构瓜分，它们互不统属，同时又互相牵制，直接归属中央统一管理，实际上归皇帝控制。

地方上的改革完成后，朱元璋又着手中央机构的改革。首先于洪武十年（1377）设通政使司，作为皇帝的"喉舌之司"，主管章奏的出纳和封驳；第二年又下令，凡事毋须事先经过中书省，这样等于把中书省变成一个有名无实的空架子；洪武十三年（1380），朱元璋以阴谋政变的罪名杀左丞相胡惟庸，罢中书省，分相权于吏、户、礼、兵、刑、工六部，六部直接统属于皇帝。这样，秦汉以来行之一千多年的宰相制度，从此废除。在君权与相权长达一千多年的斗争中，君权最终战胜了相权，皇帝成了名副其实的国家最高独裁者。废除宰相制度，是明初高度中央集权的重要标志，也是中国政治制度变迁史上的重要一页。

以前历朝的军政大事，都由丞相（宰相）和几个副手集中处理，最后呈交皇帝批准决定。明初丞相制度的废除，使得各种政务皆由皇帝直接办理。但是，皇帝也是人，其精力是有限的，因此，后来朱元璋又挑选了几名文人担任殿阁大学士，协助他批阅奏章，官级五品。这些人只有建议权，没有议决权，实际上没有实权。但这一点对明以后的历史带来了极大的影响。随着明成祖时内阁制度的确立，到明中叶以后，大学士的地位越来越重要，以至于能够左右皇帝，影响朝政，这是后话。

朱元璋在加强政权统一的同时，也加强了对军队的改革管理，主要是五军都督和卫所制度的创立。朱元璋本人是经过农民战争的胜利而取得皇位的，自然懂得军队在维护国家安定及保证皇朝统治稳定中的地位和作用，更看到了前代军权旁落、军人跋扈的历史教训，因而他在对军队的改革中，始终注意军权的"下分上集"，把军权牢牢握在自己手中。洪武十三年（1380），朱元璋改大都督府为中、左、右、前、后五军都督府，分领在京各卫所和在外各都司，与兵部合管军队，统属于皇帝。具体分工是，五军都督府管理兵籍和日常军政，兵部拥有军士的任免、升调、训练权，但没有统兵权，最高的军队调遣指挥权属于皇帝。

军队编制方面，在全国各府县，军事重要的地方设卫，次要的地方设所，都归五军都督府管辖。遇有战事，由兵部遵从皇帝的旨意任命将官，发给印信，然后调集各卫所军队作战；战事结束，军归卫所，将帅还印。这样，在军队问题上，朱元璋既总揽了最高军事指挥权，又通过卫所制度，加强了对地方上的控制。这一举措实现了将不专军、军不私将，避免了将帅擅兵的危险；但也造成了兵不识将、将不

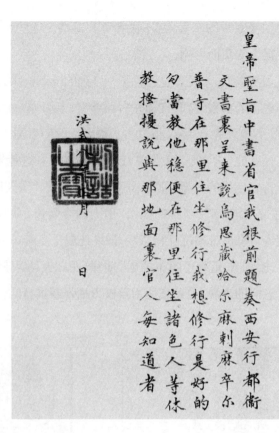

皇帝聖旨中書省官我根前題奏西安行都衞
文書裏呈來說烏恩藏哈尔麻刺麻卒尔
普寺在那里住坐修行我想修行是好的
勾當教他穩便在那里住坐諸色人等依
教撞擾說與那地面裏官人每知道者

洪武八年月

日

明洪武八年（1375）公布的藏僧抵达西安的圣旨

识兵的状况，削弱了军队的战斗力。

　　另外，明代的军士都是另立户籍，其身份是世袭的。明朝士兵来源主要有四个方面：从征，即原来参加农民起义军的朱元璋本部的士兵；归附，即元朝军队和元末各地其他义军及割据势力投降、归附的兵士；谪发，即因罪而被罚充军的；垛集，即征兵，明朝政府强制征调民户为军。全国统一后，谪发和垛集成为主要的兵源。由于明朝政府把当兵作为对犯罪者的一种惩罚手段，说明明代军士的地位是很低的，军户受人歧视，"人耻为军"是当时人们的普遍认识。一般民户怕受军户的牵累，都不愿和军户通婚。这些都对明军的战斗力产生很大的负面影响。

司法方面，朱元璋也进行了一系列的改革。洪武十五年（1382），改御史台为都察院，长官为左右都御史，专职弹劾百官。其下设监察御史，虽然只是七品官，但权力却很大。他们手握"尚方宝剑"，代皇帝巡视各地，常常是"大事奏裁，小事立断"。这是朱元璋以小制大、对付百官臣僚的重要手段。此外，中央还设立了大理寺，凡刑部、都察院、五军断事官所推问狱讼，由大理寺复审，并有权纠正其判决。大理寺、刑部、都察院互相牵制，最终统属于皇帝。

此外，朱元璋还颁布了《大明律》和《大诰》等法令。法律是统治者意志的表现，是国家运用政权力量强制推行的，也是保证其统治

《大明律》书影

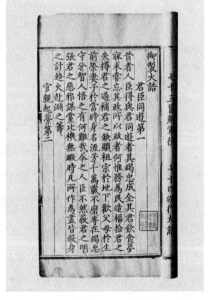

《御制大诰》书影

秩序的重要手段。朱元璋巧妙地利用了这一合法的统治形式,制定了有明一代异常严酷的法令制度。《大明律》前后更改、删定了四五次,历经三十年的时间。其条例简于《唐律》,精神严于《宋律》,是中国法律史上一部极重要的法典。明代的法律还将任用官员的权力由皇帝独揽这一条用法律条文固定下来,使之合法化,"凡除授官员须从朝廷选用,若大臣专擅选用者斩",突出体现了朱元璋极端强化君权的指导思想。明初法律的执行是比较严酷的,对官吏的处罚特别严厉,尤其是职高权重的文臣武将。这并不在于朱元璋的"铁面无私"或"不徇私情",更多的是出自于他本人加强皇权的需要。

明代实行的廷杖制度也是前所未有的,在某种程度上,这并不仅仅是对犯罪官吏的惩罚,实际上是皇权与人的尊严的对抗,是皇威对人的尊严的粗暴践踏与侮辱。在此之前,皇帝对读书人还多少有面子上的尊重,所谓"士可杀不可辱",而此时读书人的面子已荡然无存了。朱元璋的侄儿大都督朱文正、工部尚书薛祥等都被鞭杖而死。如果杖后幸生,还要挣扎着谢皇上免死之恩。由此可见,朱元璋对皇威的维护,已到了无以复加的地步。

这样,通过一系列的改革措施,朱元璋独揽了政治、军事、司法等方面的最高统治权,从而使皇权达到了中国历史上的最高峰。

在文化方面,明朝设立国子监,称国子学,专门训练做官人才,由吏部管理。明代的科举考试,规定以"四书"、"五经"出题,根据朱熹的解释来发挥孔孟的思想,不准有不同的见解,也不准发表自己的看法,不准议论朝政。考试文章的格式固定,俗称"八股文"。所谓八股,是作文的格式,由破题、承题、起讲、入手、起股、中股、后股、束股八个部分组成。破题要求用两句话点题,承题则进一步发挥,起讲

北京国子监

开始议论,以后便层层推进。中股是全篇的中心,并要求在后四部分中要各有两股排比对偶的文字,合起来总为八股。这是继秦始皇焚书坑儒、汉代董仲舒"罢黜百家,独尊儒术"之后思想上的又一次禁锢运动。特别是八股取士,对束缚人们思想、妨碍文化的发展,造成部分知识分子不问政事、沉溺于科举仕途的学风,产生极为严重的影响。八股取士成为朱元璋笼络儒士、控制知识分子进而加强皇权统治的重要手段。由此可见,朱元璋对君权的加强,从政治、军事到思想上,已达到了无孔不入的地步。

注释:

① 吴晗:《朱元璋传》,三联书店1965年版。

② 南炳文、汤纲:《明史》(上),上海人民出版社1986年版。

③ 吴晗:《明教与大明帝国》,《清华学报》1941年。

特务政治与文字狱

朱元璋在历史上以严峻骇世闻名，既是他以猛治国、恩威并重的指导思想的体现，也与他极端严重的猜忌心理有关。他总是担心有人威胁他的统治地位，所以经常派人侦察官僚们的行动。所派的人叫"检校"，实际上就是密探。他们将得到的信息随时向皇帝汇报，朱元璋一旦认为谁对自己不利就立即下手，祸及其九族。洪武十五年(1382)，朱元璋设立了锦衣卫，专门负责侦察、扣押和处刑，并设有法庭和监狱，称为"诏狱"。锦衣卫的权力很大，甚至握有生杀予夺之权，常常可以先斩后奏，并凌驾于刑部、大理寺之上，是一个军事特务机构，由皇帝直接指挥。锦衣卫最得势时，连朱元璋最亲信的李善长等人也怕他们三分，检校的身影更是无处不在。

锦衣卫木印

钱宰被征编《孟子节文》，罢朝回家吟诗发牢骚："四鼓咚咚起着衣，午门朝见尚嫌迟。何时得遂田园乐，睡到人间饭熟时。"第二天上朝，朱元璋就对他说："昨天作的好诗，不过我并没有'嫌'你啊，改作'忧'字如何？"钱宰吓了一身冷汗，急忙磕头谢罪。宋濂性格谨慎，有一次宴请宾客。第二天，朱元璋问他都请了哪些人，吃了什么菜，宋濂如实作了回答，朱元璋笑着说："全对，没有骗我。"吏部尚书吴琳告老回到家乡黄冈，朱元璋派人去察看他的行迹，直到听到回报说吴琳在家老实务农时，朱元璋才放下心来。国子祭酒宋讷在家独坐生气，面有怒色。第二天上朝时，朱元璋问他昨天为什么生气，宋讷大吃一惊，照实说了。朱元璋便叫人把偷着给他画的像拿来看，宋讷才如梦方醒，领教了特务的厉害。①

严密的特务政治，使得洪武一朝的官员提心吊胆，人人自危。经过胡惟庸、蓝玉等几次大狱之后，朝中更是弥漫着恐怖的气氛。大臣们传说，如果朱元璋将玉带高高贴在胸前，这天杀人就不多；若将玉带掀到肚皮底下，就准有大批官员被杀，满朝文武便会紧张得面无人色。以至当时的京官每天入朝前，都要向妻儿诀别，交代后事，及至傍晚平安回来，便全家举杯庆贺又多活了一天。

明王朝建立后，不少儒生投其帐下，为新王朝服务。朱元璋读书不多，但他懂得读书的好处，也知道读书人能

宋濂像

旁征博引，能言善辩，故而他也较为重视儒生的意见。但当时也有部分士大夫对新王朝持敌对态度而不愿出来做官，还有部分人则畏惧明廷的严刑峻法而隐居山林。朱元璋把这些都看成敌对行动。皇帝的尊严使他不能容忍哪怕是一丝一毫的不敬。另外，他出身贫穷，又当过和尚，做过游方僧，这段卑贱的经历与他后来显赫的至高无上的皇帝身份相比，形成了太大的反差，也使得他内心深处存留着自卑感，因而他称帝后的禁忌特别多。如他自己当过和尚，就忌讳别人说"僧"，"生"与"僧"同音，又忌讳说"生"；和尚是光头，又忌讳别人说"光"；他参加过红巾军，就不准别人说"贼"，"贼"、"则"同音，甚至连"则"也不许说，否则，便有杀身之祸。由于这种猜忌心理，也形成了洪武一朝的文字狱祸。

所谓的文字狱祸，就是在文字细节上进行挑剔，吹毛求疵，编造莫须有的罪名，迫害文人。如浙江府学教授林元亮，为海门卫作《谢

帝释圣众 (明代稷山青龙寺壁画)　　梵天圣众 (明代稷山青龙寺壁画)

增俸表》，内有"作则垂宪"句，因"则"字犯忌而被诛；北平府学训导赵伯宁，为都司作《万寿表》，以内有"垂子孙而作则"句而被诛；桂林府学训导蒋质，为布政司、按察司作《正旦贺表》，以"建中作则"被诛等。更有杭州府学教授徐一夔，所写贺表有"光天之下，天生圣人，为世作则"等语，惹得朱元璋勃然大怒道："生者僧也，骂我当过和尚；光是剃发，说我是个秃子；则音近贼，骂我做过贼。"徐一夔自然免不了一死。朱元璋这种乱定罪名、妄加诛杀的行为，对明初文化思想起了极其恶劣的窒息作用。

发展经济，奖励农桑

明初政府面临的是经过长期战乱破坏后的社会局面：人口减少，土地荒芜，社会经济亟待恢复。朱元璋本人起自贫民，亲身体尝过官逼民反、民不聊生的苦难，尤懂得治乱安危的关键在于百姓境遇的好坏。因此，他做了皇帝后，在经济上的主要指导思想便是安养生息，采取宽仁手段，使民受惠，以期长治久安。

农业方面，主要采取了鼓励移民垦荒屯田、宽赋免租、兴修水利、发展桑棉种植等措施。

明初的屯田主要有军屯和民屯两种形式。军屯主要是为了保证军事供给，民屯的原则是把农民从窄乡移到宽乡，从人多田少的地方移到人少田广的地方。如洪武三年（1370），徙苏州、松江、嘉兴、湖州、杭州无地农民四千余户到濠州种田。移民由政府发给牛具种子，三年不征其税。另外，针对某些地区租税过重，农民无力负担，重新出现逃亡的社会现象，朱元璋下令削减苏松嘉湖地区的田租，并诏：

凡各地闹水旱灾荒歉收的，蠲免租税，由官府贷米，适当补贴。这些措施使百姓在历经战乱后，稍获休息，有利于明初社会生产的恢复和发展。

在明初的移民中，迁徙富民于中都和京师值得注意。如洪武初年，朱元璋迁江南十四万民户于他的老家凤阳，其中有不少为江南当地富豪。洪武二十四年(1391)徙天下富户五千三百余户于南京，洪武三十年(1397)又徙一万三千余户于南京，这实际上也是朱元璋打击地方豪强势力的一种手段。这些富户离开了原来的家乡，财势俱失，因而对中央政府的威胁也大大减少；而中都和京师，是明朝政府统治力量最强的地区，也便于对这些豪族地主的控制。被迁徙到凤阳等地的一些江南地主，留恋原来在家乡的生活，但政府不允许他们私自回去，故而他们中的许多人，常常扮成乞丐，以逃荒为名，成群结队，到家乡扫墓探亲，沿途唱着他们自己编制的凤阳花鼓，"家住庐州并凤阳，凤阳本是好地方，自从出了朱皇帝，十年倒有九年荒"，以发泄对朱元璋的不满情绪。

明初政府对水利兴修也很重视，广西的灵渠、四川都江堰等，都曾在洪武年间先后修复。明政府还以此作为考核官吏是否胜任的标准之一。据洪武

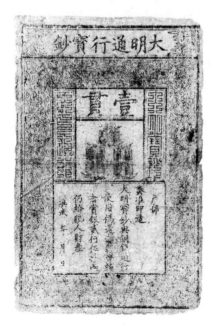

大明通行宝钞

二十八年 (1395) 的统计, 全国共计开塘堰四万零九百八十七处, 疏通河流四千一百六十二处, 修建陂渠堤岸五千多处。

明政府也十分重视经济作物的种植。政府下令种植棉花, 由政府规定各地种植桑、棉额数, 并以赋税的形式固定下来。这一政策的推行, 有利于经济作物种植面积的扩大, 尤其是竭力推广桑、麻、棉的种植, 为明中后期丝棉纺织业的发展奠定了基础。

在手工业商业方面, 明初政府基本上采取了扶植的政策。首先, 改革匠户制度。元代的手工业工人被征调后, 就终身服役, 地位也很低。明初将匠户改为轮班匠和住坐匠两种, 前者每三年为政府服役三个月, 住坐匠每月服役十天, 因病不能服役的可纳钱代役, 其余时间可以自由支配。这使得几十万工匠的绝大部分时间可以用于社会生产。商业上, 主要采取轻税政策, 凡商税三十分取一, 违犯者以违法论处。洪武十三年 (1380), 明政府下令裁撤税收额米不足五百石的税课司局共三百六十四所。

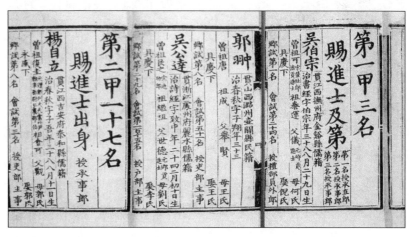

洪武四年进士登科录 (明洪武四年刻本, 天一阁博物馆藏)

明代《皇都积胜图》所绘之承天门外的商业区

此外，明初政府还颁布法令，恢复奴婢的人身自由，提高其社会地位；承认战乱中农民垦种的荒地和无主田地，否定了逃亡地主对抛荒田的所有权。这些措施对当时社会的稳定，手工业、商业的发展，社会经济的恢复都起到积极的作用。

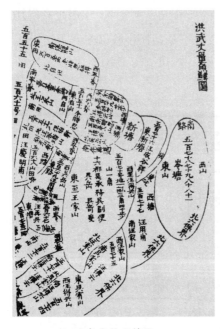

洪武丈量鱼鳞图

在对农民的管理上，明初采取了"以良民治良民"的办法，在江南、湖广、江西、福建等地，创立了粮长制；基层组织制度方面，仍沿袭前代的里甲制。朱元璋还下令对传统农业时代最为关注的户籍与地籍进行整理，政府花大气力清丈耕地，调查户口，编制了《黄册》和《鱼鳞图册》。《黄册》，实际上就是户口总册，十年一更造。

造册时，每户要在政府颁给的清册供单上登记本户籍贯、丁口、姓名、年龄、田宅、资产。由里长、县、府、布政使司层层造册，最后上报户部。因送给户部的户口总册封面用黄纸，故称《黄册》；又由于《黄册》上所登记的人丁和资产是政府征赋派役的依据，故又称《赋役黄册》。洪武二十二年（1389），明政府在全国范围内普遍丈量土地，以一个粮区为单位，记载每块田地的亩数、质量、田主姓名，并绘制成图，因所绘的田亩形状像鱼鳞，定名《鱼鳞图册》，作为明政府征收赋税的依据。

明初政府通过上述经济政策的实行，使得社会生产大大恢复发展，社会出现了自长期战乱后的第一次复兴、繁荣，也为后来经济的发展奠定了基础。

胡蓝之狱，整肃群臣

朱元璋自洪武元年（1368）建立明王朝后，又经过十多年的统一战争，稳定了北方的局势，元朝残余势力对明朝的威胁得到了缓和，南方的割据势力也基本平定。这些胜利的取得，与他身边有一批运筹帷幄、能征善战的文臣武将是分不开的。这批人因帮朱元璋争夺天下有功，都得到了很多的封赏，在政治、经济以至军事上都有很大的势力。随着新王朝外部敌人的依次平定，朱元璋对王朝内部权势显赫的王侯将相的猜忌也越来越重，担心他们中的部分人恃功倨傲，不服统治，甚至抢夺皇位。加上某些开国功臣的骄纵违法，使明朝统治者内部的矛盾越来越尖锐。当时既有文臣武将之间的矛盾，也有淮西集团（李善长、胡惟庸）与浙东集团（刘基、宋濂）的矛盾，他们相互倾轧、排挤，不断在朱元璋面前攻击对方，也正好为朱元璋所利用，各个击破。

胡惟庸案

明初时，第一任左右丞相分别为李善长和徐达。由于当时全国尚未统一，徐达经常在外面领兵作战，中书省实权多掌握在李善长之手。而李善长为人小心谨慎，史称"少读书，有智计，习法家言，策事多中"，故而洪武初年，中书省和朱元璋的矛盾冲突尚不大。但是，随着以李善长为首的淮西集团权力日益膨胀，引起了朱元璋的不安，皇权与相权的矛盾逐渐激化。

洪武四年（1371），李善长以患病在家休息，以致很多天没有能够前往中书省处理政事、愧对皇恩为由，上疏恳请致仕（辞官）。其实这并非李的本意，他之所以这样做，主要是想借此试探一下朱元璋对他的态度，这也是历代大臣在官场进退时惯用的一招。然而出乎意料的是，朱元璋并没有像他所期待的那样挽留他，而是马上批准了他的请求，李善长虽然心有不甘，也只好辞官回家。此时，徐达仍在指挥北伐之事，朱元璋便提拔追随了自己多年的汪广洋为丞相。但是汪广洋能力平庸，办事乏力，又令朱元璋十分失望。李善长趁机将胡惟庸推荐进入了中书省。胡惟庸精明强干，又得到李的指点，加上他善于察言观色，曲意逢迎，很得朱元璋的欢心。

胡惟庸，生于元明宗天历二年（1329），卒于明洪武十三年（1380），字朝圣，定远人。他于至正十五年（1355）朱元璋攻取和阳之时投奔其麾下，开始为元帅府奏差，后来又当过宁国县主簿和知县。

当时朱元璋长年在外领兵打仗，李善长于后方主事，握有考察、提拔官吏将士的大权。胡惟庸在知县任上，以黄金二百两行贿于李善长，从此开始平步青云，官至湖广行省佥事。朱元璋称吴王期间，胡惟庸因得李善长推荐，官至太常寺卿。以后，他逐渐得到朱元璋的赏识和信任，洪武三年 (1370)，胡惟庸入中书省，拜为中书参知政事。洪武六年 (1373)，右丞相汪广洋被贬为广东参政后，胡惟庸以中书左丞独掌省事达六个多月，进而升任中书右丞。洪武十年 (1377) 九月，又以汪广洋为右丞相，胡惟庸降为左丞。但是，由于汪广洋能力一般，不理政事，只知"饮酒吟诗"，"无所建白"，不久又被贬往广东，胡惟庸开始大权独揽。

洪武初年，当朱元璋以李善长为相时，一直担心相权威胁君权的他，曾与刘基议论过丞相人选的问题，但刘基认为李善长仍旧是最为理想的人选。之后朱元璋问及杨宪、汪广洋和胡惟庸三人，刘基认为三人都不是很合适，而以胡惟庸为最下，特别是对胡惟庸的人品更是不屑一顾。徐达对胡惟庸也很不满，多次对朱元璋说胡惟庸没有做丞相的资格。但朱元璋最后还是听从了李善长的建议，提拔胡惟庸为相。胡惟庸有处理政务的才能，加上他为人狡诈，小心谨慎，在朱元璋面前没有露出过什么破绽。在洪武年间"无一日无过之人"的严厉政治氛围中，能够任相长达七年，可见他的手段和朱元璋对他的宠信确实很不一般。

胡惟庸的仕途顺畅得益于淮西集团领袖李善长的大力提携。朱元璋曾比较看重杨宪，意欲用他为相，但杨宪不属淮西集团，并且也看不惯淮西集团部分大臣的所作所为，时常与其针锋相对，因而遭到淮西集团的倾轧，在洪武三年 (1370) 因弹劾汪广洋和李善长被杀。胡惟庸为丞相后，为了争取更大的支持，将侄女嫁给李善长的侄子为妻，从此结为亲家。李善长虽然已经在洪武四年（1371）致仕，但身为淮西集团领袖，位居开国功臣之首，权势依旧很盛，洪武九年（1376），朱元璋又将女儿临安公主许配给李善长之子李祺，使其成为皇亲国戚，煊赫一时。

刘基死后，胡惟庸没有了顾忌，依仗朱元璋对他的宠信，渐渐骄恣。内外官员上奏之封章，必先呈阅于他，他便隐匿其中不利于自己的奏章，然后才上呈朱元璋。特别是对于官员的生杀黜陟之事，有些不经奏报便独断专行。官员们畏惧于他的势力，阿谀奉承之辈竞相交结，他的相府一时门庭若市。

胡惟庸的专权僭越引起了朱元璋的不安，他开始采取措施，逐步限制中书省的权力。如前文所述，洪武十年（1377）设通政使司，主管章奏的出纳和封驳；洪武十一年（1378），朱元璋进一步下令各级官员奏事毋须事先"关白"（奏经）中书省，等于剥夺了丞相的参政权力，这也表明朱元璋对胡惟庸的猜忌已经很深。另据《明史》记载，胡惟庸的家人仗势殴打朝廷官吏，后被人告发，朱元璋一气之下，下令杀了胡惟庸的家丁，并教训胡惟庸管教不严。但胡惟庸却没有去向朱元璋谢罪，而是表现出骄恣怠慢的姿态，甚至公开表示不满。这说明，他对皇帝的态度也不再像以前那样唯唯诺诺、小心翼翼了。

胡惟庸的骄恣专权终于令朱元璋忍无可忍。洪武十三年（1380）御史中丞涂节向朱元璋禀奏，说胡惟庸一伙欲谋逆起事。朱元璋终于可以名正言顺地除去胡惟庸了。他亲自审理这个案件，将此案钦定为谋逆罪。

胡党一案，延续十余年，株连三万余人，大批功臣宿将牵涉其中，事实上开启了屠戮功臣之端。它是朱元璋借肃清逆党之名，对开国功臣进行的一次大清洗，以期巩固朱姓大明江山，为后继者拔除荆棘，铺平道路，相权的废除是这场杀戮的一个直接结果。朱元璋罢去了中书省，升六部尚书为正二品，直接归他领导；将大都督府改为中、前、后、左、右五军都督府，也直接受皇帝的领导。

中国古代宰相制度的设计精神，寓有儒家思想中贤能政治的高尚理想，得贤者而任之，足可补正"家天下"局面中君主非贤的缺失，使得实际政治不致因君主个人的庸愚而蒙受祸害。但在历史现实中，则是君权与相权的不断争斗与制掣。明代胡惟庸案后宰相制度被废，朱元璋还谕示"后世嗣君不得议置宰相，臣下敢以请者置重辟"，并作为祖训。自此宣告了自秦汉以来长达一千多年的君权与相权之争，以君权的彻底胜利、相权的彻底失败而告终。[②]

关于胡惟庸是否谋反，从明代起，历史学家就持有不同意见，如王世贞就对胡惟庸谋反一说表示难以置信，谈迁更是指出"惟庸非叛也"，乃"积疑成狱"。1934年，著名明史专家吴晗在《燕京学报》上发表了《胡惟庸党案考》一文，也认为胡案只是朱元璋策划屠杀功臣的一个开端。吴晗指出："胡惟庸的本身品格，据明人诸书所记是一个枭猾阴险、专权树党的人。以明太祖这样一个十足地自私惨刻的怪杰自然是不能相处在一起。一方面深虑身后子孙懦弱，生怕和他自己并肩起事的一般功臣宿将不受制驭，因示意廷臣，有主张地施行一系列的大屠杀，胡案先起，继以李案，晚年太子死复继以蓝案。胡惟庸的被诛，不过是这一大屠杀的开端。"[③]

胡惟庸案的真实情况，因为案发时的严令峻法，使得许多当事人不敢如实记述，而后来的人不知道详情，更使得历史实情日渐湮没。

后来的史家只能凭《实录》了解，但其中记载又多有出入矛盾之处，从而使得胡惟庸案变得扑朔迷离。

蓝玉案

洪武二十六年(1393)，朱元璋又兴蓝党大狱。此时马皇后早已逝世多年，而仁厚的太子朱标亦于上一年病逝，因受胡惟庸案的影响，在朝大臣早已噤若寒蝉，自保不暇，朱元璋身边已无敢直言相劝之人，所以更多的无辜者成了刀下冤魂。

蓝玉是定远人，开国名将常遇春的内弟，骁勇善战。洪武十四年秋，朱元璋命傅友德为征南将军，蓝玉为左副将军，沐英为右副将军，率步骑三十万，往征云南。蓝玉在此次的征讨中勇猛精进，能征善战，受到朱元璋赏识。洪武二十年(1387)，朱元璋命冯胜为大将军，傅友德、蓝玉为左右副将军，率师二十万北征，金山之役大获全胜，降服了元将纳哈出。洪武二十一年(1388)，朱元璋委任蓝玉为大将，率师十五万北进，来到捕鱼儿海(今贝加尔湖附近)，征讨元将脱古思帖木尔。脱古思帖木尔以为明军与纳哈出作战不久，粮草匮乏，不会深入再战，没有作迎敌的准备。而明军前锋奔袭他的大营时，

蓝玉雕像

恰好风沙弥天，几十步外不见人，明朝兵马突然出现，脱古思帖木尔根本不能做有效的抵抗，仓促上阵的后果便是大败。捕鱼儿海之战是北元贵族遭到的最大的失败，如果说在此之前他们或许还有着重整势力入主中原的希望的话，那么这个希望此后就完全破灭了。从此，蒙古内部就开始陷入了连绵不断的内讧之中，其间虽然有过几次统一，但对明朝始终未能构成倾覆性威胁。朱元

沐英像

璋大悦，遣使劳军，谕中将蓝玉比作卫青、李靖，班师还朝后，晋封蓝玉为凉国公。

　　徐达、常遇春死后，蓝玉总揽大军。但是，他在屡立战功的情况下，骄傲自满，颇有桀骜不驯之色。在家中多蓄庄奴，霸占民田，擅自驱逐前来按问的御史，还在军中擅自黜陟将校，不听朱元璋命令。这引起了朱元璋的极大反感。洪武二十六年，锦衣卫指挥出面控告蓝玉谋反，说他与景川侯曹震等公侯企图趁朱元璋举行藉田礼仪时起事。这自然是捕风捉影之说。审讯结果，蓝玉被磔杀，诛三族。接着又大肆搜捕蓝党，连坐被族诛的达一万五千多人。这一案几乎把军中勇武刚强之将杀光，至此，淮西集团的军事力量基本被摧毁。

　　胡惟庸和蓝玉两案，史称"胡蓝之狱"，前后达十四年之久，诛杀四万五千余人。除此之外，还有其他功臣也被以各种借口除去。这

当中，廖永忠是最早被杀的功臣。廖永忠在很多战斗中立有功勋，特别是在鄱阳湖之战中殊死战斗，几乎殒命于鄱阳湖，朱元璋手书"功超群将，智迈雄师"赐给他，而后平蜀，以廖永忠军功最高，呼之为"傅一廖二"（意为傅友德第一、廖永忠第二）。洪武八年（1375），朱元璋以其私自穿着绣有龙凤图案的衣服逾制为由将其处死。其实这只是借口而已，真正导致廖永忠丢失性命的原因在于一个大家都心照不宣的政治隐秘：当年廖永忠奉命迎接小明王韩林儿回应天途中，至瓜洲时凿船覆舟，溺死了韩林儿，而这件事无论如何朱元璋也脱不了干系，也始终是朱元璋的一块心病。当时迫于战局需要，朱元璋并没有马上处置廖永忠，而如今天下已定，自然没有再留他的必要，故而借口将之除去也是顺理成章的事，廖永忠最终还是没有摆脱因杀人灭口而被诛的命运。

其他开国功臣中，朱元璋的养子（也是他的亲外甥）李文忠被毒

死，朱亮祖父子被鞭死，周德兴以帷薄不修被杀，直至洪武二十七年（1394），王弼、傅友德被杀，洪武二十八年冯胜被杀。这样，经过多次大小狱案，明朝的开国功臣宿将几被诛杀殆尽。在众将领中，只有朱元璋儿时的玩伴汤和洁身远行、解甲归田，绝口不谈政事，得以寿终正寝，享年七十多岁，他的善终简直可以说是一个奇迹。

李文忠像

历史上开国皇帝与功臣之间产生

矛盾的不乏先例，而皇帝如何化解这种矛盾则尤为关键。汉代的刘邦起初大封异姓王，后又心存猜忌，杀戮异姓王；李世民以开明著称，处理较为妥当；赵匡胤则采取了另外一种模式，即"杯酒释兵权"，和平解除功臣的兵权。朱元璋的情况与刘邦有些相似，却又不同。朱元璋是中国封建社会唯一平民出身的皇帝，帮助朱元璋打天下的功臣，多是他的同乡，汤和与周德兴还是他幼时同村的玩伴。这些人在战斗中出生入死，东征西讨，为朱元璋夺得天下。称帝前他们的地位是平等的，待到朱元璋登基成为皇帝后，他们之间却有了君臣的名分，凡事不可逾制。特别是政体要求把朱元璋神圣化，而许多功臣大将从心理到行为都没有适应这种剧变。"起自闾巷而贵为天子"是他们所亲身经历的，昔日平起平坐的朋友，现在却要匍匐称臣，这是起自民间的朱元璋与出身于统治阶级的皇帝建国后所面临的不同情况。如李世民，起兵之初那些追随他的人与他的君臣关系就已确定下来，他们已习惯了这种上下等级，故君臣之间可以存在一定程度的信任。而明初的诸多功臣大将在平定天下后成为新贵，占有大量良田美宅，政治上和经济上的扩张都与皇室统治集团的利益发生了尖锐的冲突。像胡惟庸的"擅权挠政"，蓝玉的"进退自恣"，都是专制皇帝所不能容忍的。

此外，朱元璋也是出于其后代能否稳坐江山的考虑。朱元璋称帝时已四十一岁，而天下大定时已六十岁。他出身贫穷，以"起自田亩"的淮右布衣一跃而跻身帝王之列。他不像李世民那样有关陇集团作为政权的可靠屏障，也不像李世民那么年轻，十八岁起兵，二十七岁定天下，诸功臣到他年老时亦皆衰老，对子孙即位无后顾之忧；他也不像赵匡胤那样，三十三岁黄袍加身，身边还有其弟赵光义驾驭功臣。朱元璋当时面临的是子弱孙幼的情况，使他对其子孙能否坐稳江山问题的考虑更多，也更迫切。

当朱元璋大开杀戒的时候，文弱儒雅的太子朱标曾劝谏他不要滥杀无辜，以免伤了君臣和气。朱元璋当时没有说什么，第二天，拿着一根满是荆棘的棍杖丢在地下，让朱标去捡。朱标看到上面都是刺，面有难色。朱元璋拿起棘杖，用利剑削去上面的荆棘，交给太子说："汝弗能执与，使我润琢以遗汝，岂不美哉？今所诛者皆天下之险人也，除以燕汝，福莫大焉！"意思就是说，你怕刺不敢拿，我替你把这些刺削掉，再交给你，岂不更好！我杀的都是奸恶之人，把内部整顿好了，你将来才可以安坐天下。

总体而言，"胡蓝之狱"是绝对皇权的产物，是朱元璋为建立绝对皇权势所必行的。但他在为子孙扫除障碍的同时，也埋下了祸根。后来，他的孙子建文帝锐意削藩，燕王朱棣起兵"靖难"之时，建文帝

皇史宬，又名表章库。位于紫禁城东南，是保存皇家档案的地方。由大门正殿、东西配殿和碑亭组成。正殿建于明代嘉靖十三年（1534），为拱卷式砖石结构的无梁殿。

身边既没有能征善战的武将可以调遣，也没有老谋深算的文臣可资凭用。假使当时蓝玉等能征惯战的开国功臣还在，朱棣未必敢兴兵，建文帝也不用"逊国"了。

清代史学家赵翼说过："独至明祖，藉诸功臣以取天下，及天下既定，即尽取天下之人而杀之，其残忍实千古所未有。盖雄猜好杀，本其天性。"这一评价虽有过激之处，却也道出了朱元璋滥杀无辜的事实。

严刑重法，惩奸治贪

朱元璋起自民间，作为中国历史上唯一的平民出身的皇帝，深知民间百姓的疾苦，故而他对封建社会常见的通病——贪污受贿，特别是对"蠹政鬻狱，大为民害"的贪官墨吏更是恨之入骨。他认为"此弊不革，欲成善政，终不可得"。因此他即位之后，便告谕群臣："从前我在民间时，见州县官吏多不恤民，往往贪财好色，饮酒废事，而对百姓疾苦，则视之漠然，我深恶痛绝。如今要平法之禁，凡遇官吏贪污蠹害百姓的，决不宽恕。"首先他严禁官吏法外诛求，以峻法重绳贪官赃吏；其次采用警省臣民的策略，并告诫官吏亲属严守法度；此外，还建立了严格的官吏考课和监督制度，对官吏进行八个方面的考察：一贪、二酷、三浮躁、四不及、五老、六病、七疲、八不谨。对考察称职者升，不称职者降，贪污者付法司罪之，品格卑鄙者免官为民。

朱元璋对自己的女婿都毫不姑息。欧阳伦是马皇后所生女儿安庆公主的驸马，曾官任都尉。据史书记载，明初茶禁异常严格，而欧

马皇后像

阳伦多次派遣家人偷运私茶出境贩卖，从中牟取暴利。欧阳驸马所到之处，对百姓百般骚扰。一次，驸马贩运私茶过甘肃兰县（即今兰州）河桥巡检司，竟捶辱司吏，司吏不堪忍受，将其告发。朱元璋闻知此事后大怒，不顾马皇后与公主的说情和哀求，将驸马欧阳伦赐死。与此同时，陕西布政使明知驸马利用职权擅自役使吏民贩运私茶，触犯法令而不举报，还为他办理公文，起车载运，也被赐死。

明律规定，受贿六十两银子以上就要斩首示众，而且还要被处以剥皮（揎草）之刑。当时府州县衙门旁边的土地庙就是剥皮的刑场，故而民间又称土地庙为皮场庙。有的衙门公座旁还摆着前任贪官塞满稻草的人皮，令继任者触目惊心。在这种严厉惩治的思想指导下，不仅对真正的贪官予以严惩，即便对有贪污嫌疑的行为也决不姑息手软。明初的空印案和郭桓贪污案便是典型的案例。

按照明朝政府的规定，每年各布政使司和府、州、县都要派计吏到户部，报告地方财政收支账目，钱谷数字若有分毫差误，整个报册就要被驳回，重新填造。各布政使司离京城远近不一，远的达六七千里，近的也在百里上下，重新填造的册子还必须盖上原衙门的印信才算合法，为此往返需花费月余甚至几个月的时间。为了避免户部挑剔，减省来回奔走的麻烦，进京计吏往往都带有事先预备好的盖过官印的空白文册，遇有部驳，随时填用。这种空印文册盖的是专印，

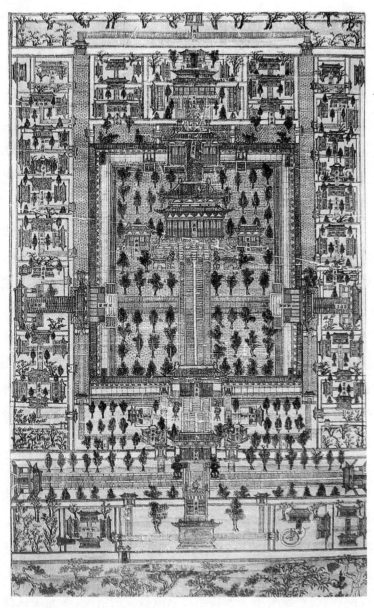

明版崇善寺建筑全图。崇善寺创建于唐代,明洪武十四年(1381)朱元璋三子晋
王为追荐其母孝慈高皇后大事扩建。

不能用作其他用途，故而也得到户部官员的默认。这本来也是公开的秘密，上下都习以为常。然而，洪武十五年，朱元璋发现了这一秘密后大怒，以为这样做一定会引发严重弊病，下令严办，处死户部尚书和各地布政使司主印的长官，辅佐的官员杖百戍边。当时正值胡惟庸党案风声最紧之时，朝廷上群臣已没有多少人敢站出来分辩，因此，空印案中被处死者达数百人，受杖戍边者达数千人，其中有不少是无辜的。建文朝名臣方孝孺的父亲——官誉甚佳的方克勤，也在该案中被杀。

郭桓是户部侍郎，洪武十八年，朱元璋怀疑他与北平二司官吏伙同贪污，于是又兴大狱，将户部左右侍郎以下的官员全都处以死刑，追赃七百万石。供词牵连到各布政使司官吏，追赃时又波及全国各地一大批的地主富户，中产以上的地主家破的不计其数，被杀的达几万人。被杀的官吏中，其中自然有贪官污吏，但朱元璋不分青红皂白，一概诛杀，其中有很多无疑是无辜的清官。因郭桓案牵连面过广，引起了整个统治阶层的恐慌和不满。朱元璋觉得如果任这种矛盾继续发展下去，也不利于自己的统治，便一面以手诏形式公布郭桓等人的罪状，一面把直接审理该案的官员处死，结束了这件大案。而从史籍"民中人之家大抵皆破"的记载看，有大量地主富户被杀，可见朱元璋此举的用意并不完全在于惩治贪吏，也是其聚敛财富的一种手段。

郭桓案还有一个重要影响便是，我国最早的关于记账必须使用大写数字的规定，也自此开始。郭桓案事发后，为了改变当时的财务混乱现状，杜绝财务管理再出现篡改数字的情况，朱元璋认真总结经验教训，实施了一系列新的管理措施，其中重要的一条，就是将

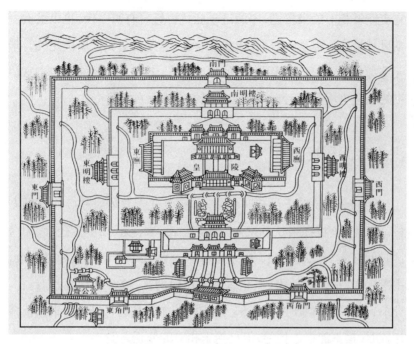

明皇陵图，此为明太祖朱元璋之父朱世珍的陵墓。

汉字中的数字"一、二、三、四、五、六、七、八、九、十、百、千"，在进行钱粮等财务登记时改写为"壹、贰、叁、肆、伍、陆、柒、捌、玖、拾、陌、阡"。这一举措对于堵塞财务管理上的漏洞，确实起到了重要的作用，同时成为我国历史上金额大写规则的首创。朱元璋还下旨：谁若违犯，则有杀头之罪。当然，这种用大写数字记账的规定当时仅限于记载钱粮的数字。到今天，这种做法已成为定制。后来，人们在实践中逐渐将"陌、阡"二字改写为"佰、仟"，在财务往来中一直沿用至今。

洪武一朝可以说是中国历史上封建政权对贪污进行斗争最激烈的时期，也是杀戮贪官污吏最多的时期。这也使得洪武朝的大多数官吏能够相对约束自己，不敢过于骚扰百姓。有明一代，也以洪武一朝风气最廉。但是，贪污现象仍然存在，这是社会制度所决定的。朱元璋身为皇帝，可以利用皇帝的权威杀人，却不可能铲除滋生贪官污吏的社会土壤，因而，也就无法从根本上消灭贪官污吏。

洪武年间科场案

明朝会试重开于洪武四年(1371)，洪武十七年(1384)正式颁布科举章程，会试在乡试的次年，即每逢辰、未、戌、丑年举行，因为考试时间在农历二月，所以又称"春闱"。洪武十八年定下考官人数，主考二人，同考官八人，其他又有会试提调官、收掌试卷官、弥封官、誊录官，等等，体制十分完备。唐宋两代尤其是唐代科举看重人情请托，明代虽不能根本杜绝，但已趋于相对的公正。

参加会试的举子们经过层层选拔，会试高中后，必须参加皇帝亲自主持的殿试，殿试分三甲，一甲三人赐进士及第，二甲赐进士出身，三甲赐同进士出身，殿试的象征意义重于实际意义。殿试结束，按照科甲排名，新进士获得在京或在地方上做官的权利。

明初政局安定不久，朱元璋十分重视科举考试，视之为网罗天下人才的重要措施，洪武年间发生的"南北榜"事件是朱元璋这一政治思想的一次集中体现。

洪武三十年(1397)三月初五，是三年一次会试放榜的日期。举子们早早来到张榜的地方——秦淮河北岸的贡院门前。辰时，在鞭炮声中监场官员将黄榜高悬于辕门之前，上有五十二名贡士的名字。落榜者心中不平，一位举子发现上榜之人绝大多数为南方人，他的发现引起了北方举子的愤怒，人群大哗，他们向黄榜投掷泥团石块，认为考官偏袒同乡。落第举子成群结队，从贡院来到主管科举的礼部衙门，要求与考官对质。礼部官员请来"皇家警察"锦衣卫弹压，但面对群情激愤的大批士子他们束手无策。很快，南京的街头巷尾贴满了匿名传单，指责主考官员只选拔南方人，其中必有隐情。考场骚乱发展成一场南北对抗的政治运动。事件愈演愈烈，礼部官员不敢隐瞒，向皇帝上奏本，陈述此事。

会试主考、翰林学士刘三吾为学界泰斗，他负责制订明初科举章程，修订《寰宇通志》、《礼制集要》等书籍，为人清正。本科考试取士都经过再三挑选，没有接受人情请托。他在朱元璋召见时详述经过，认为由于北方一直处于元朝政府的直接统治之下，民不聊生，与经济繁荣、文化昌盛的南方相比，举子在文化素养上确实有所不如，才会造成一榜尽是南人的局面。朱元璋虽然同意这一解释，但要求特选几位北方举子以安定人心。刘三吾拒绝了这一要求。刘三吾被赶出宫城，副主考白信蹈被停职。朱元璋命令翰林院侍讲张信主持考卷复审。北方举子在礼部衙门前山呼万岁，表达对皇上的感激之情。张信领受朱元璋旨意，组织一些人重新阅卷，二十余日与阅卷诸人关在贡院，不得回家，不与任何人接触。会试复审成为京城人人关注的头等大事。

四月十三日，皇帝亲临奉天殿，听取复审结果，六部九卿官员与原主考人一起进宫听旨。张信当众评点几位北方举子的试卷，认为颇有可取之处，但是，他突然掉转语气，将南方卷与北方卷相比，承认北方卷确实不如南方卷，一榜多取南方人事出有因。此论出乎所有人的意料，也出乎朱元璋的预料。

此时有人举报刘三吾等原主考官与张信等人串通一气，官官相护,互相包庇,张信受刘三吾的指使,故意将北方举人的劣等试卷送交皇帝审阅。朱元璋大怒,他宣布自己将亲自复卷,以前结果一概无效。张信、刘三吾、白信蹈等人被缉拿下狱,严加追问。罗织张信的罪名是"为胡惟庸鸣冤,反叛朝廷",刘三吾、白信蹈等人变成蓝玉余党。此时距胡惟庸之死已十七年,距蓝玉之死五年,朱元璋明知罪名为罗织所致,但为了打击廷臣的反对势力,安抚北方人心,仍将在案人士处以极刑。四月底,张信、白信蹈、司宪、王俟华等被凌迟处死,刘三吾年老免死,发往边疆充军。高中状元的陈安被指有行贿嫌疑,被同日处斩。

随后,朱元璋亲自出题重考,钦定了六十一人,皆为北方人。这样,在一年之中进行了两次考试,此次事件史称"南北榜("春夏榜")事件"。

事实上,由于各地区存在着经济及文化发展上的不平衡,若纯粹从文章好坏录取士子,势必造成地区间极大的差异,一些落后地区的士子永无出头之日,会影响这些地区的发展及政局安定。朱元璋正是从政治大局着眼,采取极端措施来平息北方知识分子的不满。

为避免此类情况再次发生,洪熙元年(1425)设立南北卷制,南卷取十之六,北卷取十之四,确立了按地取士的制度。宣德、正统年间,南北各让出五个名额给中部地区,以取得地区间的平衡。以后虽然名额有所变更,但按地取士制度始终相沿不变。④

明初大臣的悲剧

徐达的悲剧

徐达(1332—1385),字天德,濠州(今安徽凤阳)人,"家世业农"。

元至正十三年（1353），徐达加入郭子兴的起义军队伍，隶属朱元璋所率红巾军。史书记载徐达"长身伟貌，刚毅英武"，与朱元璋相见后，两人交谈颇为投机，"谋议无不合"。朱元璋惊讶于徐达的才智过人，当即将其"留置麾下"。徐达此后便一直追随朱元璋左右，成为朱元璋平定天下不可缺少的得力干将。

徐达像

至正十五年（1355），徐达随朱元璋渡过长江，打下集庆（朱元璋改为应天，即今南京），辅佐朱元璋创建政权。至正十九年至至正二十二年，在与陈友谅部的龙江（湾）战役、江州（今江西九江）战役中，徐达率军身先士卒，大败陈军，战后因军功卓著升为"江南等处行中书省右丞相"。至正二十三年（1363）秋，在鄱阳湖决战中，先是率军大战陈友谅，随后承担起了坚守应天、力保应天不失的重任，使得朱元璋及其他将士能够全身心地投入战斗，夺取鄱阳湖决战的最后胜利。至正二十四年（1364）正月，朱元璋称吴王，徐达被任命为中书省左相国，在当时文武群臣中，地位仅次于中书省右相国李善长。

至正二十六年（1366），朱元璋任命徐达为"大将军"，常遇春为"副将军"，率领二十万大军出征，进攻张士诚，彻底占领淮东之地，接着占领浙西，连战皆捷，最终攻陷平江（今苏州），奠定了南方政局。徐达因功勋卓著，被封为信国公。至正二十七年（朱元璋吴元年，1367）十月，徐达被朱元璋任命为征虏大将军，同副将常遇春率师二十五万开始北伐，不久攻取山东，平定河南，然后很快挥军攻下大都（今北京），朱元璋诏令改"大都路"为"北平府"，宣告了元朝的灭亡。

元朝虽然宣告灭亡，但元顺帝在古长城以北、河北大部及今山西、陕西、甘肃、宁夏等地仍有相当的军事力量，而且他们不甘心失败，经常派骑兵南下骚扰。明朝政府统一全国的任务还是相当艰巨的。作为明朝武将之首的开国功臣徐达，义无反顾地担负起了最终统一北方地区的重任。

为防备退居漠北的元朝残余势力卷土重来，明洪武元年（1368），朱元璋命徐达、常遇春领兵平定山西，主持重修北京的咽喉重地——居庸关，以防止蒙古骑兵的突袭。洪武三年，徐达率兵出潼关，趋定西（今属甘肃），进剿元朝大将扩廓帖木儿，经过激烈战斗，大败元军，荡平了关陇地区。从西北班师回朝后，徐达因功被授予特晋光禄大夫、左柱国、太傅等称号，升任中书右丞相，许"参军国事"，并晋封魏国公，岁禄五千石，子孙世袭，还赐给他免死的"丹书铁券"。由此可见朱元璋对徐达是何等的恩宠！

常遇春像

洪武三年十一月，自西北地区班师回京后不到两个月，徐达又被朱元璋下诏派出镇守北部边塞。此后，直到洪武十八年（1385）徐达去世前的十五年左右的时间里，他多次奉诏统兵出征漠北，讨伐北元，镇守北部边塞，几乎将他的全部精力和心血倾注于歼灭北方故元残余的战斗中，为维护明朝北部边境地区的安宁作出了巨大的贡献。这期间，他于明洪武十四年（1381），发燕山等卫屯兵一万五千一百人，依山傍海筑长城及修永平、界岭等三十二关，这就是闻名世界的山海关。从此，山海关成了北平东面的咽喉要塞，也成为阻止蒙古骑兵南下的重要屏障，周边的老百姓从此免于频仍的战乱。

由于长年征战在外，历经风霜雨雪，徐达身心疲惫，终于积劳成疾，于洪武十七年（1384）冬卧床不起。据《明太祖实录》记载，当徐达疮疾缠身、久治不愈时，朱元璋非常关心，不仅四处召名医为之医治，甚至还专门为他举行祷告山川、城隍之神的祭礼，以乞求神灵保佑徐达痊愈，并特地委派徐达之子徐辉祖持其玺书前去慰问。这一切，莫不令徐达感激涕零。

洪武十八年二月，本来已有好转的徐达，病情突然恶化，最终不治而逝，终年五十四岁。据《明太祖实录》记载，朱元璋听闻徐达逝世噩耗后，"祖跣奔达寝，抚尸而恸"，大叹"大将军为朕股肱心膂"，"天何夺吾将之速"！并为之辍朝，以表示对徐达的哀悼。同时，为表彰徐达的开国与守边之功，朱元璋又下诏追封徐达为"中山王"，赐谥"武宁"，赐葬钟山之阴，赠三世皆王爵。朱元璋还亲笔为徐达撰写《御制中山徐武宁王神道碑》碑文，记颂其不凡功绩，将碑立于徐达墓之神道，"以示子孙，耿光万世"。还令有司塑其像于功臣庙，每年依时节祭祀徐达。这一切，无不显示出朱元璋对徐达的恩宠的确是超过了其他功臣。

但是，民间传说的徐达之死是耐人寻味的。据徐祯卿《翦胜野闻》记载，徐达患上了极为凶险的背疽，按中医的说法，忌吃蒸鹅。

朱元璋偏偏派人送一只蒸鹅给他吃。徐达心知肚明，知道当时天下大局已定，皇上不希望他继续活下去，只好上前谢过龙恩，当着来人的面，流着眼泪吃下蒸鹅，结果背疮骤然加剧，没有几天就一命呜呼了。著名史学家吴晗先生《朱元璋传》一书就明确指出，徐达正是吃了朱元璋的御赐蒸鹅后病情加重去世的。⑤

　　徐达的一生，可谓谋略过人，智勇兼备，战功卓著。自投奔朱元璋麾下后，他驰骋疆场，出生入死，戎马生涯三十余年，在帮助朱元璋攻灭张士诚、陈友谅等割据势力，开拓王朝基业，奠定南方胜局，北伐元军，统兵西征，镇守北塞等重大战役中都立下汗马功劳，可以说，大明江山多半由他荡平。朱元璋还在赏赐给他的宅第对联中，称赞他"破虏平蛮功贯古今人第一，出将入相才兼文武世无双"。就是这样一位战功赫赫的开国功臣，生前曾有过御赐"胜棋楼"的荣耀，也有明太祖与之为"布衣兄弟"的殊荣，而且为人小心谨慎，但终是功高震主，最终也未能逃脱朱元璋晚年猜忌群臣、剪除勋臣宿将、大肆诛杀朝臣的悲剧，其命运令人叹息。徐达去世之时，正值胡惟庸案时期，因为他一向反对胡惟庸，所以无法牵连进"胡党"，其时蓝玉党案还没有爆发，但是他仍然没能幸免。至此，那所谓的"丹书铁券"的圣光与荣耀，也不由得黯然失色，甚至可以说不无讽刺意味了。

　　徐达墓位于南京钟山，墓园规制宏伟，坐北朝南，面对钟山，近靠玄武湖，山水相依。其中洪武十九年（1386）所立"御制中山王神道碑"，是明代功臣墓中最大、最有代表性的一块神道碑。碑文由明太祖朱元璋亲自撰写，大学士宋濂书丹，共二十八行，每行七十二字，共两千余字，记载了徐达一生的主要活动和功绩。更让人惊奇的是，这块碑的碑文里有圈点的符号。我国古代的书写习惯，不但碑文，连一般的书面文字，也从不加标点，都是由读者自己断句，谓之句读。我国正式印刷品中的标点符号兴起于二十世纪初"五四"白话文时期。但是此碑文却是断了句的，每一句话后面都加上了断句的圆圈，符号虽然单一，却也十分罕见，可算是古碑中的一件奇闻。学者们经过研究认为，大概碑文是由大臣代笔，而他们怕

徐达墓

文化水平不高的朱元璋读起来不方便，于是用圆圈断句，然后交付工匠镌刻，因是皇帝"御制"，工匠害怕获罪，只得依样画葫芦，连圆圈一并刻上，于是给我们留下了这块标有句读的碑文。但真相究竟如何，仍是一个谜。

为了表彰徐达的显赫战功以及他修筑山海关的功劳，明景泰五年（1454），朝廷下令在山海关城内为徐达立庙祭祀，成化七年（1471）建成，所建之庙叫显功庙，又称太傅庙、徐达庙，由内阁大学士商辂撰《显功庙记》，勒石立碑。可惜的是，这些遗迹今天已经不复存在。明嘉靖年间山海关兵部分司主事陈绾曾写《显功庙》一诗，歌颂徐达筑山海关建山海卫的丰功伟绩：

太傅提兵出塞还，更因渝塞起渝关。
石驱到海南城堞，垒筑连云北倚山。
辽水至今来靺鞨，蓟门终古镇寘颜。
岁时伏腊犹祠庙，麟阁勋名孰与班？

刘基的传说

刘基，字伯温，元至大四年（1311）生，明洪武八年（1375）卒，浙江青田人。

在人们的心目中，刘基是一位诸葛亮式的、满腹韬略的智囊人物，民间有“上有诸葛孔明，下有刘基伯温”的说法。他通晓经史，能测天文，精通兵法，《明史·刘基传》称他“虬髯，貌修伟，慷慨有大节，论天下安危，义形于色”，“所为文章，气昌而奇，与宋濂并为一代之宗”，而且“博通经史，于书无不窥，尤精象纬之学”，是明朝的开国元勋。

刘基像

刘基出身官宦世家，自幼聪明好学。十二岁就考中秀才，二十三岁考中进士，是江浙一带有名的才子。元顺帝至元二年（1336），刘基出任江西高安县丞。任职期间，他恪守本职，体察民情，整治官吏，执法如山，使高安县的社会风气大为好转。但是由于他秉公办事，得罪权贵，遭受同僚们的嫉恨和排挤，从而感觉无处施展抱负而辞官归乡，闭门读书。

至正十六年（1356），浙江各地如处州治下的青田、丽水、松阳、遂昌等地都爆发了农民运动，江浙行省起用刘基为浙东元帅府都事，但终因政见不合，屡迁屡贬，可谓仕途坎坷。就这样，在几经波折之后，他终于认识到元廷的不可救药。至正十八年（1358），他第三次辞官回家。

至正二十年（1360），朱元璋攻下金华，在浙东寻访名士出山为其服务。几经交往，刘基被朱元璋的诚意所感动，于是投向朱元璋麾下。传说中的刘基是个深谙阴阳八卦，能呼风唤雨，料事如神的奇人，尤为人们津津乐道的是刘基与朱元璋"诗以言志"的故事。相传有一次两人在田野间散步，当时正值寒冬腊月，朱元璋看着周边天寒地冻、滴水成冰的景色，不由脱口而出："天寒地冻，水无一点不成冰。"刘基马上对上："国乱民怨，王不出头谁作主？"朱元璋又说上联："天作棋盘星作子，日月争光。"刘基接着对出："雷为战鼓电为旗，风云际会。"朱元璋再出上联："天下口、天上口，志在吞吴。"刘基拍手叫好，立即附和："人中王、人边王，意图全任。"这一连三副对联，堪称绝对，不由得令朱元璋拍案叫绝，从此对刘基刮目相看。

当然，这些传说多少有点神化了，但刘基确实博古通今，才智过人，在朱元璋征讨天下的过程中，颇受重用。

当时朱元璋的领地东有张士诚、西有陈友谅，军事上受张陈的夹击；同时，朱元璋尊奉小明王韩林儿，受其封爵，用其年号，没有自己的旗号，政治上又受制于人。针对这种被动局面，刘基力主朱元璋摆脱小明王，提出先灭陈友谅、后取张士诚的战略。因此，当韩林儿被朱元璋的大将廖永忠沉船江中后不久，朱元璋就毫无顾忌地树立了自己的旗帜。

后来在与陈友谅决战鄱阳湖、双方相持不下的关键时刻，刘基提出"移师湖口"之策，就是将战舰全部移往湖口，封锁鄱阳湖通向长江的水路通道，关门打狗。由于陈友谅的巨舰在相对狭隘的湖口水面上远远比不上朱元璋的战舰那样轻巧灵活，所以，陈友谅始终未能攻破湖口。最后，双方在泾江口大战，陈友谅中流矢贯睛及颅而死，全军覆没。此战朱元璋得胜的关键，正是"移师湖口"这一计谋的实施，此役刘基同样功不可没。

刘基在举荐贤能方面，主张不拘一格选拔人才。特别是他不念私人恩怨，顾全大局，建议朱元璋以李善长为丞相及直言评判胡惟庸等人之事，尤令后人刮目相看。洪武二年（1369），朱元璋因为李善长日渐骄恣，欲废其相而以刘基代之，为此征求刘基的意见。刘基认为，"国之大事，莫大乎置相"，尽管李善长常在暗中排挤攻讦他，但他仍然能出于公心，认为李善长是勋旧大臣，能调和诸将，不宜匆促更换，劝导朱元璋不要撤换李善长。

李善长辞相后，朱元璋又问及刘基对杨宪、汪广洋的看法，刘基并未因为与杨宪有私交而褒扬他，指出"（杨）宪有相才，无相器"，而汪广洋器量也过小，"偏浅殆甚于（杨）宪"。后来，朱元璋又问及胡惟庸，刘基认为他是几人中最差的人选。但最后，朱元璋还是起用了胡惟庸为相。从此事也可以看出，为了避免相权对于皇权的威胁，此时朱元璋需要的并不是出类拔萃、运筹帷幄、独当一面的将帅之才，而是一个没有势力、稍有小才而忠于帝王的高级秘书。胡惟庸善于阿谀奉承以获得皇帝的信任，十分符合朱元璋的心意，因而得以获得异宠，独相数载，这在"无一日无过之人"的洪武政坛是很罕见的。

刘基在明初大封功臣中的地位是值得注意的。洪武三年 (1370) 朱元璋亲御奉天殿，论功行赏，大封功臣。封李善长、徐达、常遇春之子常茂、李文忠等六人为公，汤和等二十八人为侯，仅封刘基为诚意伯，年俸二百四十石，而李善长俸禄四千石，是刘基的十多倍。刘基成为开国所封的勋臣中位次最末、俸禄最少的一位。

　　至于刘基在功臣中为何地位最低，史书中说法不一。论及才能，李善长之后最适合的丞相人选莫若刘基，但如若真以刘基为相，朱元璋将更会陷入皇权被相权威胁的担忧之中。刘基也深知这一点，更知朱元璋为人狭刻猜忌，不能容纳功臣能臣，并且向来对浙东士绅出身的文人集团心存猜忌，而自己又生性刚直，不能见容于官场，所以一直不求显位高爵。刘基的谦让，充分体现出了他的深谋远虑、高人一筹。正像有学者指出的，以朱元璋的猜忌个性，"鲠直者不能见容，才智者不免见嫉，亦只有才具平庸，柔佞而便于指挥驾驭的，方是理想中奉命惟谨的宰执之选"。

　　被封诚意伯后不久，刘基辞官归乡，以求远离政治漩涡、得到善终。史载刘基在家"惟饮酒弈棋，口不言功"。即便如此，刘基还是难逃厄运。洪武六年 (1373)，胡惟庸指使刑部尚书吴云沐向朱元璋上疏，说刘基家乡谈洋一带有王气，刘基欲在此修墓，并想请朝廷设巡检司驱赶百姓。朱元璋素来多疑，又深知刘基精通象纬之学，因而这种告状对刘

汤和像

基来说是致命的。朱元璋借此除去了刘基的俸禄，但没有明旨问罪。刘基进京谢罪，想消除朱元璋的猜疑，但是遭到了冷遇，为此而郁郁得疾。洪武八年（1375），病重的刘基回到老家，仅仅月余，便离开了人世。⑥

关于刘基之死，《明史》有载，刘基卧病应天时，朱元璋曾派胡惟庸探视刘基病情，胡随身带的医生为刘基开了药方，刘饮药以后，感到"有物积腹中如拳石"，两个月后，病势就更加沉重起来。对此后人颇有疑虑：其时刘基已经好比是笼中之鸟，又遭朱元璋的疑忌，而胡惟庸正获荣宠，加上其人气量狭小，记恨刘基当年议相时对自己的评价，为此加以谋害也不是没有可能。然而更多的史家认为对刘基之死，朱元璋有不可推卸的责任：因为朱元璋明知胡、刘二人水火不容，却为何要派胡惟庸去看望刘基？而刘基服药后病势加剧，向朱元璋汇报时，为何朱元璋却丝毫不予理会？故而更有可能是当时胡惟庸得到了皇帝的授意，不着痕迹地置刘基于死地，尔后胡案既发，此事便一齐推在胡惟庸身上。

其实刘基是洪武年间朱元璋、淮西集团与浙东集团三方面政治斗争的牺牲品。在朱元璋起兵反元建明的过程中，淮西集团随他东征西讨，立下了汗马功劳，其中李善长、徐达、汤和、耿君用、耿炳文、常遇春等人成为开国功臣。而以"浙东四先生"为领袖的浙东集团则在征讨中为朱元璋出谋划策、制定战略、运筹帷幄、安定民心；在国家建立之初又主持编订各项典章、仪制、历法、史籍这些建国之本。一方面，这两个集团之间有矛盾，一方是战功赫赫，位高权重；一方是文坛领袖，名望素隆。另一方面，他们的权力分别对皇权存在威胁，因而与朱元璋之间又有矛盾。起先，朱元璋因为出身较低，又定都在江浙之地的南京,对那些有家学渊源且在江浙一带很有影响力的浙东集团很是猜忌。他利用两大集团之间的矛盾,利用淮西集团打击浙东集团,结果刘基和宋濂等浙东集团的领袖在压力之下相继引退,最后却都难逃厄运。

钱谦益曾隐晦地指出,"胡惟庸之毒诚意也,奉上命挟医而往",这里面就含有朱元璋授意或怂恿胡惟庸的意思。吴晗就明确指出:刘基被毒,出于朱元璋之阴谋,胡惟庸旧与刘基有恨,不自觉地被朱元璋所利用。如果此说成立,那么刘基的死无疑更具悲剧色彩。对此,明清史专家孟森不无感慨地说:刘基的归隐,实为惧祸,急流勇退。刘基每遇急难,勇气奋发,计划立定,人莫能测,元璋每恭己以听,呼为老先生。然而纵且如此,且已急流勇退终不免于祸。朱元璋对大臣的猜忌可谓无以复加,连自视比肩张良的刘基也最终没能逃脱厄运,由此可见在那种"伴君如伴虎"的时代,臣子们的无奈与悲哀。

刘基死后,朱元璋下诏令其子孙世代承袭诚意伯爵位。天顺元年,刘基六世孙奏请立诚意伯祠,天顺三年建成刘基庙。正德九年又加赠太师,谥文成。诏书称其"慷慨有志,刚毅多谋,学为帝师,才称王佐"。明正德皇帝朱厚照还撰联赞誉"渡江策士无双,开国文臣第一"。近人蔡元培先生则撰联:"时势造英雄,帷幄奇谋,功冠有明一代;庙堂馨俎豆,粉榆故里,群瞻遗像千秋"。

注释:

① 许嘉璐主编:《中华史画卷·明代卷》,海南国际出版社2000年版。

② 苏同炳：《明史偶笔》，台湾商务印书馆1995年版。

③ 吴晗：《胡惟庸党案考》，《燕京学报》1934年；陈梧桐：《胡惟庸党案再考》，《明清论丛》第十辑。

④ 张德信：《明代科场案》，《明史研究》第七辑，2007年。

⑤ 吴晗：《朱元璋传》，三联书店1965年版；孟森：《明史讲义》，上海古籍出版社2002年版。

⑥ 樊树志：《明代文人的命运》，中华书局2013年版。

燕王夺皇位

03

明初的分封及隐患

为保持统治的长治久安，明初实行了分封制。

明初分封制的实行有其特殊的历史背景：一是历代地方分裂割据和叛乱给中央皇权造成威胁的历史教训，二是元末军阀拥兵自重而中央则孤立无援的悲剧令朱元璋记忆犹新。明初时元朝的残余势力还相当强大，号称"引弓之士不下百万众也，归附之部落不下数千里也"，且"资装铠仗"、"驼马牛羊"俱全。这对新建立的明王朝是一个严重的威胁。此外，在经历了元末长期的大规模战争之后，朱元璋的手下锻炼出一批手握兵权、拥有军事实力的将领，这中间难保不会出现威胁中央权威的拥兵割据者。因此，无论是对北元残余势力的追剿，还是对明军中新兴起的权贵，都需要一种可靠的钳制力量，这在当时是一个非常现实而迫切的问题。在这一问题上，朱元璋认为："天下之大，必建藩屏，上卫国家，下安生民。今诸子既长，宜各有爵封，分镇诸国。朕非私其亲，乃遵古先哲王之制，为久安长治之计。"（《明太祖实录》卷五一）但朱元璋汲取汉代刘邦的教训，不分封异姓王,而是把他的二十四个儿子和一个从孙分封在全国各地,期冀他们"藩屏国家"、"藩辅帝室"。

洪武二年(1369),朱元璋"定分封诸王之制"。洪武三年(1370),分封第一批皇子九人;洪武十一年(1378),分封第二批皇子五人;洪武二十四年(1391),分封第三批皇子十人为王。至此,朱元璋诸子全部被封为王,这可以说是中国历史上继汉代以降又一次带有分封本意的复古行动。朱元璋还同时为诸王子选高僧为辅导,"为诵经荐福",他也常"入寺中与禅者盘桓"。这些诸侯王驻守各地军事、经济重镇,其中九位分别镇守西起甘肃东到辽东的广阔区域,称为九边,实力不俗,其中尤以驻守北平的燕王朱棣最有权势。朱棣于洪武三年(1370)封于军事要冲古燕国之地,招兵买马,铸钱养民,手握强大的军事武装。

五方佛之一(明代,山西省大同上华严寺)

二十四个藩王中,九个沿长城"就藩开府",其余分居国内各地。虽然明初分封的诸王不领土地、人口,但是领有军队。王府设三护卫,每个藩王的护卫甲士,少者三千人,多者万九千人,塞上诸王的护卫甲士则不在此限,他们的军权更重。被分封的诸王在边境筑城屯田,训练将兵,巡视要害,督造军器,而各地遣将征兵，还必须经过他们认可才可执行。这实际上形成了比元代行中书省权力要大得多的半独立政权，从汉代以后还没有权力如此巨大的封国。应该说，这种分封是与前述朱元璋加强中央集权的措施相矛盾的，像燕王朱棣等边塞诸王，屡次将兵出塞，曾多次大败北元军队，在平定天下与抵御蒙古的战争中又经历了血与火的磨炼，其势力坐大是指日可待之事，而藩王势力的发展壮大最后必然要威胁到中央政府的安全。①

朱元璋在世时，山西平遥训导叶伯巨就曾上疏，力陈分封制的弊端，并以汉初的"七国之乱"和西晋的"八王之乱"为警示。但朱元璋听不进去，反而大骂叶伯巨离间他们父子骨肉，将他抓来囚死狱中。从此再没人敢谈这方面的问题了。

在皇位的继承问题上，朱元璋也吸取元代前期不立太子从而引起多次宫廷政变的教训，在做了皇帝后，便立嫡长子朱标为皇太子。但在朱元璋内心深处，总觉得朱标太文弱，书生气太浓。在各皇子中，朱元璋实际上对燕王最中意，认为朱棣身上有自己决断果敢的影子。洪武二十五年（1392），皇太子朱标病死，按照嫡长子继承制，朱标死后，应由朱标的嫡长子来继承，但朱标的嫡长子朱雄英在几年前就死了，他的弟弟是朱允炆。按理说，朱元璋的次子秦王也有继承皇位的资格，但秦王太不争气，屡有过失而多次被朱元璋训斥；三子晋王也是胸襟狭小，缺少王者之大气。朱元璋欲立四子燕王，无奈当时二子秦王、三子晋王都比燕王年长，不立秦、晋二王而立燕王，于"宗法伦理实有违背"。最终他不得不放弃这些想法，仍然立朱允炆为皇太孙，但朱允炆实在太年轻，"时诸王以叔父之尊，多不逊"（《明史纪事本末》卷十五）。这就为朱元璋死后，朱棣和朱允炆争夺皇位的叔侄大战埋下了祸根。

在被分封的诸王中，以二子秦王（就藩西安）、三子晋王（就藩太原）和四子燕王朱棣（就藩北平）势力较大。燕王朱棣因屡次率兵打败元朝残余势力的军队，势力尤强。从洪武十三年（1380）到建文元年（1399）的十九年时间里，朱棣基本上是在北平度过的。在这段时间里，他精心料理藩府诸事，还不断四处巡视，了解山川形势，体察民间疾苦，处处留心民事。他曾久处宫中，深知政治风云的变幻无常和权力争斗的冷酷无情，也知道皇太子和众藩王间那种表面和气、内存危疑的复杂关系，故而朱元璋在世时，他通过勇猛抗击元朝残余势力来显示其出色的才能，力讨朱元璋欢心；在诸弟兄面前，他含而不露，谨慎小心。而实际上，他却在悄悄地积蓄力量，等待时机。北平地理位置险要，又经金和元两朝为都的建立发展，这种无可替代的政治、地理优势，为朱棣日后的发展起家提供了有利的客观条件。[②]

分封的最大隐患，便是导致朱元璋死后，诸藩王与建文帝围绕着皇位而展开的斗争立即激化。如前所述，当时诸王均是建文帝的叔父，根本不把新皇帝放在眼里，建文帝也没有朱元璋那样的果敢与决断，对诸王无法实行强有力的控制。而他要巩固自己的权力，又不得不削藩，这必然激起诸王的反抗。因此，他与诸藩王之间的矛盾是不可调和的，最后终于引发了一场公开的生死搏斗。

昙花一现的建文新政

洪武三十一年（1398），朱元璋病逝，年仅二十一岁的皇太孙朱允炆即位，年号"建文"，史称建文帝。

建文帝继位时，明代社会历经洪武时代三十一年的治理，国家统一，政治局面安定，社会经济得到较快的恢复与发展，但也存在着诸多隐患。洪武时期，朱元璋在以猛治国的思想指导下，借胡蓝之狱，大开杀戒，开国功臣几被诛杀殆尽；同时依靠锦衣卫实行高压政策与特务政治，官员们战战兢兢地生活于恐惧之中，极端君主专制的政治空气太过严酷。建文帝自幼接近方孝

建文帝朱允炆像

孺这样的儒臣，对此自然感触良深，他特别赞赏方孝孺提倡仁政、反对暴政的政治理想。因此，在即帝位后，便重用齐泰、黄子澄、方孝孺等饱读诗书的江南士子，实行改革。一如《剑桥中国明代史》所言："这位年轻皇帝的温顺性格和儒家教育，使得他真正关心他祖父的高压行政措施对平民百姓的影响，因此他衷心向往的是实行理想的仁政。"

首先，建文帝一改洪武时期重武轻文的政策，尊右文教。朱元璋以武功得天下，重武轻文，勋戚多是统兵将帅，诸王也以能节制诸军而增加自己的威权。相反，文臣地位甚低。建文帝提高文臣学士的政治待遇，以品行佳优的文臣循吏充实大明中枢机构，实现其文职化，为此，他身边聚集了不少当时知名的文士，方孝孺便是其中之一。经历了洪武时期动辄得咎的白色恐怖，建文朝尊重文人的政策无异于阳光明媚的煦日春天，官员们再也不用人人自危、诚惶诚恐地度日

了。对他们来说，这是一段被称为"四年宽政解严霜"的时光。建文帝也因此而得到了江南士大夫们的衷心支持。

其次，宽刑省狱，务崇礼教。在朱元璋重典驭臣的思想指导下，洪武朝的严刑峻法也是历史上少有的，有许多人不明不白地受株连被治罪，谪戍边地。当建文帝还是皇太孙时，就曾向朱元璋提议，请求更定过于严苛的律例七十三条。继位做了皇帝后，建文帝更是提出了"律设大法，礼顺人情，齐民以刑，不若以礼"的指导思想，并谕令天下有司，"务崇礼教赦疑狱"。为此，他下诏"行宽政，赦有罪"，平冤狱，赦免大量洪武年间因有罪而被黥面充军的军士，这些措施在当时大得民心。与此同时，一些在洪武朝被故意网罗罪名而获罪、被流放的官员，在建文朝又重新得到任用，这实际上是对朱元璋严刑峻法的一种矫正。据史料记载，在建文帝宽刑省狱的思想指导下，建文年间罪犯较之洪武年间有很大幅度的减少。

第三，宽免赋税，减轻赋敛。洪武年间，江浙一带的田赋较其他地区为重，号称"江南之赋，甲于天下"，而其中尤以苏松为最。这既有当时这一地区是全国最富庶地区的客观原因，也有朱元璋因当年苏州民众支持张士诚力抗明军而对该地民众加以惩罚的用意。但江南重赋客观上已阻碍了江南经济的正常发展，当地老百姓不堪重赋之苦，有的弃田而逃，没有逃亡的也多有逋欠。针对这种弊端，建文帝于建文元年正月下诏减免江南田赋。原来不准江浙、苏松人为官户部的规定，这时也得到了纠正。当年年底又颁诏全国，"赐天下明年田租之半"。全国老百姓都能少交一半租赋，这自然是很得民心的惠政。

此外，建文帝还对洪武官制进行了一些调整，这也是建文新政的重要组成部分。建文元年,"诏诸王不得节制地方文武吏士,更定内外大小官制"。这次改革是有积极意义的。不允许诸王节制地方文武吏士,便意味着各级地方行政机构权力的上升,各级地方行政机构也因此而真正成为一级地方政府。在官员秩级和行政设置上,将六部尚书从正二品提升为正一品,以提高其决事权,加强了六部独立行使职权的能力,也提高了外廷官员的地位;将都察院改为御史府,这是他更定官制的又一个比较大的举动。洪武初置御史台,洪武十三年改为都察院,掌纠劾,与刑部、大理寺合称三法司。洪武时以严刑峻法打杀臣僚,都察院发挥了重要作用,成为朱元璋加强专制皇权的得力工具。建文帝将之改名为御史府,都御史改为御史大夫,除了名称的改变以外,也是建文帝宽刑省狱和注重教化的举措。此外,建文帝还合并了许多州县,裁减了大批冗官冗员。从官制的诸多变革来看,建文帝改革官制的基本倾向是提高文职官员的地位。但除了裁减冗官冗员有些实际意义以外,其他的大都没有什么实际效果。③

建文新政虽然仅维持了短短的四年时间 (1399—1402),但这一时期,建文帝崇尚礼教,锐意文治;宽刑省狱,平反冤案,赦免被流放的官员,极大地改变了洪武时极端严酷的政治气氛。这是明代历史上难得的君臣和谐、相得益彰、共施"仁政"的时期。经济上采取重农桑,兴学校,赈济灾民,蠲荒田租等与民休养生息的措施,在减轻农民田赋方面颇得民心。同时,废除了朱元璋时期不许江西、浙江及苏松人士入官户部的法令,显然是对江浙以及江西士人的一个鼓舞。

建文帝礼遇文士的这些政策行为,使他得到士大夫集团的衷心支持。当朱棣登基，大开杀戒之时，"文臣莫不踊跃致身，趋死如归"，又何尝不是江南士人对建文帝知遇之恩的一种感戴与回报？正如王家范先生所指出的，在江南士人中，"仁政"理想已是一种极为普遍的群体意识，江南又是当时最大的文人渊薮，名儒辈出。在洪武治下，他们是政治恐怖主义最坚定也最有力量的反抗者，而他们所遭受的打击，比之其他地区的士人也就更为酷烈。朱允炆即位后开始改革洪武政治和经济政策，重用江南士人。所有这些，都激励着他们全力支持建文改制，因为这是他们在洪武极权统治时期，曾极力祈盼的"仁政"实践。因此在江南士人眼里，"削藩"与"靖难"之争，并不是朱姓内部的皇位之争，而是仁政与暴政之争。方孝孺不顾"十族"之灭，是为其仁政理想而赴难。④

《剑桥中国明代史》指出：建文帝放弃了朱元璋的政策，并且与燕王发生了冲突，同时又公开承认有不同的统治概念。燕王的权力是建立在北方边境上，而且依靠的是军官们的支持；建文帝及其左右与此不同，他们是以南京为基地，依靠的是长江下游的儒家精英阶层。他们没有成功，不是因为他们在兵力上次于燕王，而是因为他们没有多少实际经验，在战场上缺乏果断的领导、周密的计划和首尾一贯的战略方针。建文皇帝和他的顾问们在他们的真诚而勇敢地致力于提倡仁慈的文官统治和推进群众福利方面，留下了一笔重要的遗产。⑤

靖难之役

朱允炆为皇太孙时，就感到诸叔父平时对他不太尊敬，即位后更怕他们不服，就与大臣齐泰、黄子澄等商量对策。建文帝采纳黄子澄的建议，仿效汉景帝平定"七国之乱"的手段，采取削藩政策。先削去几个力量较弱的亲王的爵位，将周王、岷王等废为庶人，将齐王囚之狱中，同时，在北平周围部署兵力，准备向力量最大的燕王朱棣开刀。于是，皇族内部矛盾迅速激化。

而这时燕王朱棣也在加紧练兵，并布置各种假象迷惑麻痹建文帝。建文帝派人去察看他时，他佯装生病，盛夏时围着火炉还冷得瑟瑟发抖；平时走路也是一副弱不禁风的样子，要侍人搀扶，拄着拐杖才能行走，以欺骗建文帝的耳目。

当建文帝认为一切都布置停当以后，便于建文元年 (1399) 六月，密令逮捕朱棣。但建文帝所派逮捕朱棣的北平都指挥使张信却投靠了朱棣，他把建文帝的通盘计划全部告诉了朱棣。朱元璋在世时怕群臣擅政，曾规定地方藩王有移文中央索取奸臣和举兵清君侧的权利，因此，朱棣就援引这一规定，以"新天子即位，朝无正臣，内有奸恶，则亲王训兵待命，天子密诏入诛之"的所谓"祖训"作为起兵反抗的借口，以诛齐泰、黄子澄为名，誓师北平。他称自己的行动为"靖难"，即平定祸难的意思。

朱棣起兵虽以"靖难"之名，但毕竟朱棣为臣，朱允炆为君。朱棣提"清君侧"，恢复祖宗法度为口号，而朱允炆完全可以指斥朱棣"称兵构乱，图危宗社。获罪天地祖宗，义不容赦"，并以此获得同情与支持。但这时的建文朝中央政权却异常虚弱，经过朱元璋的大肆杀戮功臣以后，此时的建文帝既无战功显赫的武将可调，亦无老谋深算的文臣可用。他所重用的齐泰、黄子澄、方孝孺等人，均是文弱书生，根本不懂军事，朱允炆本人也是优柔寡断。他们虽然高喊"削藩"，却没有作相应的军事部署。当朱棣起兵时，建文帝只好仓促

明人绘南都繁会图卷 (局部)

起用幸存的老将耿炳文为大将军,率军十三万伐燕,但被燕军所败。随后,建文帝又派纨绔子弟李景隆去统率大军,结果,在不到一年的时间里,将几十万大军断送殆尽,而朱棣的军队却因此得到壮大。齐泰虽然谙熟边将姓名和图籍,也只是一个纸上谈兵的书生,并没有实战经验。当燕军进入南京后,正在外地的齐泰,还想举兵兴复,但没有多少人响应。他为了躲避燕兵的追捕,竟愚笨到用墨染黑白马去逃命,等到马出汗淋退了墨汁,这个兵部尚书也就只有束手被擒的份了。

南京作为京师,有重兵驻守,经数十年的修建,城墙坚固。朱棣本以为攻打京师会有一场恶战,但没想到此时的南京城内早已乱作一团,建文帝周围的许多人见大势已去,便在暗中谋划投降燕王。建文四年 (1402) 六月十三日,当燕王兵临城下时,李景隆打开南京城西北的金川门,迎接燕师入城。

当燕王来到皇宫时,宫中已是一片火海,建文帝也不知去向。人们从火中扒出一具尸体,但已成灰烬,无法辨认出他究竟是不是建文帝,同时,建文帝所使用的宝玺也一起消失。正史记载建文帝在宫中起火时自焚而死。登基后的朱棣在给朝鲜国王的诏书中说："不期建文为权奸逼胁，阖宫自焚。"但是，太监们在火后余烬中反复搜检，只找到皇后与太子朱文奎的遗骸，无法验证建文帝的生死。若建文已死，必定有陵，朱棣也曾做过祭奠的表面文章。但后人不知陵在何处，连明代皇帝也搞不清楚，明末崇祯帝就曾说过："建文无陵，从何处祭？"⑥

有传说在南京城破之时，建文帝曾想自杀，但在其亲信劝说下，剃掉长发，穿上僧衣，从地道逃出了皇宫，浪迹江湖。此后，在许多地方留下了他的传说和故事。有说建文帝逃到云贵地区，甚至辗转到南洋地区，直到现代，云南大理民间仍有人以建文帝为鼻祖。也有学者考证，当年建文帝出逃后，曾藏于江苏吴县鼋山普济寺内，后隐匿于穹窿山皇驾庵，于永乐二十一年（1423）病死于此，葬庵后小山坡上。⑦

朱棣登位后，也感到建文帝的存在对他的皇位是一种威胁，因此多次派心腹大臣，四处查访。一个耐人寻味的事情是，朱棣曾派亲信胡濙，向天下寺院颁布《僧道度牒疏》，将所有僧人重新造册登记，对僧人进行了一个总调查。从永乐五年（1407）起，胡濙以寻访仙人张邋遢为名四处出巡，足迹遍及大江南北，前后二十余年。永乐年间郑和下西洋的随行使团官员中，就有锦衣卫的人员，这显然有暗中察访建文帝的用意。至此，建文帝的最终下落一直成为历史之谜。野史与民间传说倾向于建文帝出逃说，反映了人们对建文帝及其所信奉的理想的同情。这些传说是人们在极权统治下对仁慈和正义的呼唤。⑧

为了从历史上抹去建文朝，朱棣大规模地删改史书，废建文年号，将明太祖洪武年号延长四年，即从洪武三十二年延长至洪武三十五年（1399—1402）。明太祖似乎回到人间重新执政了四年。建文年号迟至万历二十三年（1595）才被万历皇帝恢复。崇祯十七年（1644）南明福王朱由崧定建文帝的庙号为"惠宗"，谥号为"让皇帝"，以附会民间传说，即建文帝未死于宫中大火，而是逊位于其叔父。乾隆元年（1736），乾隆皇帝封建文帝为"恭愍惠帝"，清代纂修的《明史》中即如此称呼。

经过四年的战争，朱棣于建元四年（1402）六月攻克南京。这场战争，历史上称为"靖难之役"。靖难之役后，朱棣于南京登上了帝位，年号"永乐"。

"诛十族"与"瓜蔓抄"

朱棣登基时，面对这位新皇帝，建文旧臣大体可分为四类：降附、逃跑、抗节不屈和自杀殉难。降附的大臣认为，朱棣取代建文帝只不过是皇族家事，他们都是明太祖朱元璋的后裔，转向朱棣称臣也不算失节，这批人占相当部分。另有一些官员既不愿为建文殉节，又不愿降附，于是便隐姓埋名，以平民隐士了此一生。而抗节不屈的大臣认为，朱棣当皇帝属于"篡逆"，大逆不道，建文帝才是正统的合法的皇帝，故而他们誓死抗争。

朱棣初起兵时，出于策略上的考虑，所谓"除奸恶"，主要是指齐泰、黄子澄二人，尚未涉及其他大臣。如今做了皇帝，自然不能容忍建文旧部的抗争。因此，他大肆杀戮曾为建文帝出谋划策和不肯归附的文臣武将，毫不留情。朱棣公开发出赏格，允许军民人等绑缚那些未降附的奸臣，并分级升赏。于是，许多人因擒获"奸臣"而得官，各地更有一些人趁机挟私报复，抢劫财物，造成很大的危害。

太常寺卿黄子澄，被朱棣列为所要惩治的"首恶"第一人，宗族老少六十五人，妻族外亲三百八十人全被捉拿。行刑的那天，"哀号震天"，黄子澄被砍成"人豕"，然后被磔杀。他的妹妹被发配教坊司，充作乐女，实为官妓。其余姻亲都

明成祖朱棣像

被谪戍边疆。兵部尚书齐泰是另一"首恶"，他奉密诏赴外地募兵，以图兴复。后被抓获，不屈被杀，一家被"族诛"，其子刚六岁，虽然免死，但被配给功臣家为奴，仁宗时才被赦还。大将铁铉在永乐帝面前显示了其"铮铮铁骨"。当朱棣率兵连败李景隆后，正是铁铉在山东济南、东昌等地大败燕军，致使燕军不敢再取道山东南下。朱棣南京称帝时，铁铉仍率残兵驻淮南，伺机南下。被捕后，朱棣亲自审问，铁铉反背坐于廷上，谩骂不止。明成祖想让他回头来看一下，终不可得。明成祖盛怒之下，下令将其耳鼻割下，铁铉仍骂不绝口。后被磔杀于市，年仅三十七岁。父母儿子被发配海南、广西，而妻女则被发往教坊司。

在对建文旧臣的大肆屠戮中，最惨烈、也最为后人所常提及的，是对文学博士方孝孺"株连十族"和御史大夫景清"瓜蔓抄"一案。

方孝孺文章博学，时人称为"读书种子"，是当时的名儒。其父

明成祖徐皇后像

亲方克勤虽然在洪武朝时的空印案中受株连被冤杀，但他却与建文帝关系甚密，是建文帝最亲近的大臣之一，建文帝从治国大事到读书疑难，都愿意向他请教。他本人也视建文帝为知遇之君，忠心不二。

当金川门之变、朱棣进南京后，方孝孺拒不投降，并为建文帝穿丧服，昼夜啼哭。朱棣登基后，起初还想利用他起草诏书，派人去狱中反复劝谕，但方孝孺坚决不从。后被强行带至朝廷，他竟当廷号哭。成祖从殿上走下来亲自劝道："先生您多虑了，我只不过是想仿效当年周公辅佐成王罢了。"方孝孺反问道："成王在哪里？"朱棣回答："他已经自焚而亡了。"方孝孺又问："为何不立成王（意指建文帝）的儿子？"朱棣又说："治理国家应以年长者为君。"方孝孺毫不留情地说："既然如此，那为何不立成王的弟弟？"言外之意，无论如何也轮不到你朱棣啊！朱棣被抢白得面红耳赤，只得悻悻地说了一句："这是朕的家事，先生您就不必管了。"随后，朱棣要方孝孺为他起草即位诏书，方孝孺誓死不从，坚定地说："死也就死了，诏书我是决不会写的！"朱棣恼羞成怒，恨恨地问："你一个人死倒也罢了，难道你不顾念你的九族吗？"方孝孺宁死不屈："即便你杀我十族又如何？"此时的朱棣已觉龙颜体面全无，命人将方孝孺的嘴割破，直至两耳，投入狱中，随即大肆搜捕，除方氏宗族九族外，还将其朋友门生列为一族，称"十族"，共有八百七十三人做了刀下之鬼。方孝孺本人被凌迟处死，《明史》称其"忠愤激发，视刀锯鼎镬甘之若饴，百世而下，凛凛犹有生气"，甚为惨烈。

与"诛十族"一样，"瓜蔓抄"也同样骇人听闻。御史大夫景清是建文旧臣，同时也曾与朱棣有旧。朱棣登基后，他委蛇于朝很长时间，任永乐朝的御史大夫，但他却是心念建文帝，决心为故主报仇。一日上朝，他怀揣利刃，准备行刺朱棣，事败被捕。朱棣命人打掉他的牙齿，他仍然骂不绝口，并将口中血水喷向朱棣的龙袍。最后，景清被剥皮实草，系于长安门，九族被灭。与此同时，景清的街坊邻居也都受到牵连，"转相攀染，谓之瓜蔓抄"，意思是说如同顺藤摸瓜般地稍有沾连就被杀。这种打击比"诛九族"还要残酷，因为"九族之

黄子澄像

方孝孺像

诛"尚有一个明确的打击范围,而"瓜蔓抄"则是撒开了一张无边无际的株连之网,几乎没有什么界限可言,只要和犯人有点关系的,都可能被株连,任何人随时随地都有可能被它罩入网中,而且根本不明白自己究竟为何而死。无数人烟稠密的村落一夜之间变成了人迹罕至的废墟,无数欢声笑语的院宅一夜之间变成了空荡荒凉的鬼屋,其残忍的程度可谓空前绝后。

对建文旧臣的这场屠戮前后延续了十余年,前后杀了数万人。当时告讦之风盛行,有的人甚至以告讦而升官。朱棣后来看到株连太广,而且也断定自己的皇位已经稳固,建文旧部兴不起大浪了,才慢慢地缓解下来。"诛十族"和"瓜蔓抄"成为中国历史上空前残酷的政治报复行为。

朱棣削藩,加强皇权

朱棣自己是以藩王起兵得到皇帝宝座的,因此,他对藩王权势过重的危害自然十分清楚。但他自己又是以藩王利益代表者和保护者的身份"清君侧"而起兵的,所以,他当上皇帝后,一方面要削减藩王的权势,另一方面又不可操之过急,便采取欲夺先予的政策。起初,他对诸王礼恩有加,先恢复了被建文帝贬削的几个藩王的地位,如周王、齐王、代王、岷王等都恢复了旧封,遭他们牵连的部下也大都得到复职。朱棣还对诸王进行慷慨的赏赐,以表彰护驾有功。但诸王们很快就发现,他们在朱棣手下只能安分守法,不能骄恣放纵,更不能干任何危害皇权的事,否则,以朱棣的老辣果断,他们的结局会更惨。

宁王朱权足智多谋,他的三护卫都是剽悍的骑兵,朱棣刚起兵他的部下就被收编，并在"靖难之役"中立下了汗马功劳。当时朱棣答应他事成后"中分天下"，如今事成了，朱棣成了皇帝，却不兑现先前的诺言，不仅没有把当初收编的部队还他，也没有答应将他封到苏杭地区的要求，而是把朱权改封到偏远的南昌。这样一来，大大削弱了朱权的实力。朱权自然心中不快，但很快便被人向朱棣通报，说他心怀不轨，伺机谋反，朱棣随即派人查访。朱权看到成祖的这种气势，知道一切都无济于事，便只有认命，每日以鼓琴诗书自娱，总算躲过了劫难，终成祖一朝平安无事。

当朱棣感到自己的皇位比较稳固之后，他就开始了大刀阔斧的削藩行动，包括在永乐初被重新恢复王位的诸藩王。永乐元年十一月，革去代王的三护卫及官属；永乐四年（1406）五月，削去齐王的官属和护卫，八月又将其废为庶人；永乐六年（1408）削岷王朱楩的护卫并罢其官属；永乐十年（1412）削辽王朱植护卫；永乐十五年（1417）废谷王朱橞为庶人。朱棣的同母弟周王朱橚，看到诸藩被削，心中害怕，时常讨好朱棣。但朱棣仍对他不放心，永乐十八年，令人告他谋反，然后召他进宫，让朱棣看告他的信。小心谨慎的朱橚是个聪明人，回去后就献出了三护卫军队。从此以后，远离政治，成为明代颇有成就的科学家。他著有《救荒本草》一书，收录了许多可供人食用的野生植物，还主持编写《普济方》一书，共一百六十八卷，书中集我国历代方剂之大成，是我国现存最大、最完备的一部古代方剂学著作。朱橚还善词赋，著有《元宫词》百章。在历代王室子弟当中，朱橚也算是文化成就较突出的一个了。

这样，通过各种手段，朱棣就把当时掌握兵权的大部分亲王，或削其护卫，或废为庶人，基本上实现了削藩的目的。总体上看，朱棣

北京天坛祈年殿。明代永乐十八年(1420)建，原名为天地坛。

的削藩比较顺利，不像建文帝那样一波三折。这一方面是二人在性格、策略上的差异，建文帝削藩时优柔寡断，态度不坚决，策略也不当；而朱棣则坚决果断，雷厉风行。另一方面，也是因为建文帝已经削掉了几个势力较大的藩王，客观上为朱棣提供了一些有利的条件。经过"靖难之役"后，当时已没有足能与永乐朝廷抗衡的藩王了。

朱棣还通过实行"藩禁"，进一步加强对诸王的控制。主要有下列措施：一是将边塞掌握重兵的藩王迁封到内地，削减其护卫军兵。二是禁止诸王节制武将，将军事指挥权转移到朝廷任命的将领手中。此前藩王有节制武臣的权力，尤其是边塞诸王，一旦边境有事，即便元勋宿将也都要听藩王节制，客观上为诸藩王培养羽翼、拥兵割据提供了条件，这自然为朱棣所不能容忍。三是禁止藩王干预地方事务。

阳山碑材。朱棣为其父朱元璋树碑而开凿的巨型石材，因过于巨大而被遗弃在南京郊外的采石场。

长陵方城、明楼。长陵
为明成祖朱棣与徐皇
后合葬墓,建成于永乐
十一年(1413),为明代
十三陵之首,也是明成
祖建北京皇宫(故宫)
的第三年(1409)自建
的"寿宫"。

　　这些措施实施之后,藩王彻底失去了统率重兵、指挥公侯、横行地方
的威风,再也掀不起威胁皇权的大风浪。⑨

　　在削弱藩王势力的同时,朱棣又大封靖难功臣,使得永乐朝的
中央政权有了可靠的武力保证。至此,朱元璋大封藩王所遗留的问
题已基本得到解决。但朱棣对藩王分封还没有从制度上进行彻底改
革,他对自己的儿子汉王高煦和赵王高燧,仍然按祖训设立了护卫,
从而导致了宣德元年(1426)的"高煦之叛"。宣宗朱瞻基率兵平定
了朱高煦的叛乱之后,又先后削除了楚、蜀、肃及赵等王府的护卫。
自此以后,王府不再设立护卫,藩王的势力大衰。朱瞻基还进一步规
定,藩王不得参政、出仕,严禁与地方官府结交等。此后在"分封而
不赐土,列爵而不临民,食禄而不治事"的祖训和历朝皇帝的严厉管
束下,藩王们别无"出仕及谋生之路",从屏蔽帝室镇守一方的地位,
下降为坐食禄米的皇室地主,在政治上已起不了大的作用。但到了

明朝后期,随着藩王宗室人口的繁衍,皇族人口达数十万之众,成为明朝财政的沉重负担。

通过一系列的政治手段,朱棣终于稳固了自己的统治。就永乐政权与建文政权比较而言,燕王朱棣的胜利不仅是一个藩王对皇帝朝廷的胜利,它也是军人权力对文官政府的胜利。永乐帝无限期地延续了开国皇帝的军事遗产。这份遗产使文官政府黯然失色,同时也使帝国达到了权力和影响的顶峰。[⑩]

注释:

① 勾利军、汪润元:《明初分封藩王的原因与历史作用》,《河南师范大学学报(哲社版)》1989年第3期。

② 赵现海:《明初分封制度渊源新探》,《中国史研究》2010年第2期。

③ 晁中辰:《论建文新政》,《史学集刊》2003年第2期。

④ 王家范:《百年颠沛与千年往复》,上海远东出版社2001年版。

⑤ [美]牟复礼、[英]崔瑞德著,思炜等译:《剑桥中国明代史》,中国社会科学出版社1992年版。

⑥ 晁中辰:《建文帝"逊国"新证》,《安徽史学》1995年第1期。

⑦ 徐作生:《明惠帝出亡穹窿山新证》,《史学月刊》1986年第6期。

⑧ 郭厚安:《论"靖难之役"的性质》,《西北师大学报(社会科学版)》1997年第3期。

⑨ 王世华:《明初削藩的悲喜剧》,《文史知识》1995年第7期。

⑩ [美]牟复礼、[英]崔瑞德著,思炜等译:《剑桥中国明代史》,中国社会科学出版社1992年版。

永宣治世 04

设立内阁与创设东厂

内阁的出现是中国官制史上的一个重大变化,它也是明成祖加强中央集权的一个有力措施。它与过去的丞相制度既有联系,又有区别,给后世带来了很大的影响。

洪武朝"胡惟庸案"导致中国古代社会长达千余年的宰相制度被废,长达千余年的君权与相权之争以君权的彻底胜利、相权的彻底失败而告终。宰相府原本是皇帝与六部之间事务处理的中转站,军政大事,都由宰相和几个副手集中处理,最后呈交皇帝批准决定。如今宰相没有了,但国家仍要治理,奏章仍需批复,这使得朱元璋要直接面对繁杂的六部事务。曾有人做过统计,以洪武十七年(1384)九月十四日到二十一日为例,八天时间里,内外诸司奏札共一千六百六十份,合计三千二百九十一桩事情。平均下来,朱元璋每天要看两百份奏报,处理四百多件事情。如此繁多的政务,即便朱元璋精力过人,也会应接不暇,心力交瘁。特别是拟旨、批示等,都是要见诸笔端的,而这远非文化程度不高的朱元璋所能独自应付。因此,丞相被废不久，朱元璋便挑选几名文人担任殿阁大学士，协助他批阅奏章，官级五品。这些人只有建议权，没有议决权，实际上等于没有实权。殿阁大学士可以说是内阁制的最早雏形。

到永乐朝，内阁制度基本形成。这一时期阁臣的设置已成为常制，成为一个稳定的官僚机构，并且明确规定其职责是"参预机务"，不像洪武朝那样偏重于义理经史，而对国家事务则很少参决，只备顾问而已。永乐初年阁臣的地位还较低，远远不及尚书，他们的权力也受到种种限制，只不过相当于内廷秘书处，其权力绝不足以与前代的丞相相比。

永乐朝的内阁大学士都来自翰林院。翰林院是文士荟萃之地，明清两代都把翰林院作为储才重地。翰林学士掌秘书、著作之职，他们的品级虽然不高，但如表现出色、才华出众，往往能很快升至显要。永乐朝阁臣的选择和任用基本能够做到"唯才是取，不拘内外新旧职事"，说明此时的内阁有其自身的特长和优势，对推动当时整个官僚机器的运转，对加强中央集权，是成功的措施。

明代内阁制的发展：洪熙、宣德时期，阁权已重于部权。"三杨用事，政归内阁"（杨士奇在任四十三年、杨荣三十七年、杨溥二十二年）。^①

正统至正德时期，阁权全面超过部权，票拟权制度化，成为内阁的一项基本职权，阁臣中的首辅地位日益显著。但由于受土木之变及宪宗朝宦官汪直专权的影响，这一阶段内阁实权一度有所下降。至正德时期，随着"三杨"年老而退出政治舞台，加上宦官刘瑾专权，皇帝也不信任内阁，内阁权力急剧下降。

嘉靖、万历时期，是明内阁制度的鼎盛时期，内阁及首辅的作用发挥最为充分，出现了与历代丞相颇为相似、大权独揽的内阁首辅。万历以后至崇祯时期，内阁权力渐趋衰落。

内阁制度与丞相制度大不相同。②首先，丞相历来有定员定制，而阁臣则无定员定制，其人数多少很不稳定，少时一人，多时竟达十人，阁臣数额缺乏制度上的保证，也使得其职权难以得到稳定的发挥。

其次，丞相、宰相均为历代王朝法定的最高行政长官，位极人臣，一人之下，万人之上，中央六部为其法定的直接下属；而明代内阁则始终不是法定的最高行政机构，内阁首辅亦非法定的最高行政长官，六部更不是它法定的直接下属，阁臣本身的品秩比各部尚书要低很多，终明之世不过正五品。阁臣官秩品位获得提高，主要是依靠兼授保、傅衔或尚书衔，而并非由于阁臣职位。内阁与六部之间的关系，在仁宣之前，六部权位高于内阁；仁宣以后，阁臣权力渐重，阁部相持；及至严嵩、张居正等显赫的首辅出现后，阁权开始压制部权了。

再次，历代丞相、宰相均拥有法定的权力，他们不仅"综理政务，统率百僚"，而且对皇帝也具有相应的制衡作用。而明代阁臣包括首辅在内，只备皇帝"顾问"，仁宣后虽然有主票拟的权力，但票拟所提出的意见能否实行，最终则要取决于批红。阁臣没有法定的权力，皇帝始终控制着阁臣的选任和罢黜，阁臣权力的大小，完全取决于皇帝对他们的信任程度。因此明代的阁权忽轻忽重，作用忽大忽小，很不稳定。明朝以内阁制度取代历代的丞相制度，反映了后期皇权的高度强化，标志着君主专制中央集权制度发展到一个更高的历史阶段。

朱棣即位之初，曾鼓励告密，有不少人乘机挟私诬告，陷害好人，多有因此而青云直上者。后来，朱棣发现锦衣卫多起诬告朝臣的事件，引起了朱棣对锦衣卫的不信任感。同时，锦衣卫又是个外廷机构，既管侦缉，还要负责侍卫皇帝。永乐十八年（1420），明成祖开始设立东厂。这是个内廷机构，由太监主掌，也是明代最大的一个负责侦缉和刑狱的特务机关，其使命是缉访"谋逆、妖言、大奸恶"等，除皇帝之外，任何人都在它的侦察之中。东厂专门出外缉访的称"役长"，役长的下手称为"番子"，他们大多是从锦衣卫中精挑细选出来的。由此也可以看出，朱棣之设东厂，目的也是与锦衣卫分权均势，制约锦衣卫的力量。

由于宦官昼夜在皇帝身边，报告这类事就特别方便。虽然东厂侦缉的范围极广，但只对皇帝汇报，不受其他朝廷机构的制约，这样，在大大增强皇帝对臣下监视和控制的同时，一切最终决定都出于皇帝本人，这又从根本上杜绝了包括锦衣卫在内的任何机构的僭越专断。因此，自朱棣以后，锦衣卫的地位逐渐被东厂超越。东厂的地点设在京城东安门北（故称"东厂"），它跟锦衣卫合称为明代的厂卫制度，是君权高度强化的产物。东厂一经设立，终明不废。后世皇帝设立的西厂、内行厂等机构都时设时废，没有东厂的影响大。东厂的一切奏本不必经过任何手续，便可直接送交皇帝，就此意义而言，东厂可谓名副其实的特务机关。在永乐年间，朝廷外有锦衣卫，内有东厂，朝廷内外无不处于其严密的监视之下，特务政治无孔不入。朱棣还将东厂大权委与宦官。东厂过重的特权以及对宦官的过分倚重，都为后来的宦官控制东厂、左右皇帝而专权埋下了祸根。

永乐治绩

朱棣以藩王起兵而夺得皇位，虽然从传统道德角度看是"大逆不道"，但从实际政绩来看，其人不失为雄才大略的政治家。他在位期间，明朝的社会经济持续发展，国力开始强盛。

整治水利

朱棣登基后，在经济上继续推行洪武朝的移民、屯田和奖励垦荒的政策，他对兴修水利尤其重视。永乐年间最主要的水利工程是对南北大运河的治理和对吴淞江的疏导。

明代江南地区是政府财赋来源的重要基地，全国三分之二的漕粮来自江南各省。但江南地区地处水乡泽国，河流长期以来治理不善，经常出现水旱灾害，严重影响政府的财政收入和民生。永乐元年，两浙大水，朱棣命户部尚书夏元吉前往治水，户部侍郎李文郁跟随协助。夏元吉访问耆老，度察水势，接受了佥都御史俞士吉的建议，疏浚吴淞江下游，上接太湖，再"度地为闸，以时蓄泄"。朱棣同意了这一计划。于是，征用民工十万多人，于第二年九月完工。治水期间，夏原吉"讲究法制，身先劳之，却盖徒步，恒废寝食"，虽盛暑之下亦不撑伞。周边人劝他，他则说："民众如此劳苦，我怎么可以独享舒适？"周围的人都很感动。此次工程结束回到京城后，夏元吉向朱棣汇报，认为此次洪水虽由故道入海，但支流并未得到彻底疏泄，恐非长久之计。于是第二年，朱棣又派遣大理少卿袁复、陕西参政宋性再次前往江南，疏浚了白茆塘、刘家河、大黄浦等支流河道。此后，

"苏松农田大利"。

南北大运河的疏通是永乐时期又一项重要的水利工程。元代开始，北方军粮、官俸及宫廷耗费，绝大部分都仰赖于江南地区。元政府为了把南方物资运送到京城大都，曾开浚了山东境内的会通河，使南北大运河全线贯通，但因水量不能很好地调节，运河的输送量大受限制，主要还是靠海运。元末战乱，会通河更是被弃之不用。明初洪武时，运河各段淤塞严重，给漕粮的北运带来了极大的困难。永乐初实行海陆并运的方法，海运先用大船运到直沽，再用小船运至各地；陆运则先用船运到河南，然后由民夫陆运百余里，分赴各地。海运风高浪急，往往造成船翻粮损；陆运又耗费惊人，政府负担加重。

为解决南粮北运这一重要问题，永乐九年(1411)命工部尚书宋礼，征发山东、徐州、应天和镇江等地民众三十余万，合力重新疏通济宁至临清的会通河，又引汶水、泗水入运河通航，从而解决了运河的水量调节问题。随后，陈瑄接替宋礼对运河在淮南的地段进行了治理，永乐十三年(1415)，他开凿清江浦，导管家湖水入淮，从而使漕船免除了盘坝之苦。经过宋礼、陈瑄的综合性治理，运河真正贯

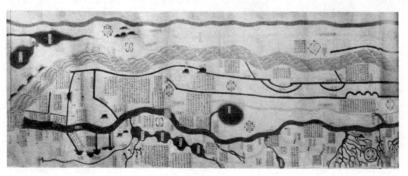

明代《黄河运河全图》(局部)

通南北,"南极江口,北尽大通桥,运道三千余里"。从此,南方的粮食沿着大运河络绎不绝地运往北方,解决了当时国家急需解决的漕运问题。通过这条大运河,也把作为政治中心的北京和作为经济中心的江南地区,紧密地联系在一起,促进了南北经济和文化交流,有助于加强全国的巩固和统一。自此,大运河成为我国南北交通的大动脉,对繁荣国家经济,丰富人民生活,巩固国家的统一,都发挥了巨大的作用。③

文治有成

朱棣在文化上的突出贡献也值得关注。明成祖登基之初,在大肆诛戮建文旧臣的同时,对不反对自己的文人儒士则特别优容,广泛延揽,组织他们大规模地编纂图书典籍。

永乐十四年 (1416),黄淮、杨士奇等主持编纂的《历代名臣奏议》完成,该书多达三百五十卷,内载历代典制沿革、政治得失,汉以后资料选备尤精,成为我们今天考察历代政治制度的重要资料。此外,还有《五经四书大全》、《天下郡县志》、《劝善书》等,有些刊出后颁授给各级官员,这实际上也成为明成祖笼络文人的一种有力手段。其中最著名的

《永乐大典》书影

就是《永乐大典》。

《永乐大典》从永乐元年 (1403) 七月开始组织编修,到永乐五年 (1407) 最后完成,前后参与其事的有三千余人,人们便习称这件盛事为"三千文士修大典"。该书的编纂指导思想号称"毋厌浩繁",凡是当时能搜罗到的中国古代典籍,均尽量收入。《永乐大典》共辑入了明以前图书七八千种,内容宏富,举凡天文、地理、人事、名物、诗文词曲、佛经、道藏等无不收录。全书共 22 211 卷,11 095 本,总字数达 3.7 亿多,是我国最大的一部类书。在此之前的大型类书,如宋代李昉的《太平御览》一千卷,王钦若的《册府元龟》一千卷,而《永乐大典》竟达两万多卷,其工程规模确实是空前的。

《永乐大典》辑书,不像后来清修《四库全书》那样对原书多有删改,而是一字不改地原书、原篇照录,从而保存了原书的真面目,也使得宋元以前的佚文秘典多赖此得以流传和保存。《永乐大典》编成后,只有正本一部。嘉靖三十六年 (1557),皇宫三大殿遭火灾,大典险些被毁。四十一年,嘉靖帝命大学士徐阶等人组织人抄写,历时六年,于隆庆元年 (1567) 抄完一部副本。正本不知毁于何时,副本原存北京皇史宬,后来不断散佚,特别是1900 年八国联军侵入北京,《大典》大部分毁于战火,另一部分流散国外。如今散藏于世界各地的《永乐大典》约八百卷,只相当于原书的百分之三左右。④

迁都北京

永乐时期,还有一件比较大的事情,也是明代历史上的一件大事,便是迁都北京。

明初朱元璋也曾面临建都的选择问题。朱元璋的势力是以南京（时称"应天"）为基地发展起来的，南京地理位置险要，又靠近江南富庶地区，他本人也是在南京称的帝，应该说明初建都南京的条件还是合适的。但之前在此建都的六朝——东吴、东晋和南朝的宋、齐、梁、陈，都是短命王朝，这令朱元璋内心深处多有忌讳。再加上南京偏安江左，对北部边防有鞭长莫及之虞。故而朱元璋对建都南京犹豫再三，甚至一度想在他的老家凤阳建都。但最终都因种种客观条件的限制而作罢，仍以南京为都城。

北京是朱棣的肇兴之地，其本身地理位置险要，加之有辽、金、元三代为都的经营，在此建都是有基础的。从政治需要看，明初北方蒙古贵族不断南下骚扰，为了有效抵御蒙古贵族的入侵，加强北边的防务，将北京作为政治中心，比南京更合适。同时，永乐时期，在东北、西北地区的开发经营方面成绩突出，中国版图进一步扩大，为了加强对边疆地区的有效控制和管理，建都北京比南京更有利。而当时京杭大运河的疏通，又解决了南粮北运问题，北京作为首都的物质条件也比较成熟了。因此，永乐十九年（1421），朱棣将首都迁往北京。这一措施，对于巩固北方的边防和加强对全国的管辖，都起了积极的作用。而今天故宫的布局、北京城内的诸多社坛等主要建筑，基本上都是永乐时奠定的。⑤

经营边疆

朱棣在着力发展国内经济、加强皇权统治的同时，也积极经营边疆。他在东北设立奴儿干都司，对黑龙江和乌苏里江流域实施有效的管辖，在西北地区设立哈密卫，在西南少数民族地区实行"改土归流",进一步加强西南地区和中原地区各方面的联系。

东北是当时女真部(即今天的满族)的居住区。明朝初年,为加强对这一地区的管理,设置了大量卫所。但由于各种原因,终洪武一朝,始终未能在女真地区设置军政机构。

朱棣即位后,积极对东北边陲进行全面经营。永乐七年(1409),奴儿干卫的头目来朝,称奴儿干地处冲要,宜设元帅府,朱棣遂决定设立奴儿干都司。但由于蒙元势力的大举内犯而未果。永乐八年(1410),朱棣率大军亲征漠北,击退了蒙元势力的东犯,使东北也获得了安定的局面,从而为奴儿干都司的设立创造了条件。永乐九年(1411),在元朝奴儿干东征元帅府的旧址,即黑龙江口附近特林地方,建立奴尔干都指挥使司,成为明朝政府管辖黑龙江、乌苏里江流域的最高一级的地方行政机构。由此也确立了明政府对黑龙江和乌苏里江流域的领土主权,加强了对这一地区的有效管理。明政府在这里设官置制,教民垦殖,设防实边,有力地促进了当地经济文化的发展,加快了各民族间的融合。设立奴儿干都司后,朱棣还在特林的江边上,修建了一座供奉观音菩萨的永宁寺。在永宁寺旁边,竖起了永宁寺碑,记载了设立奴儿干都司的经过。奴儿干都司的设立,是明政府经营祖国边疆历史上的重要一页。

朱棣对西北地区也进行了积极的经营。西北地区地理位置重要,明初通好西域和与北方周边国家交流均要经过此地。明政府经营西北的最大成就是永乐四年(1406)哈密卫的设立。哈密卫在今天新疆的哈密市,它是有明一代最靠西北的一个卫,也是明代西北地区最边远的军事重镇。西域各国来朝及明朝人员西行,都要经过哈

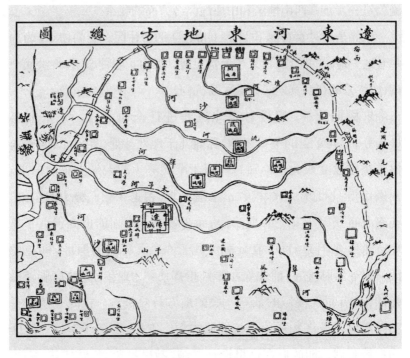

明代辽东边墙东段图，此为明朝人绘制的舆地图，原载《辽东志》卷首。

密，因而它在交通和军事上具有重要的地位。哈密卫的设立，不仅具有军事国防意义，而且也促进了西北地区的安定和发展。

对于西南少数民族地区，明政府则实行了"改土归流"的措施。对于"改土归流"，人们大多都知道清朝雍正时鄂尔泰在西南地区推行过改土归流，但实际上正是明政府开了改土归流的先河。所谓改土归流，就是按照内地实行的政治体制，委派有一定任期的官员担任当地的长官，变间接统治为直接统治。明政府最先在西南地区实行改土归流，是中国历史上的一件大事，它为后来更大规模的改土归流提供了经验。明清两代对于西南地区的统治主要采取改土归流的政策,它历经数百年,直到清代才最后完成。

明政府经营西南地区的另一大成绩是贵州布政司的设立,它使得我国的行政区划进一步趋向合理。此前,贵州时而属四川,时而归湖广和云南,没有定属。贵州布政司的设立,使得贵州正式成为省一级的行政单位,开始由"边地"变为"内地",结束了大小土司各自为政的局面,中央政令可以直达贵州各地。这也意味着,当地过去那种互不统属的土酋体制宣告解体。同时,它也使当地民众成为封建国家的编户齐民,解除了过去那种"世民"与"世官"之间的人身隶属关系,促进了当地落后的生产关系的变革,有利于西南地区的经济开发及其与中原地区的经济交流。

此外,明政府还加强了同西藏的联系,封赠当地宗教领袖,利用他们加强对西藏的管理,并继续保持汉藏两地的经贸往来,为后世的汉藏关系发展奠定了良好的基础。对南方,明政府出兵打败了安南,建立了交趾布政司;对南洋诸国,则派出了庞大的船队不断造访——即著名的郑和下西洋。这一切,都加强了明政府同各少数民族和远方各国的友好联系。⑥

五征漠北

在对东北、西南、西北各地进行开发经营的同时,明政府还对北方的蒙元势力进行了有力的打击。明初,蒙元势力不断南侵骚扰,一直是明代北方的主要威胁。建文四年(1402),北元最后一个皇帝被废,其内部陷入分裂,分为鞑靼部、瓦剌部和兀良哈部。兀良哈部所属地区靠近中原,力量也较弱,在洪武时即已内附,并一直同明廷保持着较友好的关系。鞑靼部势力最强,是明廷的主要威胁。明

永乐七年（1409）造手铳。手铳在明代大量用于装备军队。

洪武年间及至永乐初年，鞑靼和瓦剌之间经常内部混战，故而虽然其时常南下侵扰，还尚未对明廷构成很大威胁。朱棣即位后，其对北方边境最大的心事便是如何对付蒙元势力。他采取了分化瓦解、抑强扶弱、和平争取、恩威并施的手段，以求维持其内部均势，使之互相牵制。

在鞑靼部和瓦剌部的不断仇杀中，朱棣看鞑靼部势力较强，就有意支持瓦剌部。而鞑靼部随着其内部势力的不断增强，不仅对瓦剌部占有越来越大的优势，对明王朝的态度也渐渐不恭起来，不时南下侵扰，还杀了朱棣派去责问的使臣。永乐七年（1409）七

永乐五年保护穆斯林敕谕石刻

月，朱棣任命丘福为大将军，率军北征鞑靼。由于丘福临阵轻敌冒进，十万大军全军覆没。为此，永乐八年（1410）初，朱棣亲率五十万大军，进行了第一次北征，大获全胜而归，鞑靼部的势力受到了沉重的打击，从此势力大衰，在相当长的一段时间里，未敢危害明廷。

鞑靼部的势力受到重创以后，漠北的均势出现了倾斜，瓦剌部的势力大增，并渐渐有控制漠北之势和觊觎明廷之心。朱棣想在漠北建立一种均势的想法失败了，瓦剌又成为明廷的主要威胁。为了解除边患，继续维持北边的均势，朱棣于永乐十二年（1414）三月，再次亲率五十万大军，北征瓦剌部。这次征讨远没有第一次那么顺利，经过艰苦的战斗，总算是大胜而归，瓦剌部的势力受到了沉重的打击。此后，瓦剌部就一直接受明朝政府的管辖。

第二次亲征后，漠北的均势大体得到了恢复，在此后的七八年间，北部边境基本上保持着和平的局面，没有发生大的战争。永乐二十年（1422）开始，朱棣连续三年进行了三次亲征。在最后一次的征讨中，当朱棣率大军到达榆木川（今内蒙古多伦）时，突然病故，明军只好班师回朝。[7]

永乐帝朱棣的五次亲征，有力地抵御了北方蒙古诸部的侵扰，维护了北部边境的安宁。特别是头两次的亲征，维持了鞑靼和瓦剌两部的均势，使其在一个相当长的时期内都无力对中原进行大规模的侵犯。但是，也应该看到，这种远征带有压迫和掠夺的一面，尤其是后三次北征，明军基本上是无功而返。劳民伤财且不说，尤显得过于草率。因为这时的鞑靼势力已受到很大的削弱，并未给明廷造成现实的威胁。这种情况下的远征，不仅没能解决矛盾，反而加深了双方

明早期建造的火炮局部

的敌对情绪。终明一世，明政府同蒙古各部之间始终未能和谐相处，明正统十四年（1449），瓦剌部大举南下，于是便有著名的"土木之变"，明帝朱祁镇被俘。这一切与永乐时期的大规模北征，没有处理好同蒙古的关系不无关联。

《剑桥中国明代史》指出："永乐帝留给明代后来的君主们一项复杂的遗产。他们继承了一个对远方诸国负有义务的帝国、一条沿着北方边境的漫长的防线、一个具有许多非常规形式的复杂的文官官僚机构和军事组织、一个需要大规模的漕运体制以供它生存的宏伟的北京。这只有在一个被建立帝国的理想所推动的朝气蓬勃的领袖领导下才能够维持，这个领袖能够不惜一切代价，并愿意把权力交给文官，以保持政府的日常职能。"⑧永乐帝的直接继承者都不具备这种英勇的品质，以后的几代皇帝并没有他那种对帝国的认识，并意识到维持他的政策的代价，开始收缩和重新巩固帝国的行政。但是，他们不能解决他们施行的国家政策和必须赖以进行统治的制度之间的内在矛盾。军事收缩无意地削弱了边防，从而给以后的统治者们造成了许多问题。在所有这些方面，永乐帝比明朝的开国皇帝对以后明代历史的进程具有更大的影响。

郑和七下西洋

永乐宣德年间，明朝历史上值得大书的一件事情，便是郑和的七下西洋。

郑和，原姓马，小名三保，回族人，祖居云南昆阳州（今云南晋宁）。朱元璋统一云南后，郑和入宫做了太监。后来在燕王朱棣起兵"靖难之役"中，立下汗马功劳，朱棣赐他郑姓，并提拔为内官监太监，人称三保太监。

朱棣登基后，一心致力于搞好内外关系，故而他非常重视海外关系的发展。永乐元年（1403）六月起，就陆续派使臣到安南、暹罗、高丽、占城、琉球、真腊、爪哇、苏门答腊等国访问，以加强同这些国家和地区的联系。永乐三年（1405）六月十五日，郑和率领二万七千八百余人、分乘六十二艘船的庞大船队，由南直隶太仓州的刘家港（今浏河镇）出发，浩浩荡荡向外洋开去，开始了第一次的大规模的远洋航行。这次航行中，最大的船长四十四丈，宽十八丈，可以容纳一千多人，是当时航行海上的最大的船只。船上有航海图、罗盘针，具有当时最先进的航海设备和技术。此后，从永乐五年到七年（1407—1409）、永乐七年至九年（1409—1411）、永乐十一年至十三

郑和像

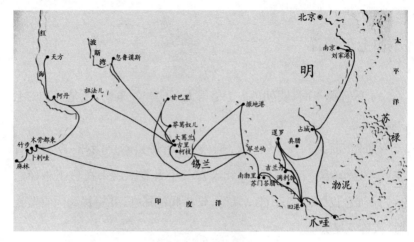

郑和下西洋路线图

年 (1413—1415)、永乐十五年至十七年 (1417—1419)、永乐十九年
至二十年 (1421—1422)、宣德六年至八年 (1431—1433)，郑和又先
后六次下西洋。前后七次，历时二十余年。

据随郑和同行出使的马欢所著《瀛涯胜览》、费信《星槎胜览》
和巩珍《西洋番国志》所载，郑和七下西洋过程中，其船队经过中
国南海诸岛，跨越亚、非两洲，到达三十多个国家和地区。其中主
要有占城 (今越南中南部)、真腊 (今柬埔寨)、暹罗 (今泰国)、满剌
加 (今马六甲)、渤泥 (今文莱)，今属印尼的爪哇、旧港、苏门答腊，
印度的琐里、加异勒、柯枝和苏禄 (今菲律宾苏禄群岛)、锡兰山 (今
斯里兰卡)、溜山 (今马尔代夫)、忽鲁谟斯 (今波斯湾口) 以及阿拉
伯半岛的阿丹 (今也门亚丁)、祖法儿 (今佐法尔) 等地，最远到达
非洲东海岸的卜剌哇、竹步、木骨都束 (今索马里摩加迪沙) 和麻
林 (今肯尼亚马林迪)。当时欧洲人对非洲的认识，只局限于和他
们邻近的地中海彼岸北非各国的一些情况。阿拉伯人对非洲的了

宣德六年（1431）郑和第七次远航前为祈求平安而铸造并布施于寺庙的钟

解，也大多在阿拉伯海和红海、地中海沿岸地区，还没有一支船队到过赤道非洲。因此，郑和下西洋及对非洲东海岸的访问，是中国古代航海史上空前的壮举，结束了此前中国与非洲之间的联系由阿拉伯人中转的航海历史，在世界航海史以及中国对外关系史上写下了光辉一页。

郑和的船队满载中国的瓷器、茶叶、铁器、农具、丝绸、纱罗及金银等各类商品，换回亚非各国的特产，如象牙、香料、宝石等海外奇珍异宝。因此，人们把这些船称为"宝船"。船队所到之处，多是当时亚、非各国沿海贸易港口城市。每到一地，首先向当地国王

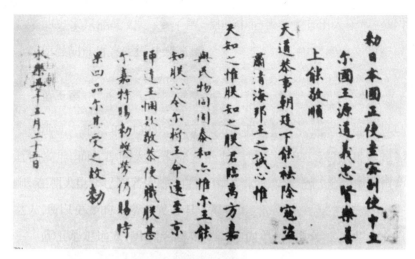

永乐五年（1407）明使臣给日本国王源道义的国书

或酋长宣读明朝皇帝的诏谕，代表明皇赏赐给他们锦绮纱罗及金币等物品，并接受当地贡品。随后即用宝船所载各种货物在当地进行互利互惠的互市交易。与此同时，郑和不忘宣扬明朝的国威，邀约各国派使臣到中国来朝贡，加强明王朝政府与当地的联系。明廷通过郑和七下西洋，意在让西洋各国君臣前来观瞻中国的文物制度，习俗礼仪，回国后效法中国，并与之保持紧密的联系，采取协调的步伐。这就是"敷宣教化于海外诸番国也"，"宣德化而柔远人也"。用仁义来感化而不是用武力慑服西洋各国，就是郑和出使的目的和所作所为。

郑和船队的贸易并不仅仅局限在国都或大码头，在各国内地的市集中，也能见到郑和船队中较小船只的影子，其对于明代亚洲贸易网络的建立，具有极为重要的意义。郑和船队既不属于单纯性的商业贸易活动，也不是征服性殖民活动，故而受到各国人民的普遍欢迎，将明代中国与海外各国的友好关系发展到一个历史的高度。如在占城时，国王乘大象亲自出迎，欢迎的人们有的舞皮带，有的捶着鼓，吹着椰笛壳筒，其仪式十分隆重。郑和船队每次远航往返途中均要经过满剌加（今马六甲海峡），于是，他便在满剌加建立"官厂"，作为每次远航的中转站，于此屯储物资，维修船只，停泊休整。据《马来纪年》记载，明朝曾把公主嫁给满剌加苏丹，至今此地还

印尼爪哇三保庙内的郑和像

有三保山、三保井、三保祠、三保亭等古迹。在爪哇有三宝洞、三宝公庙等，在泰国也有三宝寺，反映了当地人们对郑和船队的尊敬与爱戴。⑨

　　郑和的远航，促进了中国人民同亚非各国的经济文化交流，增强了各国人民间的友谊。许多国家在郑和的船队访问后，派使臣来中国进行邦交联络和商业贸易。如古里等十六国，在永乐二十一年（1423），派使臣和商人到南京，一次就达一千二百多人。值得一提的是，在郑和七下西洋的过程中，没有发生过大规模的武力征服事件。只有两次小规模的武装冲突，一次是郑和在旧港（今印度尼西亚的巨港）捉拿企图剽掠宝船的海盗陈祖义，一次是在锡兰山打败了欲劫船

队的该国国王亚烈苦奈儿,这两次都属于武力自卫性质。特别是擒获陈祖义,扫除了由南海进入印度洋的交通障碍,对保证东南亚各国之间的海上贸易安全,起了不小的作用。

郑和下西洋对南中国海的开发和利用作出了重要贡献,消灭了东南亚地区的海盗,稳定了南中国海周边局势,保证了海上贸易和海防安全;调解与缓和了东南亚各国的冲突和矛盾,推动了这一地区的和平、稳定与发展;对南中国海及周边进行了积极的规划和开发,有效地遏制了来自海上对中国的威胁,有力地掌握着南中国海的海权,维护了中国的主权。郑和下西洋后仅一个世纪,中国海防日益松弛,沿海先后遭受东洋倭寇、西洋殖民强盗的骚扰掳掠,四个世纪后,中国人民备受欺凌,中华民族深受灾难。

郑和宝船复原模型

"宝船经过忽鲁谟斯"（《三宝太监西洋记通俗演义》插图）。"忽鲁谟斯"为今伊朗霍尔木兹海峡阿巴斯港。

郑和下西洋使团是史无前例的大规模贸易使团，郑和远航廓清了东西方海上交通道路，沟通了东西方经济贸易和文化交流，完成了中国对外交往从陆路向海路的重大转折，在给区域带来和平与秩序的同时，所到之处进行互惠互利贸易，推动了商业贸易的兴盛，从此东西方商路大开，起到了整合并建构亚洲贸易网的作用。郑和下西洋后，民间私人海外贸易以及移民海外热潮兴起。一种以东方的航海模式、贸易模式和国际交往模式建构起来的亚洲国际贸易网，繁盛地存在了一个世纪，直至西方殖民势力东来才有所改变。⑩

郑和七次下西洋，庞大的船队，遥远的航程，精湛的航海技术，出色的组织水平，有效的后勤保障，完善的港口设施，珍贵的航海结晶《郑和航海图》等，都体现了郑和下西洋对世界航海事业和海洋文化的贡献，也促进了世界航海技术特别是中国与阿拉伯航海技术的交流。与此同时，将中华文明远播南亚、东非、波斯湾、太平洋、印度洋，又输入各种植物、动物、药物、生产原料等，极大地开阔了中国人的眼界，增进了当时中国对国外的了解，促进了中外文明的交流，在中外文明交流史上谱写了崭新的篇章，在世界文化交流史上产生了深远影响。

郑和下西洋留下了宝贵的文字记录，他自编《针位编》，是远洋航行的珍贵资料。同时，他对航海路线也作了详细的描述，并绘制了《郑和航海图》。专家们的研究表明，该图是郑和第六次下西洋后绘制的，对船队航向、航程、停泊港口、暗礁浅滩等都作了较详细的记录，是我国第一部航海地图。郑和下西洋也是世界航海史上的空前壮举。他的第一次远航，比哥伦布首航美洲早八十七年，比达·伽马开辟东方新航路早九十三年，比麦哲伦航行菲律宾早一百十六年。他到达非洲赤道以南东海岸，也比哥伦布和达·伽马早半个世纪以上。

仁宣之治

永乐二十二年（1424），朱棣于第五次征讨漠北途中病逝，庙号为"太宗"。后来到嘉靖十七年，其庙号被改为"成祖"。这是后话，朱棣死后，长子朱高炽即位，年号"洪熙"（庙号"仁宗"），不过在位

仅一年即病死，其长子朱瞻基即位，年号
"宣德"（庙号"宣宗"），这两朝一般
被认为是明王朝的和平发展时期。

经济上，积极推行与民休息政
策，注重农桑，兴修水利。爱惜民
力，提倡节俭，薄赋救灾。仁宗时
禁止为宫中采办宝石、金珠以及烧
铸进贡等项，将北京、山东交纳的枣
减征半数。宣德三年，修复都江堰等
水利工程四十余处，朱瞻基还命周忱与
况钟疏浚太湖入海水道，解除了苏松地

明仁宗朱高炽像

区的水患。宣德四年（1429），免畿内税粮十七万余石。宣德七年，
山西旱灾，蠲逋赋二百四十余万石。同时鼓励民众开荒，并令军队屯
田。史称宣德年间，东自辽左，北抵宣府、大同，西自甘肃，南尽云南、
四川，中原则大河南北，处处兴屯田。在这些积极经济政策鼓励下，
仁宣时期社会经济发展迅速，粮食产量明显增加，民众生活安定，府
库盈余，经济发展超过了永乐时期。

在政治上，这一时期内阁制度进一步完备。明代内阁制度的基
本形成，是在朱棣时期，但当时阁臣的秩位尚不高，阁臣的权位还远
远不及尚书。这一时期，打破了阁臣"官仅五品"的限制，不断提升
阁臣的官阶。仁宗时阁臣即由正五品的大学士加官至尚书，同时恢
复设置三公三孤官，授予阁臣公孤之衔。宣德时，内阁开始有"票
拟"权，即阁臣草拟对臣僚各种章奏的处理意见。这是内阁的最大
权力所在。阁臣获得了票拟权，也就是直接掌握了处理国家政事的

明宣宗朱瞻基像

大权。人们把明代的内阁之职比之于古代的丞相，也是因为其有票拟权的缘故。这一时期，内阁由三大臣杨士奇、杨荣、杨溥主管，时人有"三杨用事，政归内阁"之说，基本上形成了阁权重于部权的局面。"三杨"在内阁时间都很长，其中杨士奇四十三年，杨荣三十七年，杨溥二十二年，历任成祖、仁宗、宣宗、英宗四朝大学士。这种特殊的身份和经历，使他们成为德高望重的重臣，在朝臣中有着很高的威信和很大的影响，这对于日后阁臣权力的增长，起了重要的作用。

朱高炽和朱瞻基一心致力于做好守成令主，力求社会的安定和统治的稳固，在政治上力求宽松开明的气氛。永乐二十二年(1424)十一月，朱高炽刚即位不久，就恢复了建文朝殉难大臣的身份，宣布建文诸臣及方孝孺为忠臣，下令宽宥建文诸臣家属，将其在教坊司、锦衣卫、洗衣局及习匠功臣家为奴者，皆释放为民，归还他们的土地。朱瞻基时继续执行这一政策，使建文旧臣和同情建文帝的士人们解除了顾虑，效忠皇室。永乐朝臣户部尚书夏原吉、刑部尚书吴中、侍郎杨勉等人，因直言极谏而触怒永乐帝，被"下诏狱"，而"杨溥及黄淮一系十年"，朱高炽均开释复职，予以重用。⑪

洪武时期朱元璋因吸取元末吏治败坏的教训，采用了历史上罕见的严刑峻法，仅借"胡蓝之狱"就诛杀文臣武将数万人；朱棣继承了洪武朝"以猛治国"的基本政策，加上其王位的获取颇有"以篡夺天下"之色彩，在登基之初，也采取了野蛮而疯狂的屠杀手段。这种强权手段的直接后果便是在加强了皇帝绝对权威的同时，也使得皇权与大臣之间的关系极度紧张。在惶惶不可终日、人人自危的恐怖气氛下，为官者大都尸位素餐，持禄固宠，不敢"批龙鳞而逆天怒"。

为扭转这一局面，朱高炽、朱瞻基尽量礼遇大臣，并多次鼓励大臣，若有政事阙失，一定要敢于诤谏，不必有所顾虑。因此，这一时期臣僚上奏时，阿谀奉承的情况比较少，直言政治得失的情况比较多，朱高炽、朱瞻基也能倾听一些朝臣的奏议来改进统治政策，对中央和地方的各级官员，经常进行考察黜陟。他们对大臣的信任也比较稳定。当时"三杨"掌管内阁政务，蹇义掌吏部，夏原吉管户部。他们长期掌握朝政，协力相资，成为皇帝的左辅右弼，博得朝廷内外的赞誉。这一时期，用人方面能够做到唯才是举，出自公心，尤重才干。如周忱、况钟、曹鼎、于谦、孙鼎、陈继等人，都是明代著名的清官，对"仁宣之治"作出了贡献。而这一切与三杨等人忠心耿耿地同心辅佐不无关联。史称三杨执政，"天下清平，朝无失政"。

严厉打击贪赃官吏，吏治清廉，也是这一时期的一大特点。朱高炽、朱瞻基对贪赃行贿之徒均深恶痛绝，不论官职高低，一律依法制裁。都御史沈润接受贿赂，被谪戍辽东。左都御史刘观因贪污被捕下狱。对于不称职的官吏，朱高炽、朱瞻基也能够秉公斥逐，决不姑息。如宣德八年(1433)，裁汰京师冗官七十余员。相对于洪武朝、永乐朝的大杀朝臣而言，朱高炽、朱瞻基用刑要慎重许多，废除了一些严刑酷法，如不许"于法外用鞭背等刑，以伤人命。尤不许加入宫刑，绝人嗣续"。这一时期对大臣乱关乱杀的现象也减少了许多。[12]

仁宣时期，针对前朝连年用兵，造成"白骨蔽野"的惨痛局面，更鉴于北部蒙古的威胁基本解除，决定采取严谨边备，不忘远略，息兵养民，以防御为主的边备政策。既减轻了民众负担，也保持了边境地区的稳定。

宣德时期还有一项重要决定，便是在郑和第七次下西洋后便中止了这项活动。这中间固然有耗费甚巨，"劳民伤财"，北边危机日益严重等诸种因素，使得明朝廷有充分理由中断海外发展，但此举之影响是深远的。"它严重地影响海军建制的力量和士气，削弱了它的沿海防御能力。这从而促成了日本海盗在下一个世纪的进一步的掠夺。最后，明朝从印度洋和南洋的撤退切断了中国与世界其他地方的联系，而此时欧洲列强正开始进入印度洋。宣德统治时期不但标志着中国在欧洲水域的统治地位的结束，而且是明帝国孤立于国际事务的开始。"⑬

这一时期还改革了科举取士法，分南卷和北卷，按比例录取。洪熙年间，"南六十，北四十"。宣德元年七月，改南、北卷为南、北、中卷。如以百名为例，南取五十五名，北取三十五名，中取十名。北卷地区有北直隶、山东、河南、山西、陕西等十二省府；中卷地区是四川、广西、云南、贵州及凤阳、庐州二府和徐、滁、和三州；浙江、江西、福建、湖广、广东等十六省府属南卷。从此，虽各卷录取比例和人数处于不断变化之中，但会试按南、北、中卷取士的定例从此确立。这一改革把取士人数从地域上加以平衡，以改变以往由于文化水平的差异而造成的会试多取南士的局面，从而大大激发了北方士人的积极性，扩大了明王朝的统治基础，也有利于社会的稳定。⑭

《剑桥中国明代史》如此评价洪熙帝朱高炽：历史盛赞洪熙帝

是一个开明的儒家君主，他像他模仿的古代圣王那样，坚持简朴、仁爱和诚挚的理想。他因大力巩固帝国和纠正永乐时期的严酷和不得人心的经济计划而受到一致的赞誉。他的许多政策和措施反映了一种对为君之道的理想主义的和儒家的认识。过早的死亡阻碍了洪熙帝去实现一切目标，但尽管如此，他留下来的遗产仍是一清二楚的。除了人道主义的社会活动外，他对儒家的政治理想——一个道德上坚毅的皇帝采纳学识渊博的大臣们的忠告统治天下——也作出了贡献。

总体而言，洪熙、宣德时期的统治政策，由洪武、永乐时期的严峻而趋向平稳。朱高炽、朱瞻基在朱元璋、朱棣创业的基础上，从政治、经济等各方面来保持社会的安定与统治的稳固。这一时期在皇室内部虽然爆发了争夺皇位的"高煦之叛"，但很快便被平服，没有酿成大的祸乱，对社会的影响也不大。一如《剑桥中国明代史》所言：宣德的统治是明史中一个了不起的时期，那时没有压倒一切的外来的或内部的危机，没有党派之争，也没有国家政策方面的重大争论。政府有效地进行工作，尽管宦官日益参与了决策过程。及时的制度改革提高了国家行使职能的能力和改善了人民的生活，这两者是贤明政治的基本要求。后世把宣德之治作为明代的黄金时代来怀念，这是不足为奇的，故而史称这段时间为"仁宣之治"。

注释：

① 关文发、颜文广：《明代政治制度研究》，中国社会科学出版社1995年版；谭天星：《明代内阁政治》，中国社会科学出版社1996年版。

② 王其榘:《明代内阁制度史》,中华书局1989年版;王天有:《明代国家机构研究》,北京大学出版社1992年版;张显清、林金树:《明代政治史》,广西师范大学出版社2003年版;刘晓东:《监阁共理与相权游移——明代监阁体制探赜》,《东北师大学报(哲社版)》1998年第4期。

③④⑤⑥⑦ 晁中辰:《明成祖传》,人民出版社1995年版。

⑧ [美]牟复礼、[英]崔瑞德著,思炜等译:《剑桥中国明代史》,中国社会科学出版社1992年版。

⑨ 王硕:《郑和航海与明代社会》,《清华大学学报(哲社版)》1990年第1期。

⑩ 郑鹤声、郑一钧:《郑和下西洋简论》,《吉林大学社会科学学报》1983年第1期。

⑪ 赵毅、刘国辉:《略论明初三杨权势与"仁宣之治"》,《东北师大学报(哲社版)》1997年第1期;晁中辰:《"仁宣之治"还是"永宣之治"》,《山东大学学报(哲社版)》2003年第2期;郭厚安:《论仁宣之治》,《西北师大学报(社科版)》1992年第2期。

⑫ 李广廉:《仁、宣时期的吏治与民生》;王天有、徐凯主编:《纪念许大龄教授诞辰八十五周年学术论文集》,北京大学出版社2007年版;赵中男:《明洪宣时期历史特点论略》,《求是学刊》1997年第2期;朱子彦:《明代"仁宣之治"述论》,《史学集刊》1985年第3期。

⑬ [美]牟复礼、[英]崔瑞德著,思炜等译:《剑桥中国明代史》,中国社会科学出版社1992年版。

⑭ 张德信:《明代科场案》,《明史研究》第七辑,2007年。

宦官干政

05

英宗朝王振专权

　　朱瞻基于宣德十年（1435）病死，皇太子朱祁镇继位，是为英宗，年号正统。这时朱祁镇只有九岁，太皇太后张氏（朱祁镇的祖母）委任"三杨"等主持政务。因此，正统初年，基本上继承了前朝的各项政策。但英宗年幼，这就给了宦官王振以专权的机会。

　　朱元璋深知汉唐晚期宦官之祸的教训，故而对宦官控制极严，对他们做了种种限制，宦官的人数在百人左右，品级最高不得过四品，不许宦官兼任外臣文武官衔，不许穿朝中大官服，诸司不得与宦官文移往来。为严禁宦官干政，朱元璋甚至还立了一块牌子，上书"内臣不得干预政事，预者斩"。宦官实为内廷

明英宗朱祁镇像

洒扫应对的杂役。

　　但到朱元璋晚年,宦官已开始参预部分政务,像税务、茶马贸易等。朱棣是依赖宦官通风报信而起兵成事的,当初他之所以敢孤注一掷,长驱金陵,就是因为他从宦官那里得到了确切的情报,知道南京空虚。有的宦官甚至还为他拼杀疆场,多有战功。故而其登基后对宦官特别倚重,宦官的出使、监军、分镇等都始自永乐年间。朱元璋曾规定宦官不许读书识字,但自永乐朝已开始派人教宦官们读书识字,宣德时设内书堂,请通晓经史的大学士陈山担任教师,以后宦官读书成为定制。宦官经过培训,学会读写,一些资质上乘的人"多通文墨,晓古今,逞其智巧,逢君作奸",成为皇帝处理政事的帮手。[①]

张三丰像。张三丰,明道士,曾在武当山幽居,明太祖、成祖多次遣使求之不得。明英宗封他为"通微显化真人"。

　　明代太监之祸始于王振,烈于刘瑾,极于魏忠贤。王振是河北蔚县人,入宫前曾在家乡读过书,由儒士而为教官。后来遇到明朝皇帝下"有子者许净身入内"的诏令,便净身入宫,授宫人书。由于入宫前他曾在官场中混过,对于官场内的尔虞我诈有几分了解,故而在玩弄权术方面,远远高于那些长期待在宫中的太监;他本人又读过书,虽然科举未中，也算熟通文墨，这又是那些仅在宫中内书堂里学过几天字的小太监们所无法比拟的。因此，他进宫后，很快便深得朱瞻基的信任，被委派侍奉太子朱祁镇读书，升任为司礼监太监。

朱瞻基死后，朱祁镇年幼，对王振很是敬畏，称他为先生而不呼其名。朱祁镇年幼贪玩，王振总能投其所好，尽量满足他的要求，以期博得小皇帝的好感。而在公众场合，却又表现出一副忠心耿耿、一心为主的样子。有一次，小皇帝在宫内与几个小太监一起玩球，被王振看见，当场喝止，第二天上朝时，又当着众阁臣的面，当场跪奏进谏道："先皇帝为一球子，几乎误了天下。如今陛下又重蹈其覆辙，将祖宗社稷置于何地？"其谏情真意切，以至于感动了当时在场的杨荣、杨士奇和杨溥，"三杨"叹道："没想到宦官中还有这样的好人！"

正统初年，朝中因有"三杨"辅佐，王振尚不敢造次。每次到内阁传旨时，都表现得恭敬小心，谦虚卑微，站在门外候复。倒是"三杨"时常请他入内予坐，非常客气。朱祁镇即位之初，太皇太后对王振存有戒心，一次当着众大臣的面，训斥王振侍奉皇帝不守规矩，欲赐死王振。后经朱祁镇和众大臣求情，才被免于死罪。此后，王振更加收敛自己，极力讨好"三杨"，奉迎太后，而暗地里却拼命勾结内外官僚，积蓄势力。正统六年（1441），奉天殿、华盖殿、谨身殿修建完工，朱祁镇大宴百官，根据明朝礼制，虽然是得宠宦官，也不得参加帝王廷宴。朱祁镇怕王振不高兴，就派人去看他。结果发现王振正在家中大发雷霆，并自喻周公辅成王。朱祁镇连忙下令打开东华门的中间大门，让王振来参加宴会，在座的文武百官也赶忙起来迎拜。

正统七年（1442），太皇太后张氏病死。在此之前，杨荣已先病逝，

《杂技游戏图·行乞》(张宏绘，北京故宫博物院藏)。此图绘于明末，再现了当时苏州下层社会的生活场景。

杨士奇则因为其子触犯刑律被捕入狱而称病不出，"三杨"中只有杨溥尚在朝，而新进的阁臣大多平庸无能。王振认为杨溥"年老势孤"，不足为虑，便无所顾忌地揽权植党。他除去了朱元璋时所立的"内臣不得干预政事，预者斩"的禁牌，令他的侄子王山当上锦衣卫都督同知、王林担任锦衣卫指挥佥事。从此，大权独揽，横行霸道。凡是触犯他的，便唆使其同党诬构罪状，妄加迫害，百官稍有不敬便大祸临头。侍讲刘球上奏指斥时政，被下狱肢解而死；御史李铎，因不肯下跪而充军铁岭卫。在其淫威之下，百官屈膝，公侯奉承，称王振为"翁父"。王振还公开卖官鬻爵，多方搜刮，在京城内外大建第宅。其他宦官和官僚也纷纷效仿，一时间，权势之家，广占民田，普通百姓的负担却日益沉重，社会矛盾不断加剧。明朝宦官专权，从王振开始。[②]

土木之变

明代中前期主要的军事威胁来自北部蒙古各部落。永乐末年，瓦剌与鞑靼之间的均势逐渐被打破，到宣德年间，瓦剌部的势力已大大超过鞑靼部，并最终吞并了鞑靼部。明正统四年，也先成为瓦剌部的首领。其时，瓦剌部每年朝贡马和骆驼，以换取所需的生活用品。明政府对周边民族采取绥靖政策，各国贡使入境后，一切免费，以少量贡品换回价值高得多的物品。瓦剌部常会虚报进贡人数、马匹数量，明政府眼开眼闭，不予细究。③

但也先并不满足这样的交往，他不断加紧扩充自己的势力，觊觎南下。正统十年（1445），也先发兵围攻西北地区的哈密卫，俘虏

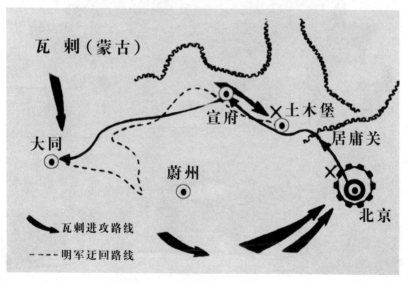

"土木堡之变"示意图

了明廷所封的忠顺王倒瓦塔失里，而明政府却不发一兵一卒前去救援。与此同时，也先继续把他的势力东扩。正统十一年(1446)，也先率兵攻打与明政府交好的兀良哈三卫，而明政府仍然坐视不管，眼睁睁看着也先攻破兀良哈，直逼朝鲜，辽东地区也基本落入也先控制之中。正统十三年(1448)，哈密卫被瓦剌所控制，从此明政府

居庸关

失去了西陲屏蔽，明朝与西域的交通也受阻，甘肃方面的边防吃紧，西北地区失控。④

此时，朝中的有识之士纷纷上奏，要求政府整顿军队，加强北边防务。但朱祁镇和王振却不理会臣僚的奏疏，也没有任何战备措施。当时明军得以维持的军屯制度遭到严重破坏，分驻各地的亲王和将领常常侵占军士的屯田为私家田庄，并役使士兵为他们耕种，致使军士大量逃亡，明军的战斗力严重削弱。而王振还贪图贿赂，私下与也先结交，暗中指使其亲信大同镇守太监郭敬，每年营造数十万的钢铁箭头送给也先。也先还通过派大量贡使，以进贡为名，向明政府索要财物。永乐年间瓦剌每年的贡使不过数十人，而正统年间竟多达两千多人。明政府为了求得一时的安宁，讨好瓦剌，常常是有求必应，对瓦剌贡使赏赐非常优厚，花费也与日俱增，仅大同地区每年用于贡使的费用就高达三十万两。

随着瓦剌势力的日益增强，也先南下的企图也越来越明显，并时常挑衅。正统十四年（1449）二月，也先派二千使者入贡，为了冒领赏赐，号称三千人。以往这种情况多有发生，加之王振本来与也先素有勾结，所以对瓦剌贡使冒领赏赐也是习以为常。但

明北京智化寺旌忠祠记拓片。智化寺为明太监王振所建。土木之变发生，王振被诛。明英宗复辟后，在寺内为王振立旌忠祠，并塑像立碑。

这次王振却叫礼部按贡使实有人数给予赏赐，又削减马价五分之四。瓦剌贡使回去禀报后，也先勃然大怒，借口明朝使者去瓦剌时曾答应嫁公主于瓦剌，这次贡马是聘礼，而明政府却失信，便于是年七月，统率各部，分四路向辽东、宣府（今河北宣化）、大同和甘州（今甘肃张掖）大举进攻。

前线的告急文书不断传到北京，王振极力蛊惑朱祁镇御驾亲征。当时正值夏末初秋，军用粮草及至各类战备物资，均难以筹齐，朝中大臣也力谏朱祁镇慎行。但朱祁镇偏信王振，不听劝谏，决意亲征，并且令王振负责一切军政事务，随军的文武大臣却不得干预。他们在几天之间，仓促拼凑了五十万大军，在各类后续物资没有保障的情况下，仓促上路。由于毫无计划，组织不当，大军忽而北、忽而南，加上连日风雨，部队还未到大同，就因病饿而死伤多人。明军士兵士气低落。八月初一日，明军到达大同，也先为诱明军深入，主动北撤。王振误以为他们是被明天子的威严震慑而退的，不顾随行大臣的上疏请回的呼声，执意要求军队继续北进。而当他听到先头部队惨败的消息后，便又惊惶失措，决定班师。

大同附近的蔚州是王振的老家，为了能让部队退兵时经过他的家乡，以显示自己伴驾天子的威风，王振就想让部队从紫荆关撤退。退兵走了四十多里路，王振又怕大军一路军马士卒踏坏其家乡田园的庄稼，又命全军原路折回，重走来时的老路。随行的官员告诉他，此去离紫荆关只有四十多里，入了关就安全了，但王振执意不听。当退兵到宣府时，被大批瓦剌骑兵追袭，后卫部队全军覆没。

八月十三日，朱祁镇一行狼狈逃到土木堡，此地距怀来城仅二十里，随行的官员力主迅速入怀来城以求脱险，但王振因其千余辆辎重车未到，执意原地等候。兵部尚书邝野一再上疏要朱祁镇轻驾快速入（居庸）关，并组织精锐部队断后，都被王振阻止不报。最后他闯驾力请，却被恼羞成怒的王振派人硬推了出去。等到第二天，朱祁镇想再行进时，土木堡已被瓦剌军团团围住。土木堡地高无水，明军被困，人马饥渴不堪。也先攻打明军一夜未果，便假装撤兵，王振赶快下令军士移营取水。行至途中，瓦剌伏兵四起，明军大乱。英国公张辅，兵部尚书邝野，户部尚书王佐，大学士曹鼐、张益，驸马都尉井源等数百文武臣僚壮烈殉国。朱祁镇与亲兵骑马突围不成，束手就擒。明军五十万大军，死伤过半，二十万骡马和大批辎重尽为也先所获。朱祁镇被俘后，满腔愤怒的护卫大将军樊忠激愤不已，把一腔怒火集中在这次变故的罪魁祸首王振身上，大喝道："我为天下诛此贼！"用铁棰将王振击死，恶宦算是得到了应有的下场。此次战役，历史上称为"土木之变"或"土木堡之变"。

北京保卫战与英宗南归

1449年土木之变后，瓦剌军强悍不羁，势不可挡。明边关相继失守，明朝陷入前所未有的严重危机。

起初，明朝廷还想隐瞒土木堡惨败的消息。但是，从前线万幸逃归的残兵败卒，不断地出现在北京城内，成为前线凶讯的报信人。朱祁镇的被俘，更使朝野震惊。当时明军精锐部队大都陷没土木堡，京城所余老兵、弱兵尚不足十万，也先的大军，随时都有可能兵临北京。皇宫内外，京城上下，一片混乱。

为制止混乱，八月十八日，皇太后命郕王朱祁钰监国，立朱祁镇

明景帝朱祁钰像

两岁的长子朱见深为太子。朱祁钰临朝，召集大臣们商议战守大计，众臣却束手无策。翰林侍讲徐珵主张南迁避难，这有如平地惊雷，文武大臣不知所措，眼看局面就要失控。此时，以兵部右侍郎代理兵部事务身份参加朝议的于谦，目睹此景，厉声斥责徐珵："有谁敢言南迁者，斩！京师是天下的根本所在，京师一动，大势皆去，难道没有看到宋朝南渡的悲剧吗？"于谦的话，震醒了茫然失措的臣僚们，吏部尚书王文、大学士陈循等纷纷站在于谦一边，尤其难能可贵的是宦官金英也成为主战派的有力支持者。于是，朱祁钰任命于谦为兵部尚书，把守卫北京城的重任全部托付给他。

于谦上任后，选拔精干人才，整顿军队，迅速调拨外地的军马粮草入京，以加强京师的力量，朝野渐渐安定下来。但是于谦明白，朱祁镇被俘，国家无君，这对于安定朝野人心缺少凝聚力。况且，他也深知，也先必然会以朱祁镇为奇货，对明政府肆意讹诈，漫天要价。因此，无论从政治上考虑，还是从争取外交的主动权着眼，另立新君是此时挽救国家的重要任务。当时皇太子朱见深年仅二岁，在国家升平时期立幼帝尚无不可，历史上也不乏先例。但在国家危难之时，立幼主多有不妥。于谦考虑再三，置自己生死于度外，联合群臣合奏皇太后，请立朱祁钰为帝。

于谦的清正廉明正是"公生明，廉生威"的践行。"公生明，廉生威"意谓公正才能严，廉洁才有威望，这是一则明清官吏引以自戒的座右铭。最先立此言为碑的顾景祥一生为官清正廉明。后山东巡抚年富用楷体书《官箴》刻石，作为自己为官清正廉明、刚直不阿的金句。后世贤人多用此言阐述执法如山、浩然正气的为政之心。

于谦像

九月初六，朱祁钰行登基典礼，次年改元景泰，遥尊朱祁镇为太上皇。于谦又推荐任用了一批具有文韬武略的主战大臣，明朝中央政局基本安定下来了。随后，于谦又加紧军事改制，着手整饬边防，派员分巡各地，安抚州县，修筑关隘，重新部署各方要塞，集中一切力量抵抗瓦剌军的再度入侵。于谦深知，仅凭官兵的力量是难以抵挡瓦剌劲骑的，因此，他动员群众，号召军民共同报国杀敌，把保卫北京看成是民众的共同使命。这样，明朝军事面貌大为改观，京城各门守备严实，明政府在极短的时间内，做好了抗战的准备。

与此同时，瓦剌军趁挟明帝朱祁镇之势，大举南侵。正统十四年十月，也先挟朱祁镇率瓦剌主力入寇大同，声称送大明皇帝回京。但大同守将严阵以待，并回答也先："我国已有国君了。"也先攻大同不成，便绕道南下，从紫荆关和居庸关两路进攻京师，北京城危在旦夕。诸将对战守策略议论纷纷，主将石亨主张退守城内，坚壁清野。于谦坚决主战，并亲自率军列于德胜门外，准备迎战也先的主力，并下

明代无极县令郭允
礼制官箴碑(拓片)

令:"有盔甲军士,今日不出城者,斩!"待全军城外部署就绪后,就紧闭诸城门,以示背水一战的决心,并传令诸军:"临阵作战,如将领不顾军队率先后退者,斩其将!军队不听将领指挥而后退者,后队斩前队!"于谦自己表示坚决与三军将士生死与共。明朝军士大受感动,勇气倍增,整个军容为之严整威盛。

十月十一日,也先大军进逼北京,以议和为名索取财物,景帝和一些大臣有些心动。于谦坚决地说:"今日只知战斗,其他一概不知。"瓦剌军和明军在德胜门展开激战,于谦令石亨领兵埋伏于空屋内,然后诱敌深入,火炮齐发,石亨伏兵骤起,前后夹击。明军齐力奋进,瓦剌军死伤无数,号称铁颈元帅的也先之弟,也在双方的激战中毙命。瓦剌军又转攻西直门和彰义门,均遇到明军强有力的抵抗。激战相持了五天,也先一无所获,又听说明军增援部队即将开到,怕归路被截，只好挟朱祁镇北归。于谦派兵乘胜追击，又消灭了数万瓦剌军，还夺回了瓦剌军沿途掳掠的财物，解救了许多被抓获的百姓。也先退回蒙古草原，北京保卫战以明廷的胜利而告结束。⑤

也先进攻北京失败后，并不甘心，伺机对明朝发动新的进攻。景泰元年（1450），瓦剌军进攻宁夏，不久又折而进攻大同。大同总兵郭登率众反击，瓦剌军大败。这是土木之变后明军在塞外战场取得的第一场胜利，它扭转了明军边将畏敌、不敢与瓦剌正面交锋的被动局面。此后，也先多次向明朝边境要塞进犯，都被明朝边关军民击溃。

明朝在军事上的节节胜利，有力地配合了明政府在外交上的谈判。也先本来以为，俘虏了朱祁镇，就像扼住了明朝的咽喉，完全可以大明皇帝为人质，进行政治讹诈，诱破明朝的城、关，并向明政府索取金帛财物。这一伎俩最初确实也起过一些作用。朱祁镇被俘之初，皇太后和皇后确实秘密搜罗大量珍宝绢帛，派宦官送至也先军营，也先总是来者不拒，照单全收。明皇室的这些软弱、侥幸行为，不仅没能换回朱祁镇，反而愈使也先欲壑难填。

也先早先攻打明政府边关城池时，也总是将朱祁镇挟至阵前，令明军守将参拜皇上，并趁明军将士疑虑无主之时攻城，屡屡得手。后来明政府在于谦的主持下，传谕各边镇"瓦剌奉驾（朱祁镇）至，不得轻出"，并对擅自离城"见驾"的将领进行了严肃处理。于谦还提出"社稷为重，君为轻"的口号。在取得了北京保卫战和一系列的边防胜利之后，明政府更加不再理睬也先以朱祁镇为人质而提出的各种条件。到后来，面对也先多次欲送回朱祁镇并求和的明喻暗示，明政府也不正面回答是否迎回朱祁镇的问题。这使得朱祁镇在也先手中由人质变成了空质，到后来，简直就成了烫手的山芋。

由于也先连年的征战，不仅明边境地区连年饱受战争之苦，其蒙古内部各族也深受其害。此时的蒙古人，已与早先成吉思汗时期的蒙古人有很大不同，他们的真正利益不是领土征服，而是维持与明王朝的紧密和有利的经济关系。由于与明政府的交战，使得汉蒙各族之间的正常交往和贸易中断，蒙古各部失掉了通贡和互市的各种好处，这对他们自己也很不利，最终引起了蒙古内部各部的不和及利益冲突。其中脱脱不花等人率先遣使献马议和，并和明政府恢复了原先的边关贸易。同时，也先也不是成吉思汗，此时的瓦剌在任何方面都不能构成相当于十三世纪初期蒙古人的那种威胁。也先也很清楚这一事实，他在释放朱祁镇之后又与明朝廷保持一般的友好关系，部分是出于这种考虑，部分则是由于他自己的虚弱和在蒙古人中的不稳定的地位。

景泰元年（1450）六月，也先派使者来到北京，申述愿意与明廷讲和并无条件交回朱祁镇的意愿。但此时朱祁钰担心朱祁镇回来后他的皇位不保，为打消朱祁钰对皇位的顾虑，于谦安慰道："如今皇位已经确定，谁也不敢有他议。"景帝勉强答应，派使者前往瓦剌。

也先要送回朱祁镇，而朱祁镇已明确表示不再想帝位之事，这时景帝也实在无法推诿拖延了。景泰元年八月十五日，明政府将做了一年俘虏的朱祁镇接回了北京，朱祁镇也成为中国历史上第一个被俘虏后又被无条件放回来的汉族君主。⑥

南宫之变及影响

朱祁镇归来之日，百官于东安门外迎接，景帝于东安门内迎接。双方还表示了授受帝位的形式上的礼节。因朱祁镇事先做了不要帝位的保证，故而他回来后，朱祁钰仍享九五之尊，朱祁镇住进朱祁钰为他安排的南宫里，做起了太上皇。从此，也先与明也相互通好，恢复了通商和互市，双边关系开始正常化。

但朝政远没有因此太平。朱祁镇在"土木之变"被俘以前，做了十四年的皇帝，朝廷内外有他不少的心腹，有着雄厚的势力。如今还京后，被朱祁钰软禁于南宫。朱祁钰还禁止朝中大臣与其来往，并砍光了南宫周围的树木，对朱祁镇进行严密的监视。因曾做出过不再谋帝位的保证，起初，朱祁镇也只得于南宫做他的太上皇。但不久，就因废立太子之事而引起了新的矛盾。景泰三年（1452），朱祁钰废先前所立的朱祁镇之子朱见深的太子位，改立自己的儿子朱见济为太子。景泰四年（1453），新太子突然病死，朱祁钰又没有别的儿子。这时，有官员提出再立前太子，惹怒了朱祁钰，上疏的人或被捕入狱，或被鞭笞致死。这件事引起了朝臣的分裂，朱祁镇的一些旧部以及那些在景泰朝不得志的官员们，此刻都转向了朱祁镇一边，他们对皇帝的不满情绪转变成了直接的反抗。

这些密谋者的动机并不是出于崇高的理想，也不是对皇帝行为的道德上的不安。他们大多出于自己难于言表的私利。如掌握兵权的石亨，不但有野心，而且贪权贪财，他与于谦的纷争就是他自己的贪污行为造成的。宦官将军曹吉祥也有类似的野心，他自认为是一个新的王振。徐有贞则希望利用朝廷的不安气氛，试图取得最高的权力。

机会终于来了。景泰八年（1457）正月十六日，朱祁钰病重，不能亲理朝政。朝臣中有人提议复立朱见深为太子。群臣吵到黄昏才写好奏状，约好第二天再上奏。十六日深夜，石亨、曹吉祥控制的军队，得到了徐有贞（即是当年主张明廷南迁的徐珵，因名声不好而改名徐有贞）、杨善控制的都察院的支持，于是集合了约四百名禁军，秘密勾通南宫，拥立朱祁镇为帝，改元天顺。第二天拂晓时分，文武百官等在朝房准备上朝，忽听钟鼓齐鸣，诸门大开，人们看到大殿上面南而坐的正是太上皇朱祁镇。这时人们才知道朱祁镇已经复辟了，纷纷伏拜，山呼万岁。朱祁镇重登皇位，执掌大权，一场政变就此成功。这就是明代历史上有名的"南宫复辟"，又称"夺门之变"。

朱祁镇复位后，便以太后诏废景帝为郕王，十几天后，景帝便不明不白地死去。死后还送了一个恶谥"戾"，毁所营寿陵，以亲王礼葬之。

政变成功之后，石亨、徐有贞等人便开始了打击异己的报复行为，于谦首当其冲，成为南宫复辟的第一个牺牲品。于谦为人耿直，不善奉迎，曾写有一首名诗："千锤万击出深山，烈火焚烧若等闲。粉身碎骨全不怕，要留清白在人间。"当朱祁镇被俘时，他提出"社稷为重，君为轻"的主张，力主抵抗，不与也先讲和。这令朱祁镇始终耿耿于怀。复辟的主谋者徐有贞曾请求于谦在景帝面前美言几句，以求谋个职位。但景帝不肯提拔重用他，他因此转而怨恨于谦。石亨因其儿子犯法被于谦治罪，也与于谦结怨。他们此时都跳将出来，落井下石，最后以"意欲"谋逆罪将于谦置于死地。同时被杀的还有王文、范广等一批抵抗瓦剌之战中的有功之臣，更多的人则被贬充军。于谦死后被锦衣卫抄家时，发现"家无余资"，只搜出了御赐的蟒衣和剑器。

于谦被害后，都督同知陈逵为其忠义所感动，收尸埋葬。天顺三年（1459），于谦灵柩由其婿朱骥送归到他的故乡杭州，葬于西湖三台山麓，与岳飞忠魂为伴。明末抗清志士张煌言，在他的绝命词中写道："国破家亡欲何之，西子湖头有我师。日月双悬于氏墓，乾坤半壁岳家祠。惭将赤手分三席，敢为丹心借一枝。他日素车东浙路，怒涛岂必尽鸱夷。"于谦的高风亮节为千秋景仰。

于谦被杀，天下人都认为是冤案。成化帝朱见深继位后，于第二年下诏书为于谦平反，恢复于谦生前原有官爵，将于谦故宅改为"忠节祠"。弘治二年（1489），追封于谦特进光禄大夫、柱国、太傅，赐谥"肃愍"，并在墓旁建旌功祠，并为于谦雕塑铜像，设春秋二祭，形成祠墓合一格局。嘉靖年间，又将于谦侑享于功臣庙，与开国功臣刘基等并祭。万历年间，以"肃愍"谥号不能彰显于谦忠贞功德，遂改谥号为"忠肃"，以肯定他一生的功绩。

成化十一年（1475），朱见深下诏为被废帝号的叔父朱祁钰恢复名誉，因其"戡难保邦，奠安宗社"，于国有功，改谥号为"恭定景皇帝"。接着命有司缮修陵寝，其祭飨与诸皇陵享受同等待遇。这件事办得很得人心，《明史》赞他"恢恢有人君之度"，当是公允史论。特别是当初景帝上台不久，就废了朱见深的太子称号，而他称帝后却能为景帝平反，年轻的成化帝显得非常大度。嘉靖时期，金山的景帝陵又有所改建，还把绿瓦统一换成了只有皇帝才能用的黄色琉璃瓦，但景帝的遗体始终没有迁入十三陵原建的寿陵中。因此，景帝陵独居金山，景帝也成为明朝唯一不在十三陵安葬的皇帝。

朱祁镇复辟后，重新当上了皇帝，改年号天顺。参加"夺门之变"的主要人物，如徐有贞、石亨、曹吉祥等人，个个都得到了封赏。如徐有贞独揽内阁大权，兼任兵部尚书，同时封为武功伯；为首的将军石亨被封为忠国公，他的侄子石彪被封为侯；宦官将军曹吉祥被提升为司礼监提督太监。他们排斥异己，贬谪忠臣，肆无忌惮地专权乱政。但不久，朱祁镇对石亨等人内外统掌兵权、政权，疑虑越来越深。天顺四年，朱祁镇又下诏将石亨、曹吉祥等人处死，罢黜因冒"夺门"之功得官的各级官吏达四千余人。这一事件，史家称之为"曹石之变"。它反映了统治者内部尔虞我诈、勾心斗角的激烈矛盾。

朱祁镇继位后，于第十四年被俘，其后北居一年，被放归后南宫幽居七年，再于景泰八年(1457)借"夺门之变"复登皇位，可谓经历了天上人间的人世沧桑。他登基时是一个孩童，此后经历了被俘、被废黜的磨难，这些对他的性格产生了诸多影响。他重新复位后，采取强硬措施以确保稳定和巩固自己的权力，对不利于自己权力地位巩固的人，毫不迟疑地打击清除。但同时，他也做了一些为后世史家称道的事情。

释放"建庶人"。"建庶人"是建文帝次子朱文圭。建文四年(1402)，朱棣攻入南京之后，建文帝不知所终，长子朱文奎殁于大火，次子朱文圭则被朱棣幽禁起来，称为"建庶人"，当时只有两岁。到天顺年间，"建庶人"已经是一个五十多岁的老翁了。朱祁镇身边的人担心放出朱文圭会出变故，朱祁镇倒很有气度，说："有天命者，任自为之。"朱祁镇派人给朱文圭修建了房屋，任其自由出入，并供应生活所需。经过多年与世隔绝的囚禁生活，朱文圭已经反应迟钝，几乎不会说话了，自然也成不了什么大气候。

还有一件事，就是废除殉葬制度。明朝自朱元璋始，皇帝驾崩都要宫人陪葬，其后四位帝王去世都以宫妃殉葬。朱祁镇觉得这很残酷，临终前遗诏停止殉葬。此后明代各帝都遵从这个遗诏，不再以宫妃殉葬。

　　"土木之变"后，明朝统治集团内部又接连发生南宫复辟和"曹石之变"，特别是于谦等众多的正直、忠良之士被害后，边防废弛，明朝政日趋腐败。

宪宗朝汪直跋扈

　　天顺八年（1464）正月，朱祁镇病死，庙号"英宗"。太子朱见深即位，年号成化。朱见深在位共二十三年。这一时期，明朝政治中最值得引起注意的，是宦官势力的日益膨胀。他们利用司礼监干预朝政，利用厂、卫大搞特务活动，加深了明朝政治的腐败。

　　明初朱元璋曾严禁宦官预政，并立下了"宦官预政者斩"的禁碑。至永乐年间，宦官开始"出使、专征、监军、分镇、刺臣民隐事"等，但这时多为临时派遣，还没有在制度上正式规定下来。总体而言，在宣德前，宦官虽然参与了不少政治活动，但还没有达到专权的程度。到明正统年间，宦官王振趁英宗年幼，窃取了军政大权，并除去了禁止宦官预政的禁碑，从此，宦官的势力便日益发展起来，形成了宦官专权的局面。正统年间是王振专权，至成化年间，又出现了汪直专权的局面。

　　宦官组成的机构为内府衙门，明代

明宪宗朱见深像

主要有二十四个内府衙门，其中权力最大的是司礼监。司礼监主要掌管内外章奏文书的管理，特别是拥有阁票"批朱"权。阁票是内阁对章奏草拟的处理意见，皇帝审定后，让太监用红笔写出，这就是"批朱"。明代后期的票拟、朱批的具体过程大致如下：章奏由外廷有关部门送到宦官十二房之一的文书房登录，交到司礼监，司礼监太监过目，交给皇帝，皇帝阅后送回司礼监，由文书房送内阁票拟。司礼监若认为票拟可行，则奏明皇帝后批红，发到外廷执行；司礼监若不同意内阁的处理意见，可发回重票，或不经过内阁，直接批上意见交由朝中官员执行。在这一过程中，司礼监的掌印或秉笔太监有可能假传圣旨。内阁大臣的奏章需经皇帝朱批确认才能执行，秉笔太监成为皇帝的代表，宦官的权限超越了内阁学士。这实际上就使得内阁的票拟，不得不最终决之于太监的批红，相权实际上变相地转归到太监手上。

明朝在制度上所规定的司礼监的这种地位和权力，必然使其成为凌驾于内阁之上的机构，使得宦官得以干预国家大政，进退大臣，从而在法律制度上为宦官专权提供了条件。明正统以后，宦官操纵政府官员的任免已习以为常，而且还时常以监军的名义到出征的军队中去，担任本来只有武将才有资格胜任的镇守、守备等职。此外，宦官还被派遣充任矿监、税吏，主管采办、织造等，协助皇帝在经济领域搜刮民脂民膏。"十五世纪后半期，宦官官僚集团变化的特征恰恰是他们从实际权力的增强，转化为对他们作用的正式承认及其作用的制度化"。[⑦]一些阁臣因而依附手握重权的太监，如正德年间焦芳依附刘瑾，万历初期张居正与冯保结成联盟，否则，政令难以贯彻。此时的上等太监，已是强大政治势力的代表。

《明宪宗元宵行乐图》(局部)

据说朱见深小时候严重口吃,而且反应有些迟钝。朱祁镇在位时就对其治国能力有所怀疑,曾一度想废掉他的皇太子位,但因朱见深是合法的皇位继承者,出于维护大局稳定的考虑,加之大臣们的劝谏,朱见深总算保住了太子的地位,并于十六岁继皇位。在明朝众多的昏庸天子中,成化帝朱见深虽然还不算最荒淫的,但也不属励精图治的帝王。他不勤朝政,在位二十三年,大多数时间游逸于后宫。这

《明宪宗元宵行乐图》(局部)

给了宦官操纵皇帝、把持朝政以可乘之机。成化年间,宦官不仅继承了以前的各种权力,而且其权势还进一步有所发展,其主要表现是增设了西厂,以及汪直利用西厂为非作歹。

汪直是广西大藤峡瑶族人,入宫后,因其年少伶俐而得到朱见深的宠爱。成化十二年(1476),发生了妖道李子龙勾结宦官私自入宫,后被锦衣卫官校发现的事件。这引起了朱见深的极大不安,从此对内外官员也愈加不信任,便时常命汪直易服化装,带人出宫做密探。第二年,正式成立一个新的特务机构,由汪直统领。由于原来已有一个以"东厂"为名的由宦官掌管的特务机构,故而这个新成立的机构便起名"西厂",以与东厂相区别。西厂的权力大大超过东厂和锦衣卫,他们可以不经奏请就直接逮捕朝臣,西厂特务时常倚权弄势,有恃无恐,屡兴大狱。

已故阁臣杨荣的曾孙杨晔与其父杨泰被仇家所诬,逃至京师,后被汪直抓到西厂，施以"琵琶"酷刑。每次上刑"百骨尽脱，汗下如雨，死而复生"。由于忍受不了酷刑的折磨，杨晔胡乱招认，由此牵累了众多的在朝官员。最后，杨晔死于狱中，杨泰被诛，许多无辜朝官被贬被逐。后来，西厂又数起冤狱，弄得朝廷上下政治空气极为紧张，人们怨声载道。

大学士商辂等上奏，数说汪直的罪恶，但朱见深根本听不进去，并令太监怀恩传旨斥责商辂。但商辂毫不畏惧，据理力争道："朝臣不分大小，只要有罪皆可请旨查问。但汪直竟敢擅逮三品以上京官。大同、宣府两地，犹如国家北门锁钥，守备一日都不可缺。但汪直则在一日之内擒拿数人。南京是祖宗根本重地，汪直也敢对留守官动辄逮捕。汪直不黜，国家实难得安宁！"商辂一席话令怀恩无言以对，他把情况向朱见深如实地汇报了，朱见深只好宣布废西厂。但一个月后，西厂又恢复了，汪直的权势更大，曾弹劾过他的大臣朝官纷纷被贬或被害，冤死者不计其数，王越和陈钺成为他有名的帮凶。一时间，士大夫也纷纷巴结汪直，他出门时，公卿贵族竟避在路边伏地叩头。时人形容"都宪叩头如捣蒜，侍郎扯腿似绕葱"，可见汪直的嚣张气焰。成化十八年（1482），汪直被东厂太监扳倒，西厂最终被罢。汪直利用西厂专权乱政的历史，遂告一段落。⑧

利用厂卫实行特务政治，是明代政治制度的一个重要特点。厂由宦官主持，卫任武将掌管，其系统虽然不同，但关系却非常密切，东厂的诸多番役都是从锦衣卫选拔出来的。厂卫都由皇帝直接指挥，他们之间的势力消长，往往取决于皇帝的宠信。如果皇帝倾向于厂，则厂权就重于卫，反之，卫就凌驾于厂之上。明中叶以后，宦官专权，司礼太监又提督东厂，并派心腹担任锦衣卫使，所以常常是厂权高于卫权，锦衣卫依随于厂。

弘治中兴

成化二十三年（1487）八月，朱见深驾崩。十八岁的皇太子朱祐樘即位，第二年改元弘治。

朱祐樘童年颇为不幸。他的生母纪氏是来自广西的一位宫女。成化朝时，后宫被得宠的万贵妃长期把持，成化帝长期无子。万贵妃自己没有子嗣，为了保住其地位，就严密监视内宫，一旦发现有嫔妃怀孕，便威逼她们堕胎，若有不从，往往母子俱亡。当纪氏怀孕时，万贵妃也曾派宫女去打胎，但宫女十分同情纪氏，就设法帮忙蒙混过关。后来纪氏谪居，在十分困难和隐秘的情况下，生下了一个男孩，在太监张敏的帮助下，由被成化帝废黜的吴后悄悄收养。直到六年后，在一个非常偶然的机会，张敏向成化帝禀告了这件事，成化帝这才知道自己还有一个儿子。由于长期幽居深宫，营养不良和缺少阳光，小皇子长发垂地，脸色苍白。成化帝简直不敢相信，自己的孩子竟是在这样的环境下长大的。皇子交由成化帝母亲周太后照管，起名为朱祐樘，很快被立为太子，后来便继承了皇位。

明孝宗朱祐樘像

童年的不幸遭遇，也使得朱祐樘身上较少有纨绔子弟习气，他继位后，立志励精图治。弘治元年（1488），他采纳大臣的建议，开设大小经筵。这一制度是在正统初年制定的，大经筵，每月逢初二、十二、廿二日举行，主要是一种礼仪；小经筵又称日讲，君臣之间不拘礼节，从容问答，是重要的辅政方式。大小经筵制度，在成化朝时一度废置。弘治帝开始坚持日讲，同时，又在早朝之外，另设午朝，每天两次视朝，接受百官面陈国事。弘治帝勤政图治的做法，与他父亲朱见深的怠于朝政形成鲜明的对照。

朱见深当政时，重用宦官和奸佞，故而朝政混乱。弘治帝即位后面临的首要任务便是整顿朝纲，斥逐奸佞。改革首先从内阁开始，罢免了以外戚万安为首的"纸糊三阁老"。大学士万安，平庸无能，却通过与万贵妃勾结胡作非为。朱祐樘当太子时就对此已有所耳闻，继位后，他又在宫中发现一篚奏疏，内容竟全是讲房中术的，末尾的署名还都是"臣安进"。弘治帝派人拿着这些奏疏到内阁找到万安，当着众阁臣的面责问他："这难道是大臣该做的吗？"万安当众出丑，无地自容，弘治帝下令免了他的官职。弘治帝在不到一年的时间里，首先将当年借万贵妃之势而"擅宠于内"的太监梁芳、奸臣李孜省谪罚下狱，赶走了一千多名方士道人及西域方僧，罢免了前朝乱封的官员二千多人。这些行动好像一场暴风骤雨，荡涤了前朝的种种弊端，为创立新的政治局面，扫清了道路。

与整顿朝纲、斥逐奸佞相并而行的是任用贤能。这一方针在弘治年间一直奉行着，故而弘治时期形成了"朝多君子"的盛况。像马文升、刘大夏、王恕、谢迁、李东阳等人，都是当时的著名朝臣。陕西人王恕，是正统间进士，一向以"好直言"而著称。成化时期，因其一身正气，时常直言犯谏，得罪了不少朝臣，最后被强迫"致仕"，退休回家。弘治帝即位后两个月，就把致仕家居的王恕任命为吏部尚书，一直担任到弘治六年（1493）。王恕非常感激皇上对他的信任，在位期间，不惧权贵，尽心竭力，为朝廷推荐选拔了许多贤才，弘治一朝多名臣，和王恕的推荐有很大的关系。

马文升像。后人有"五朝元老马文升"之谓。又与王恕、刘大夏合称"弘治三君子"。

广开言路也是弘治年间政治上的一大特色。朱祐樘极力提倡敢言直谏，并且自身也能够做到虚心纳谏。他继位后几个月，想在万岁山建棕棚，以备登临眺望。太学生虎臣得知消息，当即上疏切谏，得到采纳。同时，虎臣还被授七品官，派去做云南知县。此后，弘治朝直言风气大开，朝廷上下，文武百官纷纷上言，或痛陈时弊，或广进方略。马文升上时政十五事，包括选贤能、禁贪污、正刑狱、广储积、恤士人、节费用、抚四裔、整武备等诸多方面，朱祐樘无不大为赞赏，一一付诸实施，这对弘治朝兴利除弊起到了积极的作用。

弘治帝当政之时，大明王朝已经有一百多年了。这时虽然社会矛盾有所激化，但尚未有亡国之忧。在这种情况下，统治者一般比较容易走上贪图安逸、不思进取之路。但弘治帝却是励精图治，以图振兴，这是非常不容易的。这位皇帝又非常宽和善良，即使对当初迫害其生母的万贵妃家人，也表现了极大的宽容。对万贵妃本人，也没有听从臣下的建议对她削谥议罪。这一切都出于一个孝字,孝敬父皇,维持传统,以宽仁忠孝为主,因此他死后庙号被定为孝宗。⑨

弘治皇帝在位的十八年中,能够做到勤于政事,注意节俭,打击勋戚中官等势要之家的为非作歹,并兴修水利,发展生产。这些措施有利于社会生产的发展和社会的安定,在当时起到了缓和社会矛盾的作用。《剑桥中国明代史》中这样评价他:在明代,也许在历史上,再也没有其他皇帝像他那样一心一意地接受关于君主身负重任的传统主张。再也没有其他皇帝如此努力去履行那些要求做到的义务。他在上朝听政、执行各种规定的礼仪活动、重新制定和认真举行经筵,特别是任命那些值得尊敬和体现儒家行为的模范人物为朝廷官员并倾听他们的意见等方面,都是一丝不苟的。他深切地关心民众的福利……明代后半期的开始并不顺利,但根据所有的传统史书来判断,回想起来,弘治之治是一个值得怀念的时代。

总体而言,这一时期吏治清明,任贤使能,抑制宦官,勤于务政,倡导节约,与民休息,是明代历史上少有的经济发展的和平时期,也是政治上的一个相对稳定时期。史书上称这一时期为"弘治中兴"。

正德朝刘瑾乱政

弘治十八年(1505)五月,朱祐樘病逝。十五岁的太子朱厚照继皇帝位,以第二年为正德元年(1506),后人称其为正德皇帝。

弘治帝深知太子朱厚照"年幼、好逸乐"的秉性,故而他在弥留之际,嘱托大学士刘健、谢迁和李东阳,一定要好好教太子读书,辅佐他成为有德之帝。弘治帝的担忧是有道理的,他的临终托幼也是有先见之明的，只可惜他的愿望没有实现。他没有想到，他的继任者正德皇帝，竟是明代历史上著名的荒唐、风流君王，被称为"浮夸和玩世不恭地蔑视他父亲的一切真挚的儒家理想主义"。⑩

朱厚照当太子时，只不过是骑马、射箭、游玩而已，当了皇帝之后，上无严父管教，朝中大臣又奈何他不得，尝到了肆无忌惮的甜头，就更加放纵自己。一个十五岁的皇帝，根本无力、也无心应付那头绪纷繁的朝政和堆积如山的奏疏。尤其是每天的早朝，对一向懒散贪玩的正德皇帝来说，更是苦不堪言。他常常托故不上朝，很快便终日沉溺于声色犬马之中。

大学士刘健、谢迁和李东阳是弘治时著名贤臣，后人喻之为仁宣时的"三杨"辅政。弘治帝临终托幼使他们深感责任重大。因此，正德初年，他们也极力辅佐皇帝，以求将弘治年间的诸项改革继续下去。但是，朱厚照所信任的却是他当太子时期就已经日夜随侍于身边的太监刘瑾，以及马永成、谷大用、魏彬、张永、丘聚、高凤、罗祥等八人，时人谓之"八党"，也称"八虎"。这"八虎"费尽心思，千方百计引导朱厚照寻欢作乐。他们弄来各种鹰犬、歌伎，变着花样让朱厚照玩得尽兴，从而讨得他的欢心。而刘瑾则专在朱厚照玩兴正浓之时，呈上各类奏折请他审阅裁决。有一次，朱厚照终于不耐烦了，对刘瑾说："我要你有何用，还要拿这些事情来烦我！"从此以后，刘瑾就理所当然地不再奏请，大小政事，常常不经奏报就任意裁断，并传旨执行。

明武宗朱厚照像

刘瑾得以横行专权，靠的是满足朱厚照荒淫逸乐的欲望，因此，在刘瑾专权的时期，朱厚照也就能够痛快淋漓地享乐和挥霍，成为有明一代最荒唐、贪玩的皇帝。他命人在西华门另造宫殿，两厢设有密室，相互勾连，房屋鳞次栉比，飞檐翘壁，状如豹子身上的花纹，取命"豹房"。朱厚照把豹房称为新宅，每天召教坊的乐工来此歌舞唱戏，有时一日之内达百余人。教坊乐工不够，就把河南等地精晓乐工的艺人遣送入京，供他娱乐之用。朱厚照好酒，刘瑾便在宫中到处备好各种各样的酒，使他时常喝得酩酊大醉。

面对刘瑾的独断专权，刘健、谢迁及户部尚书韩文等人多次上疏弹劾，请求皇上除去"八虎"之害。但刘瑾等人依仗朱厚照的宠信，党同伐异，排斥异己，打击朝臣。正德二年（1507）三月，刘健、谢迁等五十三人被刘瑾列为奸党，或被捕入狱，或被贬罢官。至此，朝内正直之士几被清除，剩下的大臣自顾不暇，噤若寒蝉，再也不敢多言了。

与此同时，刘瑾的权势也一天天扩大，公侯勋戚以至各级官员，见到刘瑾竟"相率跪拜"。大小官员奉命外出及还京，朝见皇帝后，还要拜见刘瑾。当时朱厚照上朝时，群臣拜完君王后，还要再向北一揖，以至民间歌谣唱道："京城里有二皇帝，一为坐皇帝，一为立皇帝。"坐皇帝是指朱厚照，而立皇帝则是指刘瑾，由此可见其权势炙手可热的程度。官员的奏章先要用红帖呈送刘瑾，称"红本"，然后再送通政司，称"白本"，上面皆尊称刘太监而不能写名字。有一次，都察院的公文误写了刘瑾名字，刘瑾大怒，命都御史带部下长跪谢罪，方才罢休。

正德三年（1508）六月的一天，朱厚照早朝时发现了一封匿名信，让人捡起来一看，是告刘瑾不法行为的诉状。这下惹怒了刘瑾，当即下令召百官跪在奉天门下，自己立在门边对百官进行盘问。到了晚上，还是没有结果，便将五品以下官员三百余人全部打入监狱。后来得知该诉状是一宦官所写，被扣押的官员才被放出。

为了加强特务统治，正德三年夏，在东、西二厂之外，刘瑾又立内行厂，自己亲自掌管。内行厂的权力更在东、西厂之上，用刑也更为残酷，文武百官的生杀予夺全凭刘瑾的个人好恶，稍不如意，就被严刑拷打。户部尚书韩文，曾上疏奏斥刘瑾等人，刘瑾对他恨之入骨。韩文被革职后，就被刘瑾抓入内行厂，施以酷刑。内行厂的治罪株连更为广泛，"一家犯罪，邻里皆坐"，若河边人家无邻居，河对岸的人家就要被牵连。当时厂卫特务四处活动，横行霸道，人们视宦官如虎狼，全国上下，一片恐怖。内行厂的设立，标志着宦官的权势比以前又发展了一步。[11]

正德三年（1508）十月，刘瑾规定罢各边关士兵年例银两。年例银两是边关士兵必不可少的生活费，它的停发，使得各边关士兵生活没了着落，边军怨声载道。为了解决兵饷问题，正德四年八月，刘瑾派御史到各边清理屯田。这些奉命外出的御史趁机中饱私囊，逼令各边虚报屯田数目，并令他们交租，搞得民不聊生。戍边将士皆怒不可遏，从而引发了宁夏安化王朱寘鐇的叛乱。

朱寘鐇的曾祖父是庆靖王朱㮵。朱㮵是朱元璋的第十六子，洪武二十六年（1393）就藩宁夏。弘治五年（1492），朱寘鐇继承王爵。但他素有谋逆之心，其手底下的心腹，背后称他为"老天子"。刘瑾的专权霸道，紊乱朝纲，使他看到了明政府的腐败与虚弱，早就想伺机而动。如今刘瑾所派御史的贪婪与骄横，激怒了宁夏边军将士，正好给他拉拢边军一个绝好的机会。正德五年（1510）四月，安化王以讨伐刘瑾为借口，发表檄文，率众起兵。讨伐刘瑾的檄文还被送给许多地区的指挥官，安化王希望从他们那里得到支援。

当时驻守宁夏的军队，分别隶属于不同的指挥系统，有本土屯田兵，有派来边防的京军，有随护镇守太监的厂卫武装。在这些军队中，只有本土屯田兵附和安化王起兵，其他部队多持观望乃至坚决反对的态度。因此，当安化王匆促祭旗杀官、纵囚劫库、发布造反檄文的同时，相当一部分拥有实力的军官，不但不响应附从，反而立即调动军马封锁宁夏城，部署进剿平乱。最后，这次起兵被宁夏游击将军仇钺设反间计牵制，前后不过十九天就平叛了，安化王父子被捉。

当安化王叛乱的消息传到京城后，朱厚照派太监张永为监军，由杨一清率领大军，前往征讨。张、杨等人在半途中，得知了安化王父子被捉、叛乱被平息的消息，便遣回大军，而他们自己仍然前往宁夏，处理善后事宜。张永本来也是刘瑾"八虎"之一，但随着刘瑾权势的增长，其他七人逐渐失宠，相互之间便多有嫌隙。后来，刘瑾曾一度想把张永斥黜到南京，张永对刘瑾的怨恨与日俱增。杨一清知道张永与刘瑾的矛盾，他便利用这次共事的机会，接近张永，欲假手张永除掉刘瑾，为朝廷除害。

杨一清在张永面前力陈刘瑾专权误国之祸，并且授计张永见机行事。张永回京后，朱厚照设宴慰劳张永。夜半时分，张永便依杨一清所言行事，奏报刘瑾不法行为十七条。这时朱厚照已是半醉，听后叹道："没想到刘瑾竟然负我。"便令人连夜逮捕了刘瑾，降刘瑾为奉御，谪居南京。后来，朱厚照带人亲自籍没刘瑾的家，结果在他家中，搜出了伪造的玉玺，穿宫牌五百以及衣甲、弓弩、衮衣、玉带等违禁物。又发现刘瑾平时经常带在身边的一把折扇里面，竟然藏了两把匕首。朱厚照大怒，下令将刘瑾凌迟处死。其族人、同党也都伏法。行刑时，被害者的家人争着买下他的肉片，以祭祀被害的亲人，有的甚至生啖刘瑾肉，以此泄愤。那个曾不可一世的"立皇帝"，竟落得个如此下场。

刘瑾的专权，朝政的腐败，引发了安化王的叛乱。平叛大将杨一清假张永之手，除掉了刘瑾。但朱厚照的腐朽荒淫却丝毫没有收敛，仍然继续寻欢作乐，大肆挥霍，继续宠信钱宁、江彬等佞臣。江彬因武艺高强而博得喜好武功的朱厚照的欣赏，他时常鼓动朱厚照微服巡行。正德十二年 (1517) 八月，朱厚照微服来到昌平，到居庸关时，传令打开关门，遭到巡关御史张钦的拒绝。张钦还严令手下士兵"敢言开关者斩。"朱厚照也拿他没办法，只好返驾。但几天后，他乘张钦出巡其他关口，竟骑马乘机"疾驰出关"，并令宦官谷大用代替张钦守关。这种近乎荒唐的巡游行为，在正德晚期多有发生。正德十五年 (1520) 九月，朱厚照在南巡北归的途中，经过清江浦，玩兴大发，令左右让他乘小船去打鱼，结果船翻了，朱厚照掉进水里。虽被手下从水中救出，却从此一病不起。正德十六年 (1521) 三月十四日，朱厚照死于豹房，年仅三十一岁。

注释：

① 王春瑜、杜婉言：《明朝宦官》，陕西人民出版社2007年版。

② 卫建林：《明代宦官政治》，花山文艺出版社1998年版。

③ 陈梧桐：《永乐至宣德的政策失误与"土木之变"》，载《履痕集》，大象出版社2007年版。

④ 曹永年：《土木之变与也先称汗》，《内蒙古师范大学学报（哲社版）》1991年第1期。

⑤ 童来喜：《于谦指挥京师保卫战胜因初探》，《史学月刊》1989年第1期。

⑥ 吴文涛：《土木之变与北京保卫战》，北京出版社2000年版。

⑦ [美] 牟复礼、[英] 崔瑞德著，思炜等译：《剑桥中国明代史》，中国社会科学出版社1992年版。

⑧ 许嘉璐主编：《中华史画卷·明代卷》，海南国际出版社2000年版；王春瑜、杜婉言：《明朝宦官》，陕西人民出版社2007年版。

⑨ 朱子彦：《论明孝宗与"弘治中兴"》，《求是学刊》1989年第6期。

⑩ [美] 牟复礼、[英] 崔瑞德著，思炜等译：《剑桥中国明代史》，中国社会科学出版社1992年版。

⑪ 余华青：《中国宦官制度史》，上海人民出版社1993年版。

多事之秋 **06**

民变蜂起

明统治者的骄淫奢侈，挥霍无度，不仅带来了朝政的腐败，也造成财政的匮乏。而统治者为了满足其永无止境的逸乐欲望，便只有不断地加紧剥削，搜刮民脂民膏，最后，必然导致阶级矛盾的激化。明代自正统年间开始，随着土地兼并的日益加剧，越来越多的农民失去土地，社会矛盾日趋激烈。从逃亡到抗赋抗役，从"盗矿"到武装反抗"矿禁"、"封山"，从抗租到武装踞田夺地，斗争形式越来越多，规模也越来越大。

明正统七年（1442），爆发了叶宗留领导的浙江山区的矿工起义；正统十三年（1448），福建邓茂七领导的佃农起义；景泰七年（1456），广西桂平县爆发了大藤峡地区的瑶壮族人民起义；成化元年（1465）和成化六年（1470），荆襄流民在刘通、石龙和李原、小王洪的领导下，也举起了义旗。这些起义虽然都被镇压下去了，但已暴露了明中叶社会矛盾的不可调和之势。

正德年间，社会矛盾进一步激化，各地相继爆发了农民起义。正

陈洪绶《戏婴图》(局部，北京故宫博物院藏)。此图描写四童仿效成人拜佛，有的磕头，有的鞠躬，反映了当时社会风俗的一个侧面。

德三年 (1508)，四川保宁人刘烈领导当地群众起义，进攻陕西汉中等地。虽然起义第二年便被镇压，但却由此引发了四川各地人民的武装暴动。正德四年 (1509) 保宁人蓝廷瑞、鄢本恕、廖惠起兵称王，蓝称"顺天王"，鄢称"刮地王"，廖称"扫地王"，一时间，归者众至十万，势力扩展到陕西、湖广等地。正德六年 (1511)，起义军在东乡被围，蓝廷瑞、鄢本恕等首领二十八人中计被俘，起义军瓦解。其余部在廖惠的领导下继续抗争，直到正德九年 (1514)，才被最后镇压下去。与此同时，正德六年到十三年 (1511—1518)，江西地区也发生了多起农民起义。

正德年间最大的农民起义，是爆发于河北的刘六、刘七起义。河北地区是明朝的统治中心，河北霸州是皇庄和官庄集中的地方，土地兼并激烈。同时，明政府又在河北实行马政制度，把军马配给农民放牧，规定每年纳驹数量。种马死亡或者繁殖不够额，都要赔偿。随着土地兼并的日益发展，农民的土地不断被掠夺，草料不足，马匹瘦弱，甚至不断倒毙。明政府就强迫马户出银补买良马，很多人因此而倾家荡产。同时，霸州又是交通孔道，军旅往来频繁，农民的夫役负担又特别重。许多人生活难以为继，便索性带着马匹聚集起来，杀富济贫，官府称之为"响马盗"。正德五年（1510）十月，交河人杨虎，文安人刘六、刘七兄弟在霸州举起义旗，马户成为义军的骨干。他们组成以骑兵为主的队伍，势如疾风，迅速攻占了北直隶、山东的二十多个州县。他们采取流动作战的战术，所到之处，杀官吏，放狱囚，势如破竹。义军还竖起了"虎贲三千，直抵幽燕之地；龙飞九五，重开混沌之天"的大旗，表示要推翻腐朽的明王朝。刘六、刘七曾率众三次进逼北京，一度威胁明王朝的统治中心。

起初，明政府派张伟和马中锡统京营兵镇压，但京营兵怯懦畏战，根本不是义军的对手。后来，明政府调动了包括宣府、大同、辽东等地边军在内的大量兵力来镇压起义军。正德六年十一月，杨虎阵亡。正德七年，刘六、刘七在山东失败，又孤军下湖广，黄州（今湖北黄冈）之战中，刘六阵亡。刘七率余部继续转战湖口、安庆、芜湖、镇江等地，他们三过南京，"往来如入无人之境"。到七月，刘七、齐彦名先后遇难，历时两年，转战数省的起义最后失败。

宁王之乱

正德十四年六月，发生了江西宁王朱宸濠的叛乱。朱宸濠的祖上是朱元璋的第十七子宁王朱权。宁王朱权在明初的诸藩王中曾拥兵重权，后来协助燕王朱棣取得"靖难之役"的胜利。但朱棣登基后，并没有兑现其事先对朱权许下的"中分天下"的诺言，反而收编了他的人马，又将朱权安排到当时比较荒僻的南昌。正统十三年（1448），朱权死。弘治十年（1497），其五世孙朱宸濠嗣位。

朱厚照在宫内的荒唐奢侈，朱宸濠时有所闻。而他祖上朱权被黜南昌的经历，燕王朱棣"靖难"成功的事实，又给了他现成的经验教训。宦官的当政专权，使他认为有机可乘。因此，早在正德初年，朱宸濠就积极培植自己的势力，图谋夺取皇权。他不断向宫内宦官行贿，用重金收买朱厚照身边的宠臣钱宁、臧贤等人，积蓄势力，伺机而动。朱厚照好玩，每年的正月十五，仅赏灯一项，就要耗费数万两银子。朱宸濠投其所好，于正德九年（1514）献上新鲜时样宫灯数百盏，"穷极奇巧"，并令人亲自入宫悬挂，喜得朱厚照合不拢嘴。

当时朱厚照一直没有子嗣，朱宸濠一心指望自己的儿子能入继皇位，所以也就隐忍不发。宫内江彬、张忠与钱宁、臧贤相互倾轧，由于江彬、张忠一心想排挤掉钱宁、臧贤，他看到宁王与钱宁来往密切，

沈度《楷书四箴》（北京故宫博物院藏）。此作书宋代程颐《四箴》文，即听箴、视箴、动箴、言箴，阐发儒家正统礼教。沈度所创楷书风格，遂发展成为明代"台阁体"。

也耳闻宁王的诸种"反状"，便向朱厚照告发。朱厚照渐渐不再宠信宁王。正德十四年（1519）五月，御史萧淮上疏揭发朱宸濠的不轨行为，并指出，如果现在不及早制止，将来后患无穷。朱厚照随即派人携带圣旨前往南昌，收宁王护卫，并命令他归还所夺民田。朱宸濠知道用儿子"入嗣"的办法取得皇位是行不通了，便于六月十四日，发动叛乱。

六月十三日，他以祝寿为名，大排宴席，招待地方官。随即派数百侍卫将众官员包围，声称"奉太后密旨，令起兵入朝"。他杀掉那些不顺从的官员，聚集兵力，号称十万，攻克九江后，于七月初一沿江而下，攻打安庆。由于朱宸濠将大部分精锐部队调出，而南昌城内空虚，当时的巡抚南赣都御史王守仁得知这一情况，便率军攻克了南昌，擒拿了宁王守将。王守仁的"诡异"计划是，首先攻占南昌，然后在长江与宁王的主力交战。他推断宁王将赶回去保卫他的总部，但到那时他的部队将是虚弱而疲惫的，在激战中他将处于不利地位。果然，宁王得知老巢被端，大惊失色，马上回兵解救。途中与明军激战数日，王守仁派人将小船烧着，让其漂流入宁王船队。宁王在他自己的船着火时，被迫逃走，随即被俘。他的军队完全被击溃，将士焚溺而死者三万余人，诸妃嫔也皆赴水而死。叛乱只持续了四十三天。

起兵之初，宁王的妃子娄氏曾哭诉劝诫，朱宸濠不听。如今兵败

王守仁像

被擒,于囚车中感慨:"往昔殷纣王因听妇人言而亡天下,我则因不听妇人之言而失国,如今真是后悔莫及。"

正德年间相继爆发的各地农民起义,是明朝社会矛盾激化的结果。安化王、宁王的相继起兵叛乱,反映了明朝统治者内部的权力争斗,是明朝政治腐败的一个缩影,它预示着明朝的统治基础已出现了严重的危机。

嘉靖革新

朱厚照做了十六年皇帝,也荒唐胡闹了十六年。不过临死时头脑还算清醒,还知道将国之大事托付给朝臣,而不是江彬等佞臣。

当时的局势非常紧张。朱厚照没有子嗣,由谁来继承皇位是一个非常敏感的问题。朱厚照在世时,江彬与钱宁相互倾轧,为了与钱宁党羽相抗衡,他竟征得朱厚照的同意,让他所掌握的辽东、宣府、大同、延绥外四镇军队进驻京师,号称"外四家",时时虎视着皇位及新君。在这紧要关头,内阁首辅杨廷和根据"皇明祖训"寻找皇位继承人。当时,朱厚照唯一的弟弟朱厚炜幼年夭折,于是上推至朱厚照父亲朱祐樘一辈,朱祐樘两名兄长皆早逝无子嗣,四弟兴王朱祐杬虽已死,但有子为朱厚熜。杨廷和按"皇明祖训",对

嘉靖皇帝朱厚熜像

前来商议的大臣说:"兄终弟及,谁能易之。今兴献王长子,宪宗之孙,孝宗之从子,先帝之从弟,按次序当立。"其他阁臣表示赞同,皇太后也完全同意。这个"按次序当立"的新皇帝便是后来的明世宗朱厚熜,他于正德十六年(1521)四月即皇位,以第二年为嘉靖元年(1522),在位长达四十五年,世人称之为嘉靖皇帝。

由于朱厚熜并不是以皇太子身份、而是以外藩亲王身份入继帝位的,而且不属于孝宗-武宗这个宗支,这样便在继位礼仪上产生了一系列严重问题:是只继帝统,还是既继帝统、又继宗统?是仍为亲生父母之后,还是过继给伯父朱祐樘、伯母慈寿皇太后为后?如何追尊亲生父母的封号?这一切均为朱厚熜继位后,与朝臣的"大礼议"之争埋下了隐患。①

在确立了新皇帝后,杨廷和还利用皇太后懿旨和嘉靖帝登极诏书等办法,进行了一系列的改革:他布置手下分选营兵分守京城要害,对进入京师的各边兵,发给重赏使之归镇,以防不测。清理皇庄,除皇店,罢豹房,遣散豹房诸僧及教坊乐人四方进献的女子;裁汰冗官,赶走了大半正德时侥幸得官的人;革锦衣诸卫、内监局旗校工役十四万多,仅此便省漕粮一百五十多万石;查抄了逆臣江彬和钱宁,惩办了谷大用、丘聚等一伙为非作歹的宦官。当时,江彬拒捕逃跑,从西安门逃到北安门,最后被守门人捉住,人们恨

杨廷和像

他作恶多端，把他的胡须都拔光了。这样，自正德帝逝世到嘉靖帝即位，在没有皇帝的三十七天里，杨廷和以其丰富的政治经验，总揽朝政，稳定了局势，为新帝的继位奠定了基础。

朱厚熜生于湖广安陆县。正德十四年（1519）其父朱祐杬死，十三岁的朱厚熜以世子理封国事。正德十六年（1521）尚未出服，便被特命袭封。朱厚熜起自藩王之家，据史料记载，他本人聪颖敏达，自幼又在兴王府受传统文化和帝王之道的熏陶，颇有城府，气度不凡。他对正德年间的朝廷弊政早有所闻，自己有锐意求治的信念。此外，与自幼成长于皇宫的继位者不同，他与先帝的血缘关系较远，与朝臣也没有太多的关系纠葛，不存在与各种势力盘根错节的关系问题，故而他在继位后实行改革的顾忌要少得多。

继位之初，嘉靖帝听从阁臣的意见，在杨廷和改革的基础上，继续推行了一系列的改革措施，主要有：逮捕惩治了一批正德年间为恶尤甚的宦官，时人无不拍手称快；放出宫苑内的各类珍禽猛兽，并下令天下不得进献；裁汰冗官；减轻地方负担，罢广西贡香，并下令各镇巡守备官员，取消一切额外之征；清理庄田，规定凡正德年间额外侵占者，都要全部归还原主，如有隐瞒违犯者，从重惩处；开放言路，命群臣陈述民间疾苦，召回了被陷害归乡的大学士费宏。其中最值得引起注意的一项措施是取消宦官镇守之职，而且整个嘉靖朝"终四十余年不复设"。这一点对嘉靖时期的朝政影响很大。明王朝自正统时宦官王振专权始，相继有成化朝汪直、正德朝刘瑾的专权乱政，但在嘉靖时代，宦官们有所收敛，应该说与嘉靖个人的强势及继位之初的这些措施是有关系的。

值得注意的是，嘉靖朝虽然没有发生太监个人专权之事，但在整个嘉靖统治时期，太监们的权力却在不断增加，渐渐地甚至使大学士们相形失色。嘉靖二十八年前后，掌司礼监的太监被委负责皇帝的安全和监视机构东厂。在此之前，负责东厂的太监和掌司礼监的太监是平等的，两者都能直接向皇帝提出秘密的报告，当其中一人报告或被询问时，另一人都得退出。在这种安排下，这两个太监官僚机构中的最有权势的官员保持互相监视。而此后，掌司礼监的太监在太监官僚机构中掌握了绝对权力。这种变化也可以在大学士们日益尊重司礼监的太监这个方面看出。嘉靖前期张璁掌权时，他为司礼监的太监们所尊重。夏言掌权时，这些太监把他当作地位相等的人对待。而到严嵩时代，虽然严嵩个人号称权相，但对司礼监的太监实际上更多地顺从他们。

总体而言，朱厚熜继位之初的这些措施，犹如一股清风，吹进了被浊雾笼罩的明朝政坛，后人称之为"嘉靖革新"。[②]但很可惜，这种情形持续的时间实在太短了，嘉靖二、三年，朱厚熜就逐渐听不进臣下的意见了，纳谏之风也随之减弱。嘉靖四年时，四川副使余珊就上疏谈到朝政弊端有十：纪纲渐颓，风俗渐坏，国势渐轻，夷狄渐强，人才渐凋，言路渐塞，等等。较之嘉靖后期的奢侈腐化，不事朝政，朱厚熜初期的锐意求治，更像是昙花一现。

大礼议之争

朱厚熜继位后与大臣们的第一个冲突，便是大礼议之争。为他个人及其生身父母的尊崇问题，君臣争吵了达十七年之久，对于当时明朝的政局也产生了很大的影响。

朱厚熜的父亲朱祐杬是朱见深的第四子，祖母是邵贵妃。作为庶出王子的后代入继帝位，不合当时的封建正统观念，因此，杨廷和等众阁臣主张朱厚熜作为朱祐樘的过继儿子继承皇位，以朱祐樘为父，张太后为母，而以他自己的生身父母为皇叔父母。这种"移易"父母的办法，固然符合所谓的国体礼仪，但却是朱厚熜所不能接受的。他认为在诏书中并没有这样的安排，他也并不是以太子身份继位，因此他没有义务遵循传统的"移易"礼仪。此外，最关键的是，朱厚熜特别想要借大礼议的事情，表明他并不是一个任人摆布的幼主，更要通过大礼议来表明君主的绝对意志。因此，当大臣的方案呈给他的时候，他当即表示不满，要求另议。观政进士张璁上《大礼疏》，提出了符合朱厚熜心理的主张，建议尊朱厚熜的亲生父母为帝后，深得朱厚熜欢心。

当时围绕着大礼议，朝臣分成了两派。一派是以杨廷和为首的前朝六部众臣僚，他们可谓人多势众；另一派是官微职轻的张璁、桂萼等人，他们的背后则有嘉靖皇帝的支持。嘉靖始终不甘心在大礼议问题上退让，多次提出。而杨廷和等人也毫不示弱，先后封还御批四次，上疏三十次，引起了皇帝的不满。杨廷和意识到了这一点，自知再干下去前景不妙，便申请退休，于嘉靖三年正月，离任回乡。后来在嘉靖皇帝的盛怒下，朝臣退让了一步，同意给嘉靖的亲生父母加"皇"字，称"本生皇考恭穆献皇帝"、"本生母章圣皇太后"，这样与朱见深还是有所区别。但朱厚熜还不满意，要去掉"本生"两字，遭到大臣的拒绝。朱厚熜大发雷霆："尔辈无君，难道还要使朕无父吗？"随即召来百官至左顺门，正式下令：去掉"本生"两字，更定尊号为"圣母章圣皇太后"。③

这件事在朝臣中引起极大波动，成为大礼议之争中最激烈的一幕。群臣无法接受这一有违国体的诏令，他们群情激愤，决定集体跪伏请愿。成化朝时，为慈懿皇太后葬礼之事，文武百官曾跪哭文华门。慈懿皇太后即英宗的钱皇后，英宗临终时曾特别交代皇后死后要与自己合葬，但继位的成化帝朱见深生母为英宗的周贵妃，在钱皇后死后不许其与英宗合葬，被百官"哭谏"，最后，朱见深让步，听从了众臣的意见。故而这次为大礼议事，朝臣两百多人，跪伏左顺门哭喊，"声震阙廷"。嘉靖皇帝命司礼太监传旨劝退，自辰时至午后，先后传旨两次，众臣仍跪伏不起。嘉靖皇帝恼羞成怒，逮捕一百三十四人入狱，各部官员中，四品以上者夺去俸禄，五品以下者杖之。先后有一百八十余人惨遭廷杖，十七人被杖死。嘉靖皇帝终于如愿以偿地将其生父的神主自安陆迎到北京，奉于观德殿，尊号为"皇考恭穆献皇帝"，不复言"本生"。

左顺门事件是"大礼议"的转折点。经过这场打击，杨廷和一派或死或贬，剩下的也大多顺从形势，再也不敢坚持初衷了。嘉靖皇帝和张璁、桂萼等人的主张顺利地一一实现，而且，由于许多人的阿谀奉承，后来对嘉靖皇帝生身父亲的尊崇典礼，甚至超过了张璁等的初议。十几年后，嘉靖皇帝决定让其父朱祐杬入太庙，以达到其所谓生为帝统，死为庙统之意。此前，献王虽已追尊为兴献皇帝，但尚未称宗，也没有入太庙，距离合乎标准规格的皇帝在礼仪上尚不齐备。直至嘉靖十七年(1538)九月，在礼部尚书严嵩手中，终于把朱祐杬尊为睿宗，祔于太庙，配享上帝。至此，嘉靖皇帝对其父亲的尊崇典礼，也达到了极点。严嵩也因为在大礼议的最后阶段"秉虔尽职"，赢得朱厚熜的欢心，为其日后夺取内阁首辅之位奠定了基础。

就大礼议之争而言，表面上不过是一些礼仪细节的争执，但其背后，却有着非常复杂的原因。就政治动因而言，杨廷和坚持让嘉靖帝"考孝宗"的原因，虽然史无明言，但从当时的形势看，杨作为武宗临终的顾命大臣，尊崇孝宗、武宗系统的地位，对他一干人等大有好处，否则其作为顾命大臣的权威就要大受影响，其他弘治、正德时期阁臣的地位也要受削弱，所以这实际上蕴含了内阁首辅与皇帝争夺权力的因素。而对嘉靖帝来说，杨派的主张实际上宣判了兴献宗没有皇位继承权，从而压低了它在皇族中的政治地位；同时，剥夺了嘉靖帝尊崇父母的权力，否定了他的独立人格，削弱了他的皇帝权力。而且杨派的主张和做法还会引出另一方面的严重后果：即嘉靖帝是他们按照宗法制度迎立的，因此他们有"捧日之功"，是"定策之勋"，这样便极易出现"定策国老"挟持"门生天子"，相权分割皇权，外廷干涉朝政的局面，而这是嘉靖皇帝无论如何也不能接受的。[④]

　　因此，嘉靖帝竭力为其生父争得尊崇，除了人情、心理的因素外，也是为了要与当时位居内阁首辅、身为顾命大臣、权极一时的杨廷和相抗衡，以争早日体现其君主意志。那些依附嘉靖帝的意见，与杨廷和意见相左的人，多是一些中、下级官吏或失意官员，他们想通过这场争论，来改变自己的地位。因此，大礼议之争其实是反映了当时明廷君臣之间的争权夺利。它由此也开了明中后期朋党政治的先河。

　　此外，张璁、桂萼派所依据的主要是传统礼法中的"孝"，父子之间的"孝"是三纲五常的核心，"孝"是"忠"之本，"孝"而后才能"忠"。他们特别强调"帝王相传，统为重，嗣为轻"，而自古以来，帝王莫不以孝治天下。因此，嘉靖帝只继统，不继嗣，而且追尊父母，乃是理所当然、天经地义之事。正因为这些，张璁等人的主张能被当时的人们所接受。

由此，亦有学者指出，权力的对抗是在议礼双方论辩的过程中逐渐展开的，其争论的基本内容主要是传统礼制，而不是治国方略，争论内容在很多方面集中在礼仪用语和古代礼仪的含义及经典文献所记述的传统上。既是辩论，就需要有一定的根据，以理服人。虽然其论辩的过程中，不可避免地搀和党派斗争的色彩，但仔细辨析双方论辩的基础或思想背景，则会发现，其极为巧合的是，这一过程中新旧两派的对立，实际在学术背景上正是正统的朱学与新兴的王学之间的互相抵牾，它在一定程度上导致了对传统程朱理学的批判。地方官员在所有细节的争论上都紧跟朝廷，从而推动了引导这种批判的王学在很短的时间内快速兴起。⑤

嘉靖大倭寇

明王朝自土木之变后，又经成化、正德时期的宦官乱政，朝政紊乱，其内部相继发生藩王叛乱和农民起义，而外部也同样不得安宁。主要有东南沿海的倭寇之患和北方蒙古势力的骚扰，有几次一度严重威胁到明政府的统治。随着内忧外患的不断增多，明王朝进入了多事之秋。

倭寇，通常分活跃于十四世纪后半期的"前期倭寇"和活跃于十六世纪中叶的"后期倭寇"，两者的活动范围、目的、构成都是不同的。前者如同"倭寇"两字所显示的那样，是由日本人构成的，以朝鲜半岛为主要舞台。十四世纪初叶,日本进入南北朝分裂时期,封建诸侯割据,互相攻伐。在战争中失利的一些封建主,就组成武士、商人和浪人到沿海地区进行武装走私和抢劫的海盗活动,历史上称为"倭寇"。而"后期倭寇"则是以中国浙江、福建、广东诸省的沿岸地带为主要的活动舞台,进行走私贸易,其构成人员有日本人,但主要是武装的中国走私商人。⑥

明朝初年,倭寇就对中国沿海地区进行侵扰。明政府为了消除方国珍、陈友谅等海上残余势力,也为了防御倭寇,加强海防,设置卫所,同时,实行了严厉的海禁政策,严禁民间的海外贸易,对外贸易主要是以官方主导的朝贡贸易的形式进行。洪武、永乐时期,由于政府的有力防范,倭寇尚未酿成大患。正统年间和正德年间,明政府的主要精力都放在了对付北方瓦剌族入侵,无力顾及东南沿海的海防建设,沿海防御日益荒废。嘉靖时期,海防废坏更甚,浙江、福建沿海卫所,战船、哨船等"十存一二",士兵也减少一半以上,这些都为倭寇的骚扰留下了隐患。

嘉靖年间倭寇尤为猖獗的另一原因,也与明政府的海禁政策有关。明中叶,随着社会经济的发展和海外贸易的发展,对明初以来政府以官方朝贡贸易和民间海禁为支柱的海外贸易政策,产生了重大冲击,朝贡贸易已越来越不适应对外贸易交流的需要。以日本而言,当时日本各方诸侯都争着和中国开展通商贸易。而明政府仍然死守以往的朝贡定例,根本不考虑扩大对外经济交流。嘉靖二年(1523),发生了日本贡使争相入贡而导致冲突的事件。当时日本贡使宗设、瑞佐先后来到宁波,按照当时的规矩,以到港的先后顺序来验货、交易。瑞佐虽然晚于宗设到港,但因贿赂了市舶太监,故而得以先验货，并且在设宴时又被列为上座。宗设极不服气，与瑞佐动起手来，并一路追杀至绍兴城下，杀死了不少明军守备官员，大掠宁波沿海一带而去。这次争贡事件，暴露了明朝海防的废弛、将官的无能和吏治的腐败。⑦

明代的市舶司是管理海外贸易的机构，其职责是维持明朝与外国的官方朝贡关系。争贡事件导致的骚乱，起因于明市舶司太监赖恩的贪污受贿，但明政府官员却认为是起因于"市舶"本身。这一事件给明朝政府内部主张实行更加严厉的海禁政策的一派官僚找到了口实。当时兵科给事中夏言上疏强调"祸起市舶"，于是，明政府下令罢市舶司，颁布禁海令，严禁沿海居民与"番夷"贸易。这一事件被称为"后期倭寇的发端"，因为它直接导致了勘合贸易的中止。

东南沿海民众一向有从事海上贸易的传统，而且这也是他们维持生计的重要手段。明政府的禁海令严禁沿海民众出海贸易，无异于断绝沿海民众的生计，这就使得东南沿海地区的海商"转而为盗"，促使当时的海商集团与日本海盗勾结。而当时东南沿海地区除了许多没有经济来源的平民百姓，就连一些富豪大户甚至沿海戍军也加入了走私行列，加剧了海上走私贸易的猖獗。

为了对抗明政府武力镇压以扩大贸易，海商们渐渐组合成武装的商业集团。当时最著名的徽商王直（王直本姓汪，因从事海上走私风险大，为家人安全计，故隐瞒真姓）、许氏兄弟、徐海等海商集团，都拥有装备精良的船只，甚至还配有新式的大炮和鸟铳等新式武器。像王直，不仅"富累钜万"，还掌握着大量的船只，成为有名的"舶主"，往返于日本、暹罗、西洋各国。在国内则派人于苏松一带，采购

手持斩马刀的抗倭明军

海防新堡

各种手工艺品以供远销海外。他还以贿赂手段结识了一批明朝官吏，其货船出入河道、海口、关卡无人盘问拦阻。再加上王直为人爱好施予，因此在人们心目中，他颇有侠义之风，当时沿海一些农民、渔民、盐民等各种人等，多依附于他，王直遂成为当时东南沿海最大的

倭寇抢劫的画面

船上的倭寇和盾牌

海商集团首领。他在日本建立根据地，手下也确有一些日本人，时常从日本出发骚扰东南沿海。

嘉靖二十六年 (1547)，明政府任命朱纨为浙江巡抚，提督浙闽海防军务，负责抗击倭寇事宜。朱纨革渡船，严保甲，严禁泛海通番，并

明军与倭寇在水上的交战

嘴和脑袋中箭的倭寇

调动军队把双屿岛基地彻底捣毁。但由于他的方式过于激进，双屿岛上的天妃宫十余间、寮屋二十余间，大小船只二十七艘尽皆被毁，还捕杀了一批与倭寇来往密切的闽浙豪绅，触犯了当地豪绅的利益，结果遭到朝廷中闽浙籍官僚的弹劾，迫使朱纨罢官回籍，不久被逼含冤自杀。从此东南沿海倭寇更加猖獗。⑧

嘉靖二十八年 (1549)，明政府首次把王直集团骚扰沿海地区称为"倭人入寇"。嘉靖三十一年，王直吞并了另一海上走私集团，成为东南沿海独步一时的领袖，由于其向明政府要求通商遭到拒绝，便劫掠浙东沿海。因此，嘉靖时期的所谓御倭战争，其对手便是横行海上的王直。嘉靖三十二年 (1553)，"倭寇"大举入侵，连舰数百，"蔽海而来"，东南沿海百姓深受其害。嘉靖三十四年 (1555)，兵部尚书张经率众在浙江嘉兴北部王江泾大败倭寇，杀敌两千，溺水死者无数。这是自有倭患以来，明政府取得的最大的一次胜利。

在明政府的抗倭斗争中，戚继光和他领导的"戚家军"声名大振。戚继光，山东登州人，嘉靖二十三年 (1544) 父亲去世后，袭官登州卫指挥佥事。嘉靖三十五年 (1556) 秋，被调任至浙江，负责浙江沿海一带防务。他在民风剽悍的义乌招募矿夫和农民，组成新军，进行严格的训练。由于这支队伍英勇善战，纪律严明，屡立战功，成为当时抗倭的劲旅，被人们称为"戚家军"。嘉靖四十年 (1561)，倭寇大掠浙东台州地区的桃渚、圻头等地，戚继光率领戚家军给予有力的抗击，在广大群众的积极配合下，取得九战皆捷的决定性胜利，扫除了浙东一带的倭寇。随后，戚继光又奉命率戚家军入

戚继光像

朝廷为褒扬戚景通、戚继光父子抗倭有功而建的戚继光父子总督坊（位于蓬莱市）

闽、粤沿海地区剿倭，和其他抗倭将领刘显、俞大猷等人一起，平定了福建、广东沿海的倭寇。

"嘉靖大倭寇"的实质是海禁与反海禁的斗争，嘉靖时期的"倭寇"之患，实肇因于明政府偏颇的海禁政策，闽粤江浙沿海民众海上贸易的生路受到遏制，由商转而为寇。戚继光、俞大猷在平倭战争中功不可没，但真正解决倭患的关键之举并非战争，而是官方政策的转换。长期的倭寇骚扰也使得明政府的一些官员认识到，海禁既不能限制海上私人贸易，也不能防止倭寇。推行海禁的结果，使得原先合法出海经商的船队也不得不靠地下走私的形式来进行贸易，许多人因此转而为寇；而东南沿海的许多居民，因不能出海经商，甚至捕鱼也被严格限制，生计日益艰难，有的也只得加入了海盗、倭寇行列。嘉靖年间，是明政府实行海禁政策最严厉的时期，也是倭寇之乱最猖獗的时期。事实证明，"片板不许下海"，并未能阻止成百上千的船只遮天蔽日而来；"寸货不许入番"，也未能断绝大量丝帛瓷器源源不断地远销海外。要从根本上解决问题，政府必须放弃海禁政策。⑨

明嘉靖后期，朝野上下，弛海禁的呼声日渐高涨。隆庆元年(1567)，明政府实行了比较开放灵活的政策，取消海禁，准许人民航海前往东、西洋贸易，这一措施适应了当时东南地区商品经济发展的需要，东南沿海地区的私人贸易进入了一个新阶段，呈现出一片前所未有的繁荣景象。此后，在东南沿海地区再也没有发生大的倭寇骚扰现象，倭患基本上销声匿迹了。

注释：

① 张显清：《明嘉靖"大礼议"的起因、性质和后果》，《史学集刊》1988年第4期；邓志峰：《嘉靖初年的政治格局》，《复旦学报（社会科学版）》1999年第1期。

② 田澍：《嘉靖革新研究》，中国社会科学出版社2006年版。

③ 张显清：《明嘉靖"大礼议"的起因、性质和后果》，《史学集刊》1988年第4期；南炳文：《嘉靖前期的大礼议》，《故宫博物院院刊》1983年第2期。

④ 田澍：《明代大礼议新探》，《学习与探索》1998年第6期。

⑤ 邓志峰：《"谁与青天扫旧尘"——"大礼议"思想背景新探》，《学术月刊》1997年第7期。

⑥ 张增信：《倭寇的界说——真倭、假倭与残倭》，载《明季东南中国的海上活动》(上)，台北东吴大学1988年版。

⑦ 陈学文：《明代的海禁与倭寇》，《中国社会经济史研究》1983年第1期；王守稼：《明代海外贸易政策研究——兼评海禁与弛禁之争》，《史林》1986年第3期；李金明：《试论嘉靖倭患的起因及性质》，《厦门大学学报》1989年第1期。

⑧ 郑樑生：《明嘉靖间浙江巡抚朱纨执行海禁始末》，载《中日关系史研究论集》(五)，台北文史哲出版社1995年版；[日] 松浦章：《明清时代的海盗》，《清史研究》1997年第1期。

⑨ 樊树志：《"倭寇新论"——以"嘉靖大倭寇"为中心》，《复旦学报》2000年第1期。

嘉隆乱象 07

首辅选换

随着对革新朝政的厌倦，嘉靖皇帝逐渐迷恋上了方士巫术。他求长生，好祥瑞，以期永享极权荣华。对大臣则刚愎自用，朝政很快便走向松弛腐败。

作为一个旁出庶子，得以在十五岁登上大明皇位，朱厚熜似乎更愿意相信这是上天的安排，故而他非常迷信神灵。他希望自己能够得道成仙，长生不老，永享这种帝王之尊。在太监的引诱下，他在宫中大搞斋醮之事，以祭祀鬼神。当时最受嘉靖皇帝崇信的方士有邵元节、陶仲文、段朝用等人。段朝用对嘉靖皇帝说，要想炼得不死之药，必须要深居简出，不与外人接触。嘉靖皇帝信以为真，竟向廷臣宣布，要以太子监国，自己"专事静摄"。朝中大臣杨最抗疏反对，结果被嘉靖皇帝下诏入狱，重杖责之，"杖未毕而死"。朝臣为之震动，从此以后，嘉靖皇帝求神祈祷更甚。

为了求得长生不死之仙药，朱厚熜已达如痴如狂的境地。他不仅大兴土木，兴建各类祭坛庙宇，甚至通过虐待童女的方式，来获得炼药的原料，终于引发了宫女的造反。嘉靖二十一年 (1542)，杨金英等十六名宫女联合起来，趁朱厚熜熟睡的时候，想把他勒死。可惜由于乱中出错，慌忙中她们把绳子打了个死结，事败，十六个宫女全被凌迟处死。此后，朱厚熜再也不敢居住宫中，但他并没有从中吸取教训，而是移居西苑，更加狂热地求仙修道，不问政事，不见朝臣，对敢于犯上劝谏他的大臣则严加处罚，朝政益加黑暗。

在嘉靖皇帝祭祀天神的斋醮仪式上，要焚化写给天神的奏章表文，一般是骈俪体，大多用朱笔写于青藤纸上，故而称"青词"。青词大多是一些阿谀奉承之词，既然它能使嘉靖皇帝高兴，能博得皇帝的欢心，官员们便投其所好，撰写青词，许多能文大臣竟因此而得宠。当时内阁大学士袁炜、严讷、李春芳、郭朴等人，就有"青词宰相"之称，这就加剧了嘉靖朝的谄媚阿谀之风。应该说，由于嘉靖初年实施的打击宦官势力的一系列措施，整个嘉靖朝的宦官势力影响不大，但嘉靖皇帝的专制暴虐，信任佞臣，打击忠良，却使得正直之士难容于朝，那些善于奉迎、左右逢源亦或唯唯诺诺之辈则能保持官位，这也为谗言诬陷他人者提供了机会。因此，嘉靖一朝，阁僚间的互相倾轧层出不穷，政治局面混乱不堪，最终导致了奸相严嵩的专权。

明代阁臣中，内阁首辅的地位最高，是各派朝臣争夺角逐的目标。嘉靖初年是顾命大臣杨廷和为首辅，后因大礼议事件与嘉靖帝闹僵而被迫致仕回家。接替杨廷和的蒋冕、毛纪等人也因屡劝嘉靖帝革除武宗弊政，引起嘉靖帝的反感而被迫离任。继任者费宏善于揣摩皇帝旨意，在大礼议之争中，态度温和，只在集体上疏中署名，从不单独上奏，曾颇得嘉靖帝好感。但他任首辅后，仍免不了对朝廷弊政提出斥责，备受嘉靖帝宠信的张璁、桂萼等人排斥退官。接替费宏的是杨一清，他曾是正德朝的大学士，并设计假宦官张永之手，除掉了刘瑾。后因受正德宠臣江彬的攻击而罢官回家。他这次应嘉靖帝之诏，重回内阁并担任首辅之职，因与张璁等人发生矛盾，被革职闲居，不久就气愤而逝，紧接着张璁继任。张璁在大礼议之争中，极力为嘉靖帝父母争得尊崇，是嘉靖帝的得力干将，很得其宠爱，任首辅后曾做了一些清查勋戚田庄、罢镇守内臣、严惩贪官污吏的事情。但嘉靖帝所欣赏的并不全是张璁的才干，而是在议大礼时对他心意的迎合。因此，张璁做内阁首辅之途也是一波三折，从嘉靖八年 (1529)初任，到嘉靖十四年 (1535) 因病回乡，中间罢职复官，反反复复。嘉靖十八年，张璁病死家中。

张璁之后，夏言出任首辅。据史书记载，夏言仪表堂堂，眉目疏朗，声音洪亮，举手投足，俨然一儒者。他曾上疏言事，因文辞优美、对策务实而得嘉靖帝欢心，很快由翰林院侍读学士而掌翰林院事，进而兼礼部左侍郎，再升为礼部尚书。后因青词写得出色而被欣赏，嘉靖帝每有诗作，必赐夏言，令其唱和；每有政务大事，必召夏言。嘉靖帝并赐夏言"学博才优"的银章，使他有密封言事的权力。嘉靖十五年，夏言入阁参预机务，嘉靖十八年升为首辅，登上仕途的顶峰。

登上首辅之位的夏言，很快又遇到了新的对手严嵩。严嵩科第先于夏言，当时在朝中的地位则低于夏言。夏言早先对严嵩多有关照，严嵩得任礼部尚书，也是得益于夏言的举荐。但夏言自恃有恩于严嵩，说话时常居高临下，严嵩心中自是不服气。后来，嘉靖帝在大礼议的一些细节方面，又与群臣发生摩擦，夏言站在阁臣一边，而严嵩则支持嘉靖帝。严嵩还巴结贿赂嘉靖帝所宠爱的道士陶仲文，通过陶仲文在嘉靖帝面前诋毁夏言。嘉靖二十三年（1544），严嵩终于谋到了祈盼已久的内阁首辅之职。

然而，严嵩得意之余，不免结党营私，显出专擅弄权之相，引起嘉靖帝不满，又召回了夏言，再任首辅。首辅之位转手即逝的滋味是不好受的。严嵩从此更加注意韬光养晦，而夏言却不吸取教训，仍像以前那样盛气凌人。他还惩治了一批贪官、庸官，得罪了一批权贵。最失策的是，他对撰写青词日益厌倦，常令手下幕僚代写，幕僚多以旧稿敷衍塞责，夏言也不加复阅，径直上呈。这令嘉靖帝非常不悦，时常掷地而弃之。相比之下，严嵩在这方面则要乖巧得多，他处处表现柔媚忠勤，搜索枯肠写青词，每稿必求其工，这与夏言的倦怠形成强烈对比。

为了表示对道家的虔诚，嘉靖帝曾特制一种道家香叶冠赐予阁臣，要他们进出西苑时戴上。严嵩每次都是恭恭敬敬地戴着，还在上面笼一层轻纱表示珍惜，而夏言则颇不以为然，甚至上疏"此非人臣法服，不敢当"，结果嘉靖帝大怒。严嵩趁机找到了夏言的对头、锦衣卫都督陆炳在嘉靖帝面前诬告夏言，导致了夏言的第二次下台。后来，在收复河套一案中，严嵩暗中指使京山侯崔元、锦衣卫都督陆炳等人，罗织罪名，妄加陷害。熟悉边情，通晓军务，一心报国的陕西三边总督曾铣蒙冤被斩，支持曾铣收复河套的夏言也被尽夺官阶，于嘉靖二十七年（1548）十月被杀。严嵩第二次成为首辅，此后连任十几年，成为嘉靖年间任期最长、影响最大的一任首辅。

从嘉靖初的首任首辅杨廷和，到嘉靖末年最后一位首辅徐阶，嘉靖朝四十五年间共换了二十三任内阁首辅，有的人是几起几落。首辅迭换的结果，便是阁臣间的权力争斗与朝政的混乱，这一现象到隆庆年间更加激烈，开门户之争与朋党政治的先河，给晚明社会带来无可挽回的损失。[①]

严嵩柄权

正德皇帝与嘉靖皇帝在明朝历史上都属荒淫之帝，但二人有所不同。正德帝荒淫，对朝政基本是不闻不问，故而造成了宦官专权擅政的局面。嘉靖帝既要享乐，也要专权，他的准则是绝对不允许臣子的权力过大。他对杨廷和如此，对张璁、夏言等人如此，对严嵩也是如此。起初，他也不是完全信任严嵩，时常故意将已知的事情说反，以试探严嵩是否忠诚，如若发现有隐瞒，严嵩也必将招致杀身之祸。严嵩深谙嘉靖帝心理，经过长期的察言观色，并吸取前任首辅的惨痛教训，他日夜小心谨慎。嘉靖帝既刚愎自用，权力欲重，严嵩便从不拂逆圣意。因此，他时常能够左右嘉靖帝的喜怒哀乐。

夏言死后，严嵩独揽大权，而嘉靖帝深居西苑一心修道，无心处理政务，所有政事悉由严嵩裁决。当时，除了严嵩、道士和左右近侍外，嘉靖帝与其他大臣接触很少，嘉靖帝还赐严嵩"忠勤敏达"银印，严嵩便因得宠而专权。

严嵩当政时期，排斥异己，卖官鬻爵，贪污受贿，大肆搜刮，给明代朝政带来了极恶劣的影响。对此，不断有大臣上奏弹劾他。而面对这些劾奏，严嵩自有应付之道。嘉靖帝因崇信道教而委政于臣，性格上既猜疑而又刚愎自用，断事之时好标新立异，希望以此震慑群臣。严嵩日侍左右，自然摸透了嘉靖帝的这一性格。因此，每当有弹劾严嵩的奏折入内，严嵩都装出一副诚惶诚恐而又十分可怜委屈的样子，跪在嘉靖帝的面前，自认有罪，并称是因其未能尽职，以致得罪臣僚，请求罢官归去。严嵩越是这样，嘉靖帝越是觉得严嵩是因曲谨附和自己而得罪于朝臣，越发产生了保护严嵩的想法。

这样一来，弹劾、得罪严嵩的大臣们就遭殃了，轻则罢官被贬，重则下狱被杀。嘉靖三十年（1551），锦衣卫经历沈炼上书嘉靖帝，列举了严嵩的十大罪状，其中主要包括废弛边防、卖官鬻爵、陷害忠臣等，要求杀严嵩以谢天下。结果沈炼被贬官，后被严嵩杀害。两年后，杨继盛继续揭发严嵩有十大恶和五大奸，严嵩操纵刑部将他判处死罪。由于嘉靖帝未有杀杨继盛之心，故始终只是将其关在监狱里。严嵩为达到置杨继盛于死地的目的，于嘉靖三十四年（1555），故意将其名字附在坐大辟的都御史张经和李天宠之后，一并奏上，嘉靖帝压根儿没细看，大笔一挥，"死刑核准"。严嵩就这样轻而易举地杀了杨继盛。

严嵩是以善于奉迎、欺上谄媚而得权，且入阁时已六十二岁了，起初尚能应付朝事，但随着年事已高，反应迟钝，宫中传出皇帝圣旨，他常常目瞪口呆，不知所措。他的儿子严世蕃生相丑陋，却极聪明。嘉靖帝的手谕，字迹潦草，一般人很难辨认，而严世蕃却看得明白，由他出主意所写的奏章往往能合嘉靖帝之意。时人说嘉靖帝不能一日无严嵩，而

徐阶像

严嵩不能一日无世蕃。严嵩依仗权势,提拔严世蕃协助掌权,使其成为工部侍郎。严世蕃收买嘉靖帝左右宦官,令他们汇报嘉靖帝的日常生活、起居饮食及一举一动。有大臣讥讽地将他们父子二人称为大、小丞相。最终,严嵩恃宠专横,纵容其子严世蕃纵欲淫乱,瞒上欺下,贪赃枉法,激起公愤。朝野上下,形成一股弹劾严嵩的高潮,而严嵩的最后倒台,徐阶起了重要的作用。

徐阶扳倒严嵩和严嵩陷害夏言,两者所用手段极为相似。徐阶买通道士蓝道行,让他在扶乩之时做手脚,显现出严嵩父子奸险弄权的字样,嘉靖帝反问:"那上仙为何不除他?"蓝道行又借扶乩之口道:"上仙要皇帝亲自处置。"嘉靖帝听了,心有所动。徐阶将此事透露给御史邹应龙。嘉靖四十一年(1562),御史邹应龙上奏严氏父子贪贿误国,此次上奏成为迫使严嵩下台的关键。该年五月,嘉靖帝终于下诏逮捕严世蕃,令法司治其罪,以"纵爱逆子,辜负圣恩"之过,将严嵩革职,罢黜为民,严世蕃被充军。至此,祸国达十多年之久的严嵩独裁终于结束了。嘉靖四十二年(1563),徐阶以次辅身份,理所当然地继承了内阁首辅的职位。嘉靖四十三年(1564)又有人奏报严世蕃通倭谋反。结果,严世蕃被杀,严家被抄,共得黄金三万多两,白银三百多万两,其他奇珍异宝不计其数。两年后,严嵩在贫困中死去。

与严嵩所藏百万金银形成鲜明对比的则是明政府的财政拮据。皇室生活的奢侈,官吏数字的增多,军事开支的增大,导致了嘉靖后期政府的财政危机日益严重。嘉靖二十三年(1544),户部尚且报告"太仓积贮粮米有余",到嘉靖二十八年(1549)时,已是府库空虚,帑藏匮竭,入不敷出了。太仓银库岁入二百万两,而

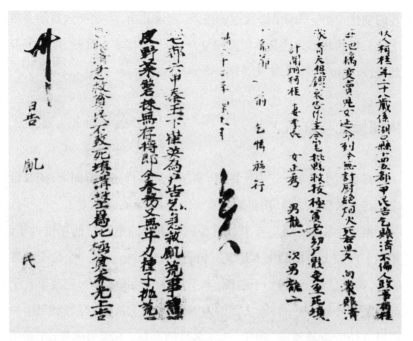

嘉靖二十四年（1545）江西湖口县农民告饥求赈状

政府开支却是三百四十七万两，赤字达一百四十余万两之多。后来，京边岁用，多者过五百万，少者亦三百余万，岁入还不抵岁出之半。而其中嘉靖三十二年（1553），竟超出政府岁收三百七十三万两之多。至此，明皇室的家底已被败个精光，正如当时百姓所言：嘉靖"家尽"。

明代边防的败坏，也是严嵩当政时期的最大问题。嘉靖三十七年（1558），刑部主事张翀弹劾严嵩：户部每年发的边饷，早晨出了户部门，晚上便进了严嵩府，"输边者四，馈嵩者六"。而边军却处于寒冷饥饿、朝不保夕之中。抄严嵩家所得的上百万两金银中，竟有一大半是来自边将的贿赂和边军的军饷。严嵩掌权之时，北有蒙古俺答的骚扰,南有东南沿海倭寇的侵袭,南倭北虏,实是明政府的多事之秋。虽然其形成的具体原因很复杂,但与严嵩专权乱政,明政局混乱,政府腐败无能,均不无关联。

内阁倾轧与首辅之争

嘉靖四十五年十二月十四日,嘉靖帝因服丹药中毒而死,庙号世宗。其子朱载垕继位,次年改元隆庆。

据史书记载,隆庆帝朱载垕是一位宽厚的皇帝。他在位六年,基本上没搞大规模的土木建筑。但是,朱载垕也不是一个勤于政事的人,他在位期间,醉心于游玩、享乐,沉溺于后宫生活,把政事几乎都推给了外朝。然而,隆庆朝的内阁大学士们并没有好好利用这种难得宽松的政治氛围,相反,为了各自的利益,不断尔虞我诈,互相倾轧。

嘉靖后期,严嵩专权;严嵩被除后,取而代之为首辅的是徐阶。徐阶性格内敛、沉稳,嘉靖时期曾得到夏言的器重和提拔。夏言蒙冤被害,对他打击很大,但他能够掩藏心迹,始终保持沉默。在与严嵩周旋的过程中,他隐忍不发,面对严嵩父子的各种刁难试探,总是忍气吞声,时常曲意附和,甚至将自己的孙女许配给严嵩的孙子。最后终于等到了严嵩失宠被黜,他自己得任内阁首辅。

任首辅之初,徐阶在大堂之上悬挂了一张条幅:"以威福还主上,以政务还诸司,以用舍刑赏还公论。"他吸取张璁、严嵩等人导诱嘉靖帝猜疑、苛刻的教训,凡事都注意与其他阁臣商议,并劝导嘉靖帝对臣下仁厚、从宽。嘉靖后期,南倭北虏,边境不宁,南北用兵,边镇大臣稍不留意，便被逮捕下狱，招来杀身之祸。当时严嵩柄权，恣意妄为，其他阁臣往往只顺从皇帝的脸色，很少有从中调护者。徐阶任首辅后，非常注意在各种场合，保护边军大臣。一时间，君臣得以相安无事，徐阶也赢得了"名相"的称誉。

嘉靖皇帝之死，给继任者革除弊政提供了机会。当时仍在首辅之位的徐阶，起草了先帝遗诏。内容有，前朝弊政如斋醮、土木、采珠宝、织作等事项，一律停罢。大礼议之狱中受罚、上疏劝谏蒙冤的诸官员一律复出。遗诏一出，朝野为之感动，人们将它与嘉靖初年杨廷和起草的嘉靖登基诏书相媲美，称之为嘉靖朝始终的两大盛事，徐阶一时声名鹊起。但内阁中却有两个人对此耿耿于怀，那便是同为阁臣的高拱和郭朴。高拱和郭朴都是经徐阶的推荐而入阁的，高拱有些恃才自傲，对徐阶日渐不服，便拉同乡郭朴与之作对。本来，起草诏书之事，徐阶应与他们二人商议，但徐阶却撇开他俩，而与精明能干的张居正商定，高、郭二人已心存芥蒂；如今，眼见着一切功劳又都归于徐阶一人，他二人心里更是不服。明后期的内阁之争由此开始。

嘉靖皇帝在位后期，居住在西苑内，阁臣值班也都在西苑内。当时高拱因无子嗣，便把家移到西苑附近，值班时也常偷跑回家睡觉。这事后来被给事中胡应嘉弹劾，由于胡与徐阶是同乡，高拱便认定，此事是徐阶指使所为，因此记恨于心。高拱曾在东宫讲过学，与朱载垕多少有些私人情谊。因此，朱载垕继位后，他便毫不客气地找机会将胡应嘉整掉，并将矛头进一步指向了徐阶。徐阶也不示弱，组织人弹劾高拱。双方相斗的结果，徐阶暂时获胜，高拱"因身体不适"而归乡，郭朴也不得不离开内阁。但徐阶的首辅之位也没有保持太久，他因不断劝谏隆庆帝多理政，而遭到隆庆帝的反感；同时，徐阶又主张限制宦官的权力，遭到太监们的敌视。这样，在隆庆二年 (1568) 七月，徐阶也不得不自请致仕。

接替徐阶任首辅的是李春芳。他为人恭谨，从不以势凌人，是一位好好先生。他任首辅的主要目标是息事宁人，不想有所作为，但求太平无事，因此，也根本担当不起首辅的责任。隆庆三年 (1569) 冬，朱载垕又召回了高拱。重新得权后的高拱，一上台的主要目标便是报复徐阶。凡是徐阶起用的官员，不分青红皂白，全都予以打击。李春芳有心阻止，却也身不由己，无可奈何。到最后，高拱连李春芳也容纳不了，逼李接连上疏，请求回乡"赡养"父母。隆庆五年 (1571) 五月，李春芳终于被批准退休回家。从此，终隆庆一朝，内阁始终由高拱把持。

总计只有六年的隆庆朝，内阁首辅前后换了三人，可见当时阁臣间倾轧的激烈程度。而实际上，无论是徐阶，还是郭朴、高拱，在才能上都属精明能干之辈。隆庆朝也曾一度出现转机，逐步摆脱了因嘉靖朝的荒政而带来的不利局面：如隆庆初年实现对外通商的部分开放，基本上消弭了困扰明王朝百余年的东南沿海的倭患；通过"俺答封贡"，改变了与北方蒙古族长期交恶的局面，双方出现了长达数十年的友好相处、安定和平的局面。总体而言，在隆庆年间，自明正统以来的明政府内忧外患的局面在很大程度上有所改观。这中间，以徐阶、高拱、张居正为代表的内阁的作用不容忽视。他们在大政上还是稳定了政局，为接下来的万历初期的繁荣局面打下了一个比较坚实的基础。但是当他们个人之间一旦陷入权力倾轧，为了除去对手，便要不择手段了。这种毫无意义的权力争斗的内耗，官员的相互攻讦，带来了明后期政局的动荡与不稳。

隆庆议和

　　嘉靖在位四十五年，内政松弛，外患不断，周边危机四伏。朱载坖继位后面临的首要问题便是如何改变这种四境不宁的局面。

　　明代，明政府与北方蒙古间的经济联系主要有两种形式，一种是"朝贡"，一种是"互市"。前者以蒙古贵族政治上的某种程度的臣服为前提，但其经济目的也很强，这是明前期明蒙之间经济交往的主要方式。"互市"则是一种比较明确而且能

明穆宗朱载坖像

够照顾到普通农牧民的贸易活动，永乐年间，明政府即在开原、广宁、甘州、凉州、兰州、宁夏等边境地区开设马市场，准许蒙汉人民进行贸易。后来由于蒙古达延汗时期明蒙之间关系紧张，从弘治十二年（1499）起，朝贡、互市关系基本中断。

　　明自土木之变以后，北方就一直受蒙古贵族的骚扰。景泰四年（1453），瓦剌部首领也先自立为可汗。两年后，也先在其内部纷争中被杀。此后，瓦剌部逐渐衰落，而鞑靼部从此强盛起来。成化年间，蒙古军事势力占领了河套地区，从此，河套就成为其骚扰内地的一个主要基地，而"套寇"也就成为明朝中期的主要边患，在弘治、正德及至嘉靖时期，蒙古贵族不断地大肆进入内地骚扰。嘉靖二十四年

(1545) 以前，明朝政府用于北方的军费达每年六百万两，但仍没有大的成效。而昏庸专横的嘉靖帝轻信严嵩的谗言，杀了当时坚决主张收复河套地区的三边总督曾铣和支持曾铣的夏言。此后，明朝廷内竟无一人再议收复河套，边防更加废弛，蒙古贵族的军事势力向内地骚扰的次数越来越多，规模也越来越大。

嘉靖年间，俺答所率部落在蒙古各部族中，势力日盛。从嘉靖二十年开始，俺答多次向明政府提出通贡的要求，但一直遭到明政府的拒绝。明政府不仅杀了俺答使节，而且还悬赏捉拿俺答。明政府的这些行为也激怒了俺答，于是，俺答为了对明廷报复，不时率众骚扰明九边地区，抢掠财物，掳走百姓。

嘉靖二十九年 (1550) 六月，俺答亲率十余万大军犯大同。宣府大同总兵仇鸾惊慌失措，竟以重金贿赂俺答兵，让其离开大同、从其他边口入犯。八月，俺答移兵而去，由古北口入犯，明守军一触即溃；俺答长驱到通州，直抵北京城下，进围北京。当时严嵩柄政，兵部尚书丁汝夔问严嵩当如何应对，严嵩竟说，如果在长城关口打仗，败了还能掩盖；可在北京城外打败了，皇上一定会知道，谁来承担责任？他竟提出蒙古兵"饱将自去，惟坚壁为上策"的主张。于是，紧闭城门，十几万明军据城而守，不敢出战，任凭俺答在北京城外掳掠。因为这年是庚戌年，明史上称为"庚戌之变"。

俺答围困京城之时，仍坚持与明和平通贡互市的要求，遣所俘明将向明廷提出通贡互市。当时明廷鉴于形势紧迫，答复俺答：先退兵，后和谈。第二年，明蒙双方经和谈达成协议，在大同、延绥、宁夏等地开放互市。蒙古各部驱来大量马匹交易农工产品，边地互市出现了繁荣景象。但不久，双方又起争端，明政府关闭了边境互市，双方的和平贸易断绝，又开始了长达二十余年的战争。

隆庆初年，因明政府海禁政策的调整，东南沿海的倭寇之乱基本平息。明政府便有了更多的精力来加强北方的防御。抗倭名将戚继光被调镇守蓟州，他主持修缮加固了蓟边长城和堡台，积极训练军兵，加强北边防御，并几次给予来犯的俺答兵以强有力的回击。与此同时，俺答因连年的战争，兵力损失颇多；经济上，由于长期冲突，通过贸易从内地获得布帛盐铁等生活用品的来源断绝，也直接影响了其部落民众的正常生活。明政府方面，也为长年的边战所累，军费开支猛增，边境地区民众生活苦不堪言。这样，双方都有了议和交好的愿望。最后，直接导致隆庆议和的契机，则是把汉那吉投明事件。

把汉那吉是俺答第三子铁背台吉的儿子，自幼丧父，由俺答妻抚养成人。把汉那吉曾聘俺答的外孙女三娘子为妻，后来俺答见三娘子貌美，竟强夺为己妻。把汉那吉一气之下，于隆庆四年 (1570) 十月率人出走到大同，投奔明朝。大同巡抚方逢时和宣大总督王崇古认为，这是同俺答谈判的大好时机，于是他们接纳了把汉那吉，并加以优待。同时上奏皇帝，请其以把汉那吉为交换条件，将逃到俺答处的明朝奸民赵全等换回；如果俺答不从，则给把汉那吉封官加爵，并通过他日后分化俺答的势力。当时在内阁大学士高拱和张居正的积极支持下，隆庆帝批准了王崇古的建议，优待把汉那吉，并授指挥使的官位。

俺答方面，自把汉那吉出走后，也有所悔意。王崇古派使节鲍崇德将明朝的意思传给俺答：只要赵全等人一解到，把汉那吉立刻就能返回。俺答派人去大同探视，果见把汉那吉身着官袍金带，待遇甚高。俺答非常感念明廷的一片诚意。这样，隆庆四年十二月，赵全等人被解到明朝，把汉那吉则返回蒙古。把汉那吉离去时对明朝感激不尽。俺答见到孙子平安归来，更是喜出望外，派人到明朝致谢，并请求"封贡"，表示愿意世世代代臣服明朝。

隆庆五年 (1571) 三月，在高拱、张居正等人的力主下，明政府终于下诏，封俺答为顺义王，其子弟、各部、各支均得到封赏，同意与俺答的通贡互市，并在大同、宣府、山西 (后增陕西、宁夏二地) 等地的长城附近，开设贸易场所，进行互市贸易。同年五月，俺答在大同北面得胜堡长城外的掠马台召集所辖各部举行誓师大会，表示永不侵犯明朝，并要后世子孙都要遵守这一"规矩"。这就是明廷与俺答之间有名的"隆庆和议"，也称"俺答封贡"。从此，此前四五十年来不断南犯的俺答部族，一直服从明朝政府的领导，并与明廷保持了良好的双边关系。西部边境保持了长期的稳定。这一时期明朝北方边境只有处于东部的蒙古土蛮部时常侵犯辽东边塞，但也被名将李成梁屡次打败。

"隆庆和议"是明朝历史上的一件大事。自明初以来，北方地区就一直受到蒙古势力的骚扰，它不仅给北方人民的生命财产造成严重的损失，对明王朝也是极大的威胁。"隆庆和议"使得这一延续了二百年之久的长期历史问题得到解决。俺答受封后向明廷宣誓永不犯边，明朝也申令今后禁止明军捣巢、烧荒、赶马，使各族居民就地安心生产，促进了蒙汉两族人民经济、文化的交流。隆庆年间的明蒙互市除了官方的马市、互市外，民间私市遍布长城内外。明政府鼓励商人就市，同时明政府派遣官员组织互市，调剂余缺。自此后，还解除了明朝北方的祸患，明境东起延永，西抵嘉峪七镇，数千里军民摆脱了兵革之苦。九边地区商贾活跃,日益发展,边境居民开始安居乐业。明政府每年节省边军费用达六七十万两,北方形势大为安定,这对万历时期社会经济的发展起着重大的作用。

嘉隆时期的政策调整

面对日益严重的社会危机,明朝政府中的有识之士,开始进行一些政策上的调整和改革,以期缓解不断尖锐的社会矛盾。嘉靖中后期至隆庆年间,围绕着赋役制度,桂萼、欧阳铎、潘季驯、海瑞等人,进行了一系列的改革。

桂萼在大礼议之争中,因倾向世宗而被重用,入内阁做了大学士。嘉靖九年(1530),他就清图、清籍、新增田地、编审徭役等事项,提出了改革意见。他在编审徭役方面提出,打破原来的里甲界限,在一州县、一府,甚至一省内,通融科派徭役负担,以克服"宽乡"、"狭乡"的不均。同时,将各种名目的赋役并为一项,按丁田一次排定。这一措施对明政府来说,有利于其徭役科派的落实;对百姓而言,也有利于其克服各甲因土地人丁多寡不一而形成的徭役不均的现象。这一编派赋役的办法,在嘉靖十年(1531)被御史傅汉臣称为"一条编(鞭)",这是明代赋役史上关于"一条鞭"名称的最早由来。从理论上讲,这种编派方法具有一定的合理性。但在实际操作、具体执行方面,却有一定的难度。特别是需要大规模地丈量土地,遭到了当时势家大户的反对。不久,桂萼失势下台,故而它并没有得到真正的执行。

嘉靖十六年(1537),应天十府巡抚欧阳铎发现在苏、松地区,存

嘉靖五彩鱼藻瓷罐

在着严重的赋税不均现象，差不多的田产，其赋税差距之大者竟有二十倍之多，于是便推行"征一法"，将所要征收的银米总额，计入田亩而平均输纳。对赋重者减去耗米，折为银两时从轻计算；而原来赋轻者则不能折银，并要增加耗米。这样，两头平均下来，使得赋税最重与最轻者之间的差距有所减少。

嘉靖三十八年 (1559)，潘季驯任广东巡抚时，整顿该省的均平里甲法。他将各州县的役力总数折成银两，由百姓输银于官。当遇有力役时，由官府出银委派里甲"承买"。这一方法使部分里甲力役变为出钱代役，有利于农民自己掌握劳动时间，对于劳动力的解放具有一定的积极作用，受到了百姓的拥护，"广人便之"。

释迦牟尼像（明代，山
西平遥县双林寺）

　嘉靖四十年（1561），庞尚鹏任浙江巡按御史，也进行了一些赋役
改革，实行粮、役合征的一条鞭法，简化了手续，也减少了经手吏胥营
私舞弊的机会。他还在其家乡广东及福建地区推行过一条鞭法，受
到当地百姓的欢迎。

　隆庆帝在位时间虽然仅有六年，但这一时期，围绕赋役制度的
改革仍在继续发展，甚至超过了嘉靖时期。研究明代经济史的专家
梁方仲先生所著的《明代一条鞭法年表》中，属于嘉靖一朝的共有
三十六条，而属于隆庆年间的却有五十五条之多。此外，这一时期的
改革活动，范围也大为扩展，涉及吏治、边防等方面，主要改革人物有
海瑞、高拱、戚继光和王崇古等人。

海瑞像

海瑞是海南琼山人，他性格刚直，是有明一代著名的"清官"。嘉靖三十七年(1558)，他被任命为浙江淳安知县，坚持奉公执法，廉洁自律。当时地方官的俸禄微薄，仅靠此难以维持一家老小的生计，他便让仆人种菜自给。而他为了给母亲过生日买了两斤肉，竟成为当地轰动一时的新闻。嘉靖四十三年(1564)，海瑞升任户部主事。针对嘉靖帝专事斋醮、不理朝政的荒唐行为，他毫不留情地上疏批评，甚至直接指出所谓求仙长生是骗局，其言辞之激烈实为罕见。这当然触痛了嘉靖帝，海瑞被罢官下狱，直到朱载垕继位，才得以获释。

隆庆三年(1569)，海瑞任应天十府巡抚，并在此地进行了一系列的改革。他推行先前庞尚鹏实行的一条鞭法，并大修水利，奏请开浚吴淞江，修筑当地的圩岸塘浦、支河堰坝。自此，江南地区的灌溉条件大为改善。在政治方面，海瑞实行了打击豪强地主、抑制兼并的措施，但由此遭江南大地主的联名弹劾，半年后即被解职。海瑞在江南地区的改革，维护了广大中下层百姓的利益，他本人也受到了人们的爱戴。当人们听说他被罢免应天巡抚时，哭泣于道，并在家中供上他的画像以为纪念。后来他在南京去世时，长江两岸自发为他穿孝送行的人群长达百余里。

此外，高拱在整顿吏治方面，戚继光在加强北方蓟镇的防御方面，王崇古在北方对蒙古关系等方面，都进行了一些卓有成效的改革。这

进士题名碑。北京孔庙院内198座进士题名碑，记载了元、明、清三代51 624名进士的姓名、籍贯、名次。

些改革措施虽然无法最终挽回明王朝的衰败之势，却也体现了当时一些有远见的政治家的焦虑与抱负，更为重要的是，这一系列的改革，为明后期最后的中兴努力——万历新政，奠定了良好的基础。

注释:

① 张学亮:《明中后期内阁首辅的嬗替与政治影响》,《东北师大学报(哲社版)》2008年第2期。

08

十年新政与短暂的辉煌

张居正蒙恩佐帝

隆庆六年 (1572)，朱载垕去世，庙号穆宗。其第三子朱翊钧继位，以第二年 (1573) 为万历元年，这就是在位四十八年的万历皇帝。

朱翊钧继位时，年仅十岁。当时内阁首辅为高拱，张居正为阁

张居正像

臣。起初，两人合作得还比较顺利，但不久两人因为徐阶之事而发生矛盾。徐阶被迫致仕后，高拱重返内阁，把徐阶旧部基本铲除。但高拱仍余恨未消，还想进一步置徐阶于死地。张居正看不过去，便为徐阶求情，由此便惹恼了高拱，两人矛盾加深。张居正看到高拱过于专横霸道，便谋划夺其首辅之位。隆庆帝去世不久，太监冯保施手腕掌管了司礼监，又接管了东厂，其势力日盛。张居正利用

冯保与高拱的不和，密谋串联冯保，挤走了高拱，终于登上了内阁首辅的位置。

张居正，字叔大，号太岳，湖广江陵人。十二岁为秀才，十六岁中举，二十三岁便中进士。当他步入仕途之时，正值严嵩专权柄政时期。这一时期，张居正显示了其过人的周旋能力与政治才干。当严嵩与徐阶争斗时，众人忌惮严嵩，大都避开徐阶，而张居正照常与徐阶来往，严嵩倒也因此不敢小瞧他。当徐阶取代严嵩成为内阁首辅后，对张居正也是信任有加。嘉靖皇帝去世时，徐阶竟越过高拱等人，直接找张居正商议要事，可见两人的关系之密。徐阶下台，李春芳继任首辅时，张居正见李春芳平庸无能，又策划召高拱回内阁做了首辅。

在对待宦官的问题上，许多朝臣为示清高，皆以与宦官交好为耻，而张居正则一反往日朝臣盲目轻视太监、敌视太监的风气，使内外朝不和的局面有所弥合。他竭力结交太监冯保，冯保贪财好货，张居正就曲意满足他的欲望。据说张居正送给冯保的礼品有金三万两，银十万两，夜明珠九颗，珍珠帘五副，其他珍玩不计其数。而只要冯保不过分干预朝政，就让他尽掌司礼监与东厂之大权。在张居正当政的十年间，太监冯保"未尝内出一旨，外干一事"，内阁与司礼监基本上没有发生大的冲突，这在明朝历史上也是极为罕见的。

为了内阁的稳定，避免出现权力倾轧局面的再现，张居正在阁臣挑选方面，偏重于忠厚老实一类，像他推荐入阁的吕调阳、张四维等人，都属小心谨慎之人，根本不敢和他对抗。就这样，在反复无常的内阁倾轧中，张居正凭自己多年的政治经验，始终能够应对自如，最终掌握了内阁朝政大权。

张居正故居

　　张居正任首辅后，极力抬高万历帝生母李贵妃的身份。按照旧制，皇妃之子为帝，只能尊嫡母为太后，生母只可称太妃；即使特别尊生母为太后，也不得和嫡母一样加称尊号。张居正打破了这个惯例，将李贵妃和隆庆帝的陈皇后一样加以尊称，陈皇后称仁圣皇太后，尊李贵妃为慈圣皇太后，使李氏得以太后身份居住乾清宫，对年幼的万历帝进行严格的管教。太监冯保服侍皇帝于左右，作为皇帝的"大伴"。张居正因此深得李太后的信任，将朝中大权交由张居正一手把持。李太后对张居正十分尊敬，常教训小皇帝说："张先生是先帝托孤的忠臣，一定要听张先生的话！"这等于直接把小皇帝交给张居正管了。有时候小皇帝年幼贪玩，不听管教，冯保告到李太后处，小皇帝就会遭到李太后的严加管教。并教训说："如果让张先生知道了，怎么办？"由此，万历帝对张居正也惧怕三分。

张居正深以主幼受托为己任，对小皇帝的教育非常严厉。他总是千方百计地联系当时的朝政情况来开导万历帝，启发他要节俭、勤政、法祖、爱民。万历帝背书若有长进，他会拱手相贺；若背不出来，他会板起脸来，把他当众毫不留情地斥责一顿。万历帝虽然是个十几岁的孩子，并称张居正为先生，但他也知道，他是当朝皇帝，所有的人都是他的臣子，都应该恭顺他。骤然听到如此严厉的责备，对他的自尊心来说是一种极大的伤害。类似这些事情的不断积累，在他心中也埋下了对张居正逆反不满的种子。

皇帝十四岁大婚前夕，按规定李太后搬出了乾清宫。小皇帝一时无人直接管教，有了些许自由，便在太监们的唆使下，四处游玩，甚至喝醉了酒，要杀宫女取乐。冯保把这件事向李太后汇报了。李太后自责不已，哭着说要祭告祖庙，废掉他的帝位。小皇帝跪在地上哭求了许久，张居正为他写了罪己诏，才得到太后原谅。在对小皇帝的教育方面，张居正始终得到李太后的支持。

在中国古代社会的政治生活中，后宫也是一股不可忽视的势力，尤其是在皇帝年幼、不能亲政的情况下，其作用更为突出，甚至是关键性的。张居正善于变通，上有李太后的信任、小皇帝的忌惮，内有宦官冯保的配合，对于他日后改革计划的顺利实施是极为有利的。直到万历十年（1582）张居正逝世，他在朝中的势力无人能出其右。万历朝前十年，他是实际上的最高统治者。[①]

明代首辅权力之大，首推严嵩和张居正，但前者柄权作恶，为祸朝政，给明王朝带来了无尽的祸患；而张居正则利用手中的权力，雷厉风行地继续推进嘉靖、隆庆以来的各项改革活动，给明政治带来了许多新鲜活力。

万历新政

万历朝既是有明一代最为繁荣昌盛的一段时光，同时，也堪称明朝的多事之秋。这期间有万历初年影响至深的"万历新政"，有被视为显示明王朝国力强盛、重振天朝雄风之慨并多受后人赞许的"万历三大征"，还有万历后期折射着宫廷内外相互勾结、尔虞我诈，给朝政带来严重负面影响的"梃击案"、"移宫案"，更有被视为明政府与建州女真势力此消彼长的战争转折点——万历四十七年的萨尔浒之战，等等。而这中间，万历初年，由张居正纵横捭阖而劳瘁心力主持的万历新政，无疑是最为值得关注的事情之一。

万历帝朱翊钧像

张居正亲眼目睹嘉靖、隆庆时期的混乱政局，指出了其时的五大弊端：皇室骄恣，庶官渎职，吏治因循，边备松弛，财用大匮。因此，在万历帝继位的头十年，他力主改革，其中，整顿吏治、边防和赋役改革成为其首要任务。

万历元年 (1573) 张居正提出了"考成法"。他认为,天下的事情,其难不在于立法,而在于有法必行;不是难于听其言,而是难于言必有效。当时明朝的吏治,各衙门因循敷衍,各级官吏唯唯诺诺,尸位素餐,早已没有洪武时期雷厉风行的办事效率。因此,在考成法里,他着重解决有法必依、言出必效的问题。他规定,各衙门除例行公事外,立文册两本,一本送六部备注,公事办完一件,便注销一件;一本送内阁备考。他以内阁督察六科,又以六科监督六部,各项公务按轻重缓急及道里远近定有期限,层层考核,月有小考,年有大考,办事不力者则受到处罚。这样一来,各级官吏相应紧张起来,对中央发布的政令,再也不敢敷衍塞责。同时,使建言立法者也要考虑到政令的可行性,不敢随意指手画脚、发号施令了。②

这样,没有新增机构,也不另选官吏,更没有大的制度变更,仅通过几本公事登记簿,就集中了行政大权,一变姑息委徇而为雷厉风行,大大提高了办事效率。使得中央一声号令,虽万里之外,也能达到朝令夕行的效果。整顿吏治过程中,针对各级官吏"毁誉失实"、"名与实爽"等弊病,提出了"综核名实"的整顿原则,尤强调"用人唯才"的准则,主张官吏的取舍任免,一切以实绩为准。据此,张居正裁撤了一批冗员,奖励了一批勤政能干的官员,在一定程度上改变了嘉靖以来的冗官冗员的现象,为他推行其他各项改革奠定了基础。

整饬边防是张居正改革的另一重要内容。隆庆时,张居正就是戚继光整顿蓟镇防务的重要支持者,他也是王崇古处理"俺答封贡"的支持者,从而使得四境得以暂时的安宁。万历年间,张居正仍不断加强对北边的防御工作。蓟州为华北重镇,嘉靖年间的庚戌之变,俺答兵就是从此地入关直抵北京。因此，张居正将戚继光调至蓟州，任命他为总理练兵事兼镇守，以区别于一般总兵，同时，将浙江的三千戚家军北调，作为守边的骨干。他积极支持戚继光的整顿防务计划，戚继光镇守蓟州十五年，北边得以安宁无事。经隆庆议和后，俺答部基本不再为害，但其他部落如小王子部仍率众十余万，不断骚扰辽东地区。张居正便调李成梁镇守辽东。李成梁师出必捷，威震辽东。明朝四边暂得安宁，对安定北方人民的生活和保障社会生产的发展起到了积极的作用。

"国用不足"、"府藏空虚"是张居正上台后所面临的严峻的财政形势，而明政府的财用匮乏，在嘉靖后期就日显危机。如嘉靖三十一年 (1552)，京边岁用之数为五百三十一万，嘉靖三十二年 (1553) 为五百七十三万，均超过府库收入 (岁入二百万两) 三百多万。隆庆年间危机更甚。隆庆元年十二月，隆庆帝命户部盘查库内太仓粮银出入数，结果令隆庆帝大吃一惊。当时库内所存库银只能支撑三个月，存粮尚不足维持二年。而按当时一般的积贮标准，若无三年之蓄，则

《平番得胜图》(局部)。反映了万历三年 (1575) 明政府出兵西部的情况。

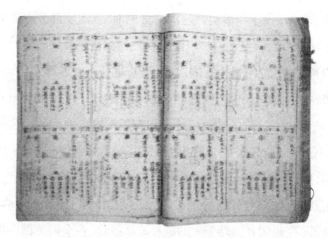

万历九年清丈鱼鳞清册

曰"国非其国",隆庆帝在位的六年,反映当时政府财政紧张的记载年年都有。由此可见,明政府的财政可谓匮乏到极点,几乎到了山穷水尽的地步。

面对这种情况,理财也就自然而然成为张居正改革的重点。他提出了"量入为出"、"痛加节省"的原则,抑制国家财政和宫廷财政的支出,其中包括削减官员编制和宫廷织造项目,节约宫廷节庆、宴会开支,抑制大规模工程、营造,以及强化边镇的钱粮与屯田的管理、强化户部的财政事务管理机能等。张居正还以廉洁爱民作为确定官吏升黜的标准,尽量节缩开支,杜绝官吏扰民之弊。

明中叶财政危机的产生,除却边防用兵、皇室无度的原因,国家赋税征收的严重混乱和不均,也是其重要原因。由于贵族、官僚和地主隐瞒其所兼并的土地,拒不纳税,经常出现小民田产已失而赋税照纳,而大户田产增多却无税粮的局面。要想解决这一问题,就必须清丈土地和改革赋役制度。万历五年(1577),张居正提议清丈全国土地，第二年，正式下令清丈。这次清丈土地，查出了部分官豪势家隐匿的土地，对他们起到了抑制作用，故而遭到豪强势家的反对。但张居正以事关社稷、不惧生死的决心，坚持进行。到万历九年，土地丈量结束，全国共查出七百多万顷土地，大大超过了明前期全国的税田总数，使明政府控制的纳税田地面积有了大幅度的增长。这对于改变"小民税存而产去，大户有田而无粮"的不均状况，具有一定的积极作用，同时也为一条鞭法的推行奠定了基础。

万历九年（1581），张居正在清丈土地的基础上，结合嘉靖、隆庆年间桂萼、庞尚鹏和海瑞等人的赋役改革经验，在全国范围内推行了一条鞭法的赋役制度。其主要内容有：(1) 赋役合并。将田赋和各种名目的徭役合在一起征收，并将部分丁役负担摊入田亩。过去按户丁出办的徭役，现改为据丁数和田粮摊派。摊派的比例各地不一，有的地方以田为主，以丁为辅；有的地方以丁为主，以田为辅。但总的摊丁入地的倾向是一致的，减少了无地或少地者的负担。(2) 农民可以出钱代役，力差由官府雇人承应。(3) 田赋征银。田赋中除政府需要征收的米麦以外，其余所有实物都改为用银折纳。(4) 赋役征收由地方官

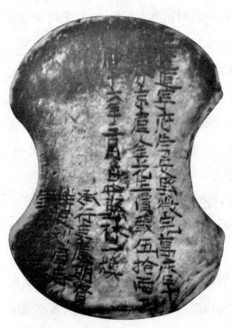

万历十六年（1588）的"金花银"

吏直接办理,废除了原来通过粮长、里长办理征解赋役的办法。

一条鞭法的实行,简化了赋役的征收手续,它将过去单项分征的田赋、劳役和各种杂税都归并为一,"计亩征银",用货币税制代替了行之久远的劳役、实物税制,使税制由"度人而税"向"度地而税"的演变前进了一大步,是我国赋役制度史上的重大改革。徭役征银的办法,使农民对国家的人身依附关系有所松弛,比较容易离开土地,为城镇手工业提供了更多的劳动力。而赋税征银,则对货币地租的产生和部分农产品的商品化起到了一定的促进作用。③

张居正掌权时期的十年改革,应该说是卓有成效的。经过清查土地和赋役改革制度,明政府的财政收入大有好转,从历年的严重亏空,变为绰有剩余。以隆庆元年(1567)为基数来衡量,万历五年(1577),太仓银库岁入数是隆庆元年的2.17倍,万历九年(1581)是其1.85倍,万历十四年(1586)是其1.95倍。此外,吏治腐败现象有所遏制,边疆防御也大有改观。这些都是改革所带来的引人瞩目的变化。

人亡政息的悲剧

万历新政,是万历一朝最大的政改举动。同此前中国古代社会的历次改革一样,万历新政的实施也不可能是一帆风顺的。一如樊树志在其《晚明史》中所指出的那样,在这一过程中,张居正以他的那种"在明代历史上罕见其匹"的"一往无前的政治家魄力,不尚空谈躬行实践的"实干精神,凭借李太后和万历帝的支持,"不遗余力,遵循申(不害)、韩(非)法治主义,综合名实,信赏必罚,雷厉风行，大刀阔斧，扫除廓清，大破常格，无所顾忌”，使得改革多次历尽踬踣，绝路而生，比较顺利地从政治推向经济，功效显著。可以说，张居正生前，新政的诸多政策得到了较好的执行。在他按照综核名实、信赏必罚原则大破常格的政治革新中，营造了一种雷厉风行的氛围，“大小臣工鳃鳃奉职，中外凛凛，莫敢有偷心”，这应该说是了不起的成功。

万历新政的财政经济改革的效果是显而易见的。不仅把一条鞭法由南方推广到了北方，而且由于开源节流双管齐下，财政赤字渐趋消失，为明政府集聚了巨额财富，解决了濒临破产的财政危机。史称：“太仓粟可支数年，囧寺（即太仆寺，官署名）积金至四百余万。”此话是有坚实的事实根据的。据户部报告，隆庆元年（1567）前后，京师仓库储存的粮食约七百万石，可支给京营官军两年消费；到了万历五年，京师仓库储存的粮食足可供六年消费。万历时期成为明朝最为富庶的几十年，绝不是偶然的。

但是，随着张居正出人意料的溘然长逝，他一腔心血苦心建树的新政，也随之付诸流水。十年新政，毁于一旦。

万历新政失败的原因是复杂的。张居正的悲剧源于他以个人权威所进行的改革触动了整个文官集团的利益，因为他把所有的文官摆在他个人的严格监视之下，并且凭个人的标准加以升迁或贬黜，因此严重地威胁了他们的安全感。这些官员之间关系复杂，各有他们的后台以及提拔的后进。他们之间又无一不有千丝万缕的家族与社会关系，得罪了一个人，就得罪了一批人。因此，这种改革是为当时的制度所不能允许的。④

的确，从制度的角度言之，传统政治体制下的制度缺陷是当时的改革者难以逾越的一道坎，万历新政仍然只能是当时传统政治体制内的一种调整行为。而这种体制内的调整终究是有限度的，它要受到各方面的制约。首先，支撑现有体制的利益集团的利益不能受到损害；其次，改革派自身的利益也必须得到保障。因为，在某种程度上，改革派自身也是一个利益集团，它往往依靠其对改革过程中的决策及实施过程中权力的掌握而形成新的利益集团，从而有意无意地使改革的目标有所游离。熊召政在其《张居正》一书中剖析说："在张居正的改革中，我们发现，无论在吏治、财政还是文化上，都因这种对于极限的挑战而最终功败垂成。""改革最终未能完成制度性的设计，使体制有一种自我适应和调整的能力；而仅仅依赖于体制内个人的良知与威权，则难免失败的命运。"特别是中国封建社会皇帝一言定法或废法的时代，政以人举也必将以人亡，成于斯者败于斯。这是专制主义政体下政治变迁和社会改革的普遍现象，万历新政自也不能跳出这一窠臼。

此外，新政的失败并不仅仅是制度的原因。在传统社会中，人们对于旧价值理念的自觉、不自觉的依恋，也会成为影响改革成败不可忽视的因素。新政首先是从政治改革入手的，针对当时公文政治中的官僚主义、文牍主义、形式主义之类的弊端，张居正提出了整顿吏治的有力措施——考成法，按照综核名实，信赏必罚原则，强调公铨选，专责成，行久任，严考察。

但是，要做到这些，谈何容易。在传统的官僚政治时代，政府职能的运作，很大程度上仰赖于公文的传递与处理，因循守旧、不思进取，不求有功、但求无过的各种不作为心态在各级官吏中，已是根深蒂固，年久日深。张居正偏要反其道而行之，扫除廓清，严加整顿，给各级官员施加压力,不得再像以往那样混日子,要克服的阻力是可以想象的。因此新政施行之初便被视为过于严厉,过于操切,从而遭到猛烈的反对,诸多怨声,甚嚣尘上。

在万历帝全力支持新政的情况下,反对者最终被弹压下去了,如当时反对最为激烈的余懋学、傅应祯、刘台等人,最终落得了被罢官、充军或削籍为民的结局,但当时的人们对他们却是充满了同情。这些对反对者过激的处理留下了不可弥补的后遗症,为张居正身后被谪、新政失败埋下了伏笔。⑤

万历帝对张居正的感情是非常微妙的:既敬重依赖又憎恨忌惮。敬重的是张居正作为他的师相和顾命大臣,十年来事无巨细,施教于他,并替他排除诸种艰难险阻,把混乱溃败的朝政治理得井井有条;憎恨的是张居正独揽朝纲,威权震主,十年来,对他这个皇帝的掣肘实在太多。听命于太后犹有可言,受元辅摆布则是难以长期忍耐的。蓄之既久,其发必厉,因此,万历帝往年对张居正过于严厉的教育与约束的不满,在张居正逝世后全部发泄了出来。万历十一年(1583)三月,距张居正逝世还不到一年,万历帝就下诏追夺张居正官秩,抄没张居正家产,张居正当政时所重用的官吏大都被贬斥,改革措施也逐渐遭到破坏。

张居正死后竟然遭到万历帝如此无情的惩处,是他本人生前始料不及的,也与万历帝当初尊崇备至的态度大相径庭。中国古代帝王视臣子若草芥,可以捧上云霄,也可打入地狱,即使有盖世之功的张居正也概莫能外。张居正以雷厉风行的改革而树敌过多,以威权震主而获罪于皇帝,无疑是最主要的原因,也是最根本的原因。⑥

张居正的悲剧也宣告了明王朝已经去日无多了。正像有学者指出的，激情燃烧的岁月渐渐远去，苍茫的历史湮没在黄尘古道之中，没有人会为历史的舛误买单，也没有人能扭转历史从头再来，好在"真理是可以等到的，因为它长久存在"。万历帝亲手制造的大冤案，留给了他的子孙们去平反。天启二年（1622），朱由校给张居正恢复名誉，给予祭葬礼仪，张府房产没有变卖的一并发还。崇祯三年（1630），朱由检又给予张居正后人官荫与诰命，并钦定张居正"功在社稷，日久论定"。当大明王朝行将崩溃之时，朱由检"抚髀思江陵，而后知得庸相百，不若得救时相一也"。人们感慨于此，在江陵张居正故宅题诗抒怀，有两句云："恩怨尽时方论定，封疆危日见才难。"此堪称"诗史"，也是张居正身后功过是非的真实写照。⑦

张居正人亡政息的悲剧再次让我们看到了，在中国古代社会皇帝一言定法或废法的时代，政以人举亦以人亡，成于斯亦败于斯是不可避免的悲剧。张居正逝世后"倒张运动"给晚明社会带来了难以估量的负面影响，它不仅是对张居正个人的彻底否定，导致方兴未艾的新政被废；同时，由此引发的朝中大臣相互诋毁的翻案风开启了晚明政坛的派系门户之争。万历帝自己也被党争搞得焦头烂额，并给他的继任者留下了无法摆脱的政治后遗症。这种"党同伐异"之风在随后的晚明政治中愈演愈烈，致使朝政乌烟瘴气，在派系斗争和"朋党"政治的泥淖中越陷越深，将万历新政带来的社会新气象折腾得荡然无存，加剧了晚明社会的危机。张居正不惜摩顶放踵而点燃的革新之火，曾为衰败的王朝赢得一度光华。但这衰老机体上蓦然一现的回光，还未曾招还那久已逝去的青春，就匆匆泯灭了。

申时行像

此后，万历帝朱翊钧也就沉溺于奢侈腐化的生活之中，不事朝政，不理朝官。而继任的首辅申时行及其他内阁臣僚们，从张居正的下场中汲取教训，也失去了谏诤的勇气与信心，只满足于尸位素餐地混日子；朝中文武官吏则热衷于朋党之争。发展到后来，士大夫意气用事，争名逐利，互相攻击无所不用其极，乃至结党营私，是非不分。如果说万历一朝朋党之争，其源盖出于此，也不算过分。最终，令后人发出"明之亡实亡于神宗"的感叹。

至此，也不能不令人有一种宿命般的无奈：在当时的社会环境下，以张居正的铁腕个性和万历帝的独断心态而言，万历新政在其初始，实际上就已隐伏了其难以实施及至最终被废的命运。这是张居正的悲剧，更是晚明王朝的悲剧，因为，它失去了一次最好的中兴机会。

此后，明王朝一天天地走向衰亡。

万历三大征

万历三大征是指明万历二十年至二十八年（1592—1600）间，先后在明王朝西北、朝鲜和西南边疆展开的三次大规模军事行动。三次战役分别为平定蒙古人哮拜叛变的宁夏之役、抗击日本丰臣秀吉政权入侵的朝鲜之役，以及平定苗疆土司杨应龙叛变的播州之役。明朝三战大获全胜，国力亦蒙受重大耗损。

宁夏之役

宁夏是明代边陲九个军事重镇之一，主要是防御蒙古人。洪武五年废府置卫，始终实行卫所制度。这里的情况较之其他地区有些特殊：军多民少，以军代政。统治机构也不同于其他地区，是一个复杂而矛盾的混合体，由宗室王公、镇守太监、巡抚、总兵等构成。

叛乱的哱拜本是蒙古鞑靼人，明嘉靖年间因得罪酋长，父兄被杀，他投奔了明军。哱拜降明的嘉靖末期，正是明朝与蒙古兵连祸接、战争不已的时候。哱拜降明之后，便以其勇武善战、熟悉蒙古情况受到了明廷的重用，历游击、参将，万历十七年（1589），哱拜被提为副总兵，致仕后，其子哱承恩袭位。

哱拜以蒙古降人归附明朝，他久经战阵，在宁夏颇具威望，因而也积蓄了相当可观的力量。但是，作为出身异族的将领，哱拜在明廷任职也不是事事如意的。由于明朝廷臣受到"夷夏有别"的传统观念的影响，哱拜也不时遭受一些不公正的待遇，他身上似乎总是潜伏着一种不被信任的危险。王崇古、萧大亨、梁梦龙等人均久历边镇，熟悉哱拜这样的少数民族出身的将领，较少偏见，哱拜在他们手下往往受到信用，得展其才。但是，一旦封疆大吏换成了"夷夏有别"观念很深的人，情况就不同了。万历十七年，党馨任宁夏巡抚，便疑哱拜"势重难制，每事裁抑之"，终于酿成大变。

万历十八年（1590），被封为顺义王的蒙古鞑靼部俺答首领扯力克借口赴青海礼佛兵犯洮州、河州（今甘肃境内），明政府任命魏学曾为兵部尚书兼副都御史，总督陕西三边军务，派兵部尚书郑洛前往经略抚剿。哱拜统宁夏镇兵随郑洛赴青海作战，奏凯而还。回师后，宁夏巡抚党馨不但不奖励，反而竭力追究其"虚冒钱粮"之罪，哱承恩因强娶民女罪被杖责二十，哱云、土文秀也被裁抑，不予升迁。党馨甚至停发士兵的冬衣布花、减克月粮，终于激起了哱拜及其部下的反抗。

万历二十年 (1592) 二月，哱拜纠合其子哱承恩、义子哱云及土文秀等，联合军锋刘东旸叛乱，擒杀了党馨和宁夏督粮道兵备副使石继芳，纵火焚烧了公署，收回符印，释放囚犯，胁迫总兵官张维忠以党馨"扣饷激变"奏报，并索取敕印。张维忠被挟制，交出敕印后自杀。此后刘东旸自称总兵，以哱拜为谋主，以哱承恩、许朝为左右副总兵，土文秀、哱云为左右参将，占据宁夏镇，刑牲而盟。

哱拜起兵后，四处攻城略地，出兵连下中卫、广武、玉泉营、灵州 (今宁夏灵武) 等城，攻下宁夏四十七堡，控制了北至平虏、西至贺兰山、东至灵武的广大地区。但哱拜毕竟势单力薄，在明政府各路大军的围攻下，四十七堡尽失，困于孤城之中。在此情势下，哱拜决定赂以重贿，向蒙古军求援。蒙古袄儿都司部首领著力兔欣然答应，至此，哱拜势力越加强大，全陕震动。

三月四日，副总兵李昫奉总督魏学曾檄，摄总兵事进剿，但叛军恃蒙古支持，势力甚强。此后，明朝特调麻贵驰援，一边攻城，一边阻击蒙古部军，斩获甚多。四月，又调李如松为宁夏总兵，以浙江道御史梅国桢监军，统辽东、宣府、大同、山西兵及浙兵、苗兵等进行围剿。同时对蒙古各部也采取分化瓦解的政策，对那些没有参与哱拜叛乱的蒙古部予以安抚，对于参加叛乱的蒙古军则毫不手软地派兵捣毁其大营，并追奔至贺兰山，将其尽逐出塞。这一策略果然奏效，哱拜一失蒙古之援，宁夏城即成孤城，被明军团团包围。城内弹尽粮绝，同时内部发生火并，刘东旸、土文秀、哱承恩等互相残杀，军心涣散。李如松攻破大城后又围哱拜家，哱拜阖门自尽，哱承恩等被擒，至此，哱拜之乱全部平息。

哱拜是出身于蒙古族的明朝将领，此次事变的发生、发展及结局自始至终与明朝的对蒙政策及与蒙古袄儿都司部的关系紧密相连。哱拜之乱就其本身而言，只是一次兵变。但这次兵变实际上并不是哱拜一个人的意志，而是在宁夏镇兵中经过充分酝酿的有组织、有计划的行动。哱拜之乱之所以发展到这样大的规模，关键在于蒙古的介入，明朝花如此大的力量剿而不抚，原因也在于此。

这次兵变震动西北，波及蒙古，使明朝西北边陲一度处于混乱之中。明廷先后调七镇兵马进剿，两易总督，历时九月余，攻破了宁夏城，平定了这次兵变。虽然这场战争以明朝的胜利告终，但在平定兵变的过程中，明政府的边政弊端和腐败明显地暴露出来。战争极大地削弱了明朝西北边防的战略防御功能，同时也给宁夏地区经济的发展以及人民的生产生活造成了巨大的损失。⑧

朝鲜之役

明万历二十年间，日本"关白"丰臣秀吉发动了侵略朝鲜的战争。明朝皇帝应朝鲜国王的请求，出兵援助，当时称为东征御倭援朝。朝鲜称为"壬辰、丁酉之战"，日本称为"文禄、庆长之役"。这是日本第一次侵朝战争，也是中朝第一次联合反侵略战争。明朝援救朝鲜抵御日本侵略的决策，不仅有着字小扶危、保护藩属国家的因素,也有着维护辽东边疆安全的利益动机。

万历二十年 (1592),掌握日本大权的丰臣秀吉命加藤清正、小西行长率军从对马攻占朝鲜釜山,又渡临津江,进逼王京汉城 (今首尔)。当时形势十分严峻。朝鲜国王李昖沉湎酒色、弛于武备、政治腐败,军队望风而溃。二十天后王京汉城沦陷,两名王子被俘。国王逃往开城,在日军迫近后,又北渡大同江,逃往平壤。至此,朝鲜八道几乎尽遭沦陷。朝鲜国王向明朝皇帝求援。万历皇帝决定东征御倭援朝、接纳朝鲜国王避难。

兵部遵旨出兵,但是对敌情估计过低,只派游击史儒率少量兵马前往平壤。由于不熟悉地理,又遭连日淫雨,史儒兵败阵亡。副总兵祖承训随后统兵三千增援,又遭挫败,几乎全军覆没。

明廷得败讯后,举朝震动,京师戒严。随即决定以宋应昌为兵部右侍郎,经略蓟、辽、山东、保定等处防海御倭军务,出师征讨。同时任命正在宁夏平叛战场的总兵李如松为军务提督,克期东征。李如松是辽东名将李成梁之子,从小跟随父亲征战,深谙兵机韬略,又熟悉朝鲜情况,朝廷对他寄予厚望,期以必胜。万历二十一年 (1593)正月,在平壤展开决战,明军取得大胜,一气收复开城、黄海、京畿、江源等地,日军退守王京汉城。李如松获胜后显然轻敌,仅率轻骑向碧蹄馆进发。结果兵败,李如松险些阵亡,明朝军队锐气受挫。

三月,刘綎、陈璘率军抵朝。明军扼临津、宝山等处,并断日军粮道,日军缺粮,不得不放弃王京,退缩至釜山等地,开始与明军谈判。其时,明兵部尚书石星力主和议。但因日本提出以大同江为界等无理要求,谈判破裂。

万历二十五年 (1597),日军再次发动进攻,万历帝朱翊钧下令革去隐瞒事实的兵部尚书石星的官职，任命邢玠以兵部尚书出任蓟辽总督，都御史杨镐经略朝鲜事务，以麻贵为提督，东征援朝。此时，明政府对日本的领土野心已有所认识，援朝兵力明显增加。明军兵分四路，中路董一元、东路麻贵、西路刘綎、水路陈璘，分道向釜山挺进，陈璘与朝鲜水军将领李舜臣紧密配合，在海上打败敌人最精锐的小西行长所部。八月，丰臣秀吉死，日军阵脚大乱，中朝联军乘势进击，日军大败。但李舜臣和明军老将邓子龙也在与日军的露梁海之战中阵亡。十一月，战争基本结束。

这场战争虽然明政府取得了胜利，但自身也是实力大伤。特别是在战争过程中明朝政治的腐败暴露无遗，成为明朝由盛而衰的一大转折。

丰臣秀吉发动战争的目的，不仅为了霸占朝鲜，而且意欲以此为跳板，"假道入明"，进而实现其"大东亚构想"，甚至妄想把日本天皇的首都搬到北京，建立大东亚帝国。明朝当局对此估计不足，以为只要答应日本方面的"封贡"要求，便会天下太平。其实不然。就在明朝皇帝册封丰臣秀吉为日本国王不久，丰臣秀吉立即重开战端。在战争的相持阶段，丰臣秀吉突然死亡，日军不得不仓惶撤退。这场战争暴露了日本统治者妄图称霸东北亚的野心，丰臣秀吉的后继者们始终没有放弃这种野心，因此，这段历史就具有特别的意义。

播州之役

播州即今贵州遵义地区，明时地属四川。其地势险要，广袤千里。自唐杨端之后，杨氏作为土司世代统治此地，接受中央王朝任命。明洪武五年（1372），杨铿归顺明王朝，此时杨氏家族在播州已传至二十一世。朱元璋授杨铿"金牌银印铜章衣币"等物，仍由杨铿任播州宣慰使。

隆庆时，杨应龙袭任播州宣慰使。他骄横跋扈，极为残暴，作恶多端，激起民愤。重庆府将杨应龙逮至官府问罪。恰逢倭寇侵朝，明政府要各地出兵援朝，杨应龙谎称可出兵征倭赎罪，于是被放回播州。但他归去后并未兑现诺言，反而更加嚣张跋扈，并暗中积蓄军事力量，欲做"半壁天子"，当西南王。

万历二十一年，明军三路进攻杨应龙，结果在娄山关大败。后来明政府忙于抗倭援朝，无暇解决杨应龙的问题，只能实行招抚，杨应龙趁机扩充实力。万历二十七年(1599)五月，杨应龙以"朝廷不容我，只得舍命出綦江"为借口，打着"擒王剿叛"的旗号，起兵反叛。进犯綦江城。当时綦江守军只有三千，寡不敌众，綦江失守。綦江是入播州的通道，占领綦江，就能随时出入川、贵地区。且綦江以下，没有雄关险隘，綦江一破，重庆危急。而此时的明政府，此前在西北平定了宁夏副总兵哱拜之乱，在东北刚刚结束长达六年的援朝战争。长期的东征西战，耗费了大量的人力物力，财政空虚。客观情况不容明政府有任何幻想，必须速战速决，尽快平定。

得知杨应龙再次起兵的消息，明政府急调四川巡抚李化龙兼兵部侍郎，总督川、湖、贵三省兵事大权，前往平叛。同时，经过几个月的调整，从陕西、甘肃、浙江、云南等省，调集二十万军队，号称五十万，开到川贵边境。至万历二十八年二月，李化龙兵分八路进攻围歼杨应龙。经过三个多月的征讨，杨应龙被困海龙囤(今遵义西北)。囤破时，杨应龙与其爱妾"自焚而死"。其子杨朝栋、杨以栋、弟杨世龙等被俘。至此，杨应龙起兵叛乱，以被讨平而结束，时恰一年。

杨应龙统治播州的二十八年中,前期为维护其既得利益和土司地位,在处理与中央王朝、周边土司、内部土官及与辖地百姓的关系时采取了不同的措施,但最终随着中央王朝"改土归流"的推行、杨应龙个人野心的膨胀,内外矛盾不断恶化,直接导致平播战争的发生和播州土司的灭亡。杨氏统治结束后,明王朝在此改土归流,设置流官,加强了明朝对边远地区的统治,促进了播州经济文化的发展。⑨

到了雍正五年(1727),清政府又将四川所属之遵义府,包括所有之属县,改隶贵州布政司,由贵州省管辖。此后,与四川有密切关系的遵义地区,便成为贵州省的重要区域。

国本之争

万历帝朱翊钧十岁登基,十四岁举行大婚典礼。皇后王氏,端庄宽厚,专心侍奉朱翊钧生母慈圣皇太后,深得李太后宠爱。王皇后婚后三年多才生一女儿,始终没有儿子。有一次,朱翊钧去慈宁宫探望生母李太后,宫女王氏捧了面盆伺候,朱翊钧一时兴起便临幸了她,王氏也因此而怀孕。

按照宫中惯例,宫女受皇上宠幸,必有赏赐。随侍文书房宦官也要记注皇上临幸宫女的年月日及所赐物品,以备查验。但这毕竟不是太光彩的事,加之万历帝对王姓宫女也只是一时兴趣,并没有什么感情,所以万历帝对此一直讳莫如深,左右内侍也都守口如瓶。这事被李太后知道了,万历帝起初还想隐瞒,但抵不过《内起居注》中明白无误的记载,也只好承认了。在李太后的规劝催促下,万历帝也只好封王氏为恭妃。万历十年，王恭妃生一男孩，这便是万历帝的长子——朱常洛。

当时，皇后王氏和恭妃王氏，都不受万历帝的宠爱。万历帝情有独钟的是生育皇二女的德妃郑氏。万历帝久居深宫，受到的是封闭式的传统教育、板脸式的训斥与叩拜请示的繁复礼节，他与身边的人缺少心理理解与情感共鸣。据史书记载，郑氏并无闭月羞花之貌，但她为人聪慧机警，喜欢读书，尤为难能可贵的是，她与年轻的万历帝有共同的志趣爱好，对情感孤独空虚的万历帝来说，郑氏无异于他的精神支柱。他们情感上的契合与共鸣着实让人吃惊，太监和宫女们常常看到他们双双跪拜于佛前祈祷。万历十二年，万历帝"破格"册封郑氏为贵妃，使得郑氏的地位仅次于皇后王氏，高于恭妃王氏及宫内其他嫔妃。万历十四年，郑氏也生一子，取名常洵，排行第三。从此，皇上对郑氏更是偏爱有加。

万历帝对皇三子的偏爱程度超过了皇长子，使得朝廷大臣们在册立太子的问题上，面临难题。按规矩应册立皇长子常洛，太后心疼她的长孙，也偏向册立常洛，但万历帝内心想册立皇三子常洵。由于这牵涉"国本"大事，不可掉以轻心。万历帝也受制于传统的儒家礼教，不敢公然违背，更不便公然废王皇后而立郑氏为后；但顺从大臣们的意见，立常洛为太子，又实在不甘心。于是，他就采取拖延办法，今天借口皇子还太小，明天又说皇后也许还会生子，迟迟不肯立储，并常常把大臣们的奏折留中不理。但是，随着大臣们请立太子的奏疏日益增多，万历帝感觉到，长期留中不理也不是办法，而且一日不立太子，他就难有一日的安宁。身为一国之君，具有无上的权威，而如今连自己最心爱的女人、儿子都不能随心所欲地赏封，他心何以

掐丝珐琅狮纹尊 (明中期，北京故宫
博物院藏)

青花人物套盒 (明正德年间，北京故宫
博物院藏)

青花云龙纹扁壶 (明永乐年间，南京
博物院藏)

青花狮球纹罐 (明宣德年间，上海博物
馆藏)

甘？就这样，在册立太子之事上，神宗固执己见，朝臣议论纷纷，内阁左右为难。迫于舆论和传统的压力，阁臣们明知皇帝不快，但也不得不频繁上奏，催促皇帝早做决断。这样做势必又激怒皇帝，使得阁臣们不得不"引咎辞职"。朝臣与皇上在"国本"问题上的意见尖锐对立，双方毫不相让。

万历帝利用其皇帝的身份与权力，对直言极谏的给事中、御史，动辄惩处；对好言劝导的阁部大臣，则随便训斥。其刚愎自用、专横独断的程度，实为罕见。到最后，因册立东宫之争，竟然导致了内阁的大换班。廷臣们在事关宗社大计的问题上，甘冒风险，纷纷挺身上言，对万历帝不依不饶，表现了异常的勇敢与前仆后继的精神。

万历帝生母李太后的态度，对万历帝最终的抉择起了重要的影响。起初，万历帝欲以朱常洛是宫女的儿子为借口，不想立他为太子，结果李太后听后极为不悦，当场正色训斥道："母以子贵，哪分等级？你不也是宫女的儿子吗？"这一句话击中了要害。万历帝生母也是宫女出身，她早年是作为宫女进入裕王（即后来的隆庆帝）府邸，生了朱翊钧后，才晋封为贵妃。朱翊钧即位后，又得尊号慈圣皇太后。万历帝听了母后的话，自知理亏。对于朱翊钧而言，自幼处于母亲的严厉管教之下，母亲训示的压力超过外廷大臣的诤谏。这件事对于日后万历帝最终决定确立朱常洛为太子，起了不可忽视的影响。最后，万历帝终于拗不过众朝臣和母后的压力，于万历二十九年，册立朱常洛为太子。[10]

从万历十四年（1586）首辅申时行提出建储——册立皇太子，一直拖到万历二十九年（1601），储位始定，中间历经十五年的延宕。这件事给万历帝和群臣之间带来了深深的隔阂与抵触，使他对纷繁琐碎的朝政事务，也产生了强烈的厌倦感。在某种程度上，也成为万历帝日后沉溺后宫的一个重要原因。而长期耽于酒色，又令他疾病缠身，难以胜任日理万机的政治生活，由此开始了明朝历史上又一个皇帝长期怠政的时期。

注释：

① 樊树志：《万历传》，人民出版社1993年版；樊树志：《晚明史 (1573—1644)》（上、下），复旦大学出版社2003年版。

② 樊树志：《晚明史 (1573—1644)》（上、下），复旦大学出版社2003年版。

③ 梁方仲：《一条鞭法》，载梁方仲《梁方仲文集·明代赋役制度》，中华书局2008年版。

④ [美] 黄仁宇：《万历十五年》，中华书局1982年版。

⑤ 刘志琴：《张居正的性格悲剧》，《天津师范大学学报（社科版）》2005年第5期；刘志琴：《张居正评传》，南京大学出版社2006年版。

⑥ 樊树志：《晚明史 (1573—1644)》（上、下），复旦大学出版社2003年版。

⑦ 刘志琴：《晚明史论——重新认识末世衰变》，江西高校出版社2004年版。

⑧ 王雄：《关于"哱拜之乱"》，《内蒙古大学学报》1988年第2期；和砻：《试论明万历年间的宁夏兵变》，《宁夏社会科学》1985年第1期。

⑨ 李世模：《平播战争胜利原因初探》，《贵州师大学报 (社科版)》1987年第3期；李良品、邹淋巧：《论播州"末代土司"杨应龙时期的民族关系》，《贵州民族研究》2010年第5期。

⑩ 何孝荣：《万历年间的"国本"之争》，《山东大学学报（哲社版）》1997年第4期；林延清：《李太后与"国本之争"》，《东岳论丛》2008年第1期。

王朝危机 **09**

万历怠政

张居正逝世时,万历帝已是年届二十的成年人了。张居正任内阁首辅的十年,是万历帝受其严加管束的十年。这十年间,张居正以首辅兼帝师的身份,严厉管束万历帝的学业及生活,万历帝身为一国之尊,要时常忍受张居正不时居高临下的训诫。太监冯保也仗李太后之信任而有恃无恐。张居正死后,万历帝长期被压抑的自尊与愤怒,以及帝王的独裁心理,终于得以宣泄。

太监冯保首当其冲,张居正逝世后不到半年,冯保便被抄家谪居。随后,张居正也被抄家夺谥,家人惨遭厄运,长子被迫自杀,次子、孙子等被发配边疆。冯、张的被贬斥,使得宦官、内阁势力大大削弱。终万历一朝,万历帝始终对宦官控制甚严,除被他派到各地充当矿监税吏的宦官较有势力外,其余大都没有多大势力。阁权也大为降低,继张居正之后的各任首辅,大多要看皇帝脸色行事,绝无张居正对皇帝居高临下的态度。朝中内外大权基本为万历帝所掌握。

捉蝗农夫图（明代，山西新绛稷益庙正殿东壁壁画）。画面上农夫与官员共同灭蝗，手中捆缚巨蝗，显示农民除蝗的成就，也说明政府官员对民生的关注。

　　大权在握，适逢年轻气盛，万历帝正好可以大干一番，有所作为。万历帝亲政之初，也确实想有一番作为，从万历十一年（1583）至万历十四年（1586），一度出现过励精图治的景象。当时他不辞辛劳，勤于政事，关心百姓疾苦，委派官吏兴治京畿水田。在官吏的选拔上，也比较注重文武官员的实际才能，选拔任用了一批有实践经验的文武大臣，还常常和臣僚讨论国事，磋商政务。

万历十三年 (1585) 四月，北京地区有半年多没有下雨，万历帝亲率百官，步行往返二十里，去南郊祈雨。这对一个平日恃辇而行的皇帝来说，实属不易。目睹此举的臣僚及京城百姓，无不为之动容。后人一度称这一时期为弘治朝后的又一次中兴时期。但可惜的是，这一过程持续的时间太短，犹如昙花一现。

万历帝亲政后不久便出现了消极怠政的局面，这一点严重影响了万历一朝的政治，使得明政府一步步地走向崩溃。

张居正在任时，虽有擅权之嫌，但由于其过人的政治才能，朝中大小诸事基本上都能应对处理，万历帝相对要清闲轻松得多。张居正死后的下场，令继任者们深以为戒，他们不再像往日一样直言谏诤，勤勉敬业，而变得小心谨慎，唯唯诺诺，做事不求有功、但求无过。只要能够应付皇上和同僚，也就得过且过。张居正身后被清算导致内阁地位下降，阁臣权势减弱。而倒张运动最直接的负面效应便是文武官吏对于阁臣的弹劾日益频繁，甚至出现了消极批评胜过积极建议的趋势，办事的官员动辄就遭弹劾。万历帝自己便不得不面临复杂而繁琐的大小政事。

繁杂的朝政令万历帝烦恼不已，也越来越没有耐心。往日悠闲的时光令他无比留恋，宫中的安逸享乐更让他难以舍弃，加上他个人的册妃立储等诸事都不顺心，于是从万历十四年 (1586) 下半年以后，便以身体不适为借口开始怠政。他不常上朝，不见大臣，不搞经筵日讲，甚至不参加祭祀太庙的大典。对于臣下的军政奏折，也不及时处理，常常让它们躺在宫中睡大觉，称之为"留中"。而他自己则每天沉醉于后宫,吃喝玩乐。

张居正的逝世,冯保的被黜,使朝廷内外一下子失去了两个令人望而生畏的铁腕人物,长期受压制的官员们如释重负,顿时活跃起来。而万历帝的怠政,则使朝臣之间缺少了一个强有力的权力中心,故而不可避免地出现派别互相弹劾,争斗不已。

对于万历帝的怠政,起初还有一些以气节自许的朝臣上疏直谏,但万历帝则是充耳不闻,常常将这类奏折搁置不理。按照明代惯例,身为臣僚,一旦被科道官弹劾后,为了表示自己不贪恋官位,一般都是自动离职;再加上劝诫皇帝而杳无回音的大臣,对朝政也深感失望,常有愤而辞职者。到万历后期,皇帝不理朝政的情况日益严重,明政府官员离职的情况也愈演愈烈,明朝政日益松弛,连正常的官吏任免都处于停滞状态。由于在职的官吏不能正常升迁,空缺的职位也不能得到及时补充,一方面是"人滞于官",另一方面是"官曹空虚",整个政府机构几近瘫痪。

大凡皇帝怠政,往往会出现权臣擅权专政的现象。如正德时有刘瑾专权,嘉靖时有严嵩柄政。万历时代,一方面,由于万历帝本人权势欲极强,他不能容忍大权旁落;另一方面,自张居正死后,内阁再无一名内阁首辅可与严嵩、张居正相比,内阁首辅们深以张居正的下场为鉴,谁也不愿意重蹈张居正的覆辙,对怠于朝政的万历皇帝也大都采取明哲保身的消极态度,行使权力时,不愿、也不敢越雷池一步。故而万历一朝自张居正之后,即便在万历帝怠政时期,也没有出现权臣擅政的局面。万历帝经常称病不视朝,不见内阁臣僚,内廷与外朝的沟通只能通过司礼监太监来进行。但以万历帝的个性,他自然也不能容忍再出现像刘瑾、汪直那样专横跋扈的太监。他既要依赖他们沟通内外朝,同时也对他们严格约束,一旦他认为太监们越过了他所认定的界限,便毫不客气地予以黜除。这样,自太监冯保被黜之后,万历一朝再也没有出现宦官专权的局面。[①]

矿监税吏与民变

万历帝怠于朝政,却善于敛财。他"好货成癖",贪财如命。其在位后期,疾病缠身,弃朝政于不顾,却唯独于聚敛财富毫不放松。通过政府的正常渠道开辟财源,往往还要受户部、工部等部门的控制,并且还要想一些名目,否则便要招来大臣的劝诫。这令挥霍成性的万历帝感到非常不便。因此,他要千方百计地增加宫廷内库的收入,由他自己直接支配使用。而这项工作只有委派太监进行。从万历二十四年开始,他陆续派出大批宦官作为矿监、税吏,遍及全国一百六十多个州县。征税太监的派出,意味着在原有的钞关之外增设了新的征税点,实际上是将国家税收直接掠入了他自己的腰包。大臣们的紧要奏章他可以留中不批,但矿监税吏们的奏折却从不怠慢。

由于矿监税吏们的税收是直接向内库进奉,不受中央政府与地方政府的财政监督,又无制度保障可言,于是形成了财政上的极大漏洞——太监们征多缴少,中饱私囊,大量财富实际上落入了太监们的腰包。据统计,万历二十五年(1597)至三十四年(1606),矿税太监们向内库进奉白银五百六十九万两,而落入他们自己腰包的竟达四五千万两之多。这还是比较保守的估计。如广东税监李凤贪污案发,从事后的调查结果看,他从万历二十七年(1599)到三十四

万历二十九年（1601）吴县甪头巡检司缉捕在逃奴仆的令状

年（1606），向内库进奉的税银仅为三十六万两，而贪污的白银则高达五千万两，是他八年间进奉税银的一百三十九倍，令人瞠目结舌。税吏的中饱私囊使得国库收入严重亏损。

　　那些被委派的矿监税吏们，自恃由皇帝亲自委派，便无法无天，在各地贪赃枉法，横行霸道。他们不与地方官员协商，也不根据各地的实际情况，一味以搜刮为能事，乱设关卡，恣意横行。当时长江沿岸关卡林立，沿长江顺流扬帆，一天之内行三四百里，要过五六道税卡，重复征税，令商人们叫苦不迭。明政府为鼓励经济发展，曾颁布条例规定："杂粮十石以下，及小本生意免税。"但税吏马堂到达山东临清后，公然违背这一条例，在临清的新城、旧城内遍布税吏，对背负肩挑米豆杂粮的小贩们也不放过，以致小商小贩们都不敢到城里做买卖。据万历三十年（1602）的户部报告，

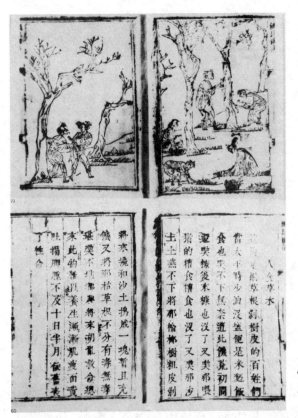

《饥民图说》描述了万历二十一年 (1593) 河南水灾后民众的惨状。

临清原有缎店三十二家，关闭了二十一家；布店七十二家，关闭了四十五家；杂货店六十五家，关闭了四十一家。辽东布商几乎绝迹，临清城内，一片萧条。这个明代运河沿岸著名的商品集散地受到严重的挫伤。江南纺织名城苏州，也因税吏及其爪牙们"以榷征（征收专卖品之税）为奇货"，致使染坊罢染，机房罢织，城内"转贩日稀，织户之机张日减"。

更为严重的是，矿税太监们不仅在经济上敲诈勒索，平时更是擅作威福，欺压百姓。如税监马堂的爪牙在临清大街上，竟然公开抢劫背负斗粟尺布的普通小贩和百姓；太监陈奉任湖广税吏时，他派出的征税太监看准了谁家有资产，动辄以"千岁爷爷要行奏请抄没"相威胁，逼迫他们拿出金银。他的手下还常常闯入民宅，肆行奸辱民女；甚至将民女抢入陈奉的税监府内，关押欺凌。矿监税吏们的横征暴敛，搞得民怨沸腾，给各地带来了极大的灾难，终于激起了民众的反抗，引发了各地的民变。

万历二十七年(1599)四月，山东临清商民罢市，他们冲进税监衙门，放火焚烧了衙门，打死了马堂的三十多名税吏爪牙。后来，万历帝下令镇压，并想将参与者一律从重严处。危难关头，王朝佐挺身而出，自称抗税首领而就义。临清知府李世登抚恤其妻母，临清民众为其立祠堂，民心可知。

陈奉在湖广的胡作非为，同样激起了湖北民众的反抗。万历二十七年七月，荆州数千商民聚集街上，向前来征税的陈奉投掷石块，幸亏陈奉溜得快，才未被乱石击中。万历二十九年十二月，武昌、汉阳数万名愤怒的民众，游行至陈奉的税监府，蜂拥而入，火烧税监府。幸得巡抚、巡按等带兵丁赶来解围，陈奉才免于一死。但从此躲在楚王府内，一个多月不敢露面。

万历二十九年五月，太监孙隆到苏州，勒令苏州机户每张织机加征税银三钱，机户们难以承受，纷纷关门罢织，而佣工们则面临着失业挨饿的危险。六月，丝织作坊的雇工数千人，推举昆山人葛成为首领，举行了反对税监的示威游行。工人们包围了孙隆的税监衙署，打死了孙隆的爪牙多人，孙隆翻墙逃跑，得以幸免。后来，明政府派兵镇压，葛成挺身而出，大义凛然，"以身当之"，"遂请就狱"，避免了一场大规模的杀戮。

此外，还有反对征税太监潘相的江西民变，反对矿税太监高淮的辽东民变，反对矿税太监杨荣的云南民变，等等。其中，反对杨荣的云南民变，甚至还有同情民众的地方官的参与。杨荣被抓处死后，又投其尸于烈焰之中，可见人们对其的仇恨程度。杨荣手下也大多被民众打死。万历帝闻知此事后，竟然怒气冲天，几天吃不下饭。他对民变耿耿于怀，最终恨恨地叹道："死一个杨荣不足为惜，但为何朝政纲纪竟坏到如此地步？"他压根没有意识到是自身的腐败造成的恶果，整个社会其实已到了分崩离析的地步了。

晚明宫闱疑案

梃击案

经过十几年的君臣交锋，皇长子朱常洛终于被册封为皇太子，郑贵妃的儿子也被封福王送往洛阳居住。但是，万历帝对郑贵妃及其子福王的宠爱并未改变，皇太子朱常洛的处境也未有大的好转。万历帝对皇太子态度冷漠，太子身边的侍卫只有寥寥数人，其所住的慈庆宫也是一派冷冷清清。最终发生了震惊一时的"梃击案"。

万历四十三年（1615）五月初四的黄昏时分，一名男子手持枣木棍，闯入太子居住的慈庆宫，打伤了看门的太监，直奔到前殿檐下才被抓住。经巡视皇城御史刘廷元初审，报告说此人说话语无伦次，颠三倒四，像个疯子。经三法司再三严刑审讯，得知此人名叫张差，因供差柴草被人烧掉，气愤之余，便从蓟州来到京城，要闯宫赴朝告御状，于是便手持木棍，闯入宫中。结果张差被判死刑，欲以"疯癫"结案。

消息传至宫外，朝臣议论纷纷，人们揣测有可能是郑贵妃在背后捣鬼，谋害太子。于是，奏疏不断，众多的官员要求查个水落石出。这样，案子转到刑部。刑部主事王之寀趁狱中散饭时间，到狱中仔细察看案犯的动态，他发现张差年轻力壮，并无疯癫迹象，便在狱中突击提审，并以断食威胁他。起初张差不肯招，后耐不住饥饿，便如实说了。原来他小名张五儿，乡里的两个人叫他跟一个不知名的太监走，太监给他一根棍子，叫他逢人就打，并答应事成之后，给他几亩地种。很明显，这是宫中太监收买张差干这事的。经过三法司前后仔细调查审问，最终查出果然是郑贵妃手下的太监庞保、刘成指使张差所为，庞保、刘成还对张差许诺，只要打杀了人，他们将保他安然无事，他自己一辈子也就不愁吃穿了。

　　这一结果令朝野震动，朝臣强烈要求提审庞、刘二人，从而使案情大白于天下。但万历帝见此事涉及郑贵妃，不愿事态扩大化，只想大事化小，小事化了，坚持只处理到庞保、刘成为止。而朝臣们偏偏又是不依不饶，眼见着又一场君臣交锋要兴起。这时，万历帝又叫郑贵妃去哭求太子朱常洛。面对着哭哭啼啼的郑贵妃，朱常洛也十分为难。正是由于郑贵妃的百般阻挠，他登皇太子之位才历尽坎坷，因此，他与郑贵妃的矛盾是显而易见的。但她毕竟是父王的爱妃，又是自己的长辈，他实在推托不过郑贵妃的求情和父亲的谕告。最后，皇太子朱常洛为了息事宁人，出面劝导，要求宫中只惩办庞保、刘成，并将张差治罪便罢，不要株连他人。他请求众大臣不要再追究了。众臣无奈，只好将此案草草了结。张差被判死刑，死于刑场，庞、刘两名太监则死于宫内。据说张差临刑前，以头抢地，大呼冤枉，但此时已经无人再去理会他的呼救了。

对于"梃击案"的真相，后来史书说法不一。但有一点是肯定的，这件事是由宫中拥戴福王的势力策划的，郑贵妃脱不了干系。以张差一介平民百姓，从没进过皇宫，能在宫中千室万殿的情况下，手持棍棒，一路毫无阻拦，毫无偏斜，直奔皇太子居住的慈庆宫，这不可能是偶然的，若不是有人暗中指点甚至保护，这是做不到的。

梃击案后来也成为晚明党争的内容之一。王之寀因此案而被弹劾革职，直至天启中才复官，随即上《复仇疏》追究责任，认为梃击案事关皇位继承，而外戚郑国泰（郑贵妃之弟）私结刘廷元，曲盖奸谋，并指使以"疯癫"结案，实属大逆不道。由此牵连出浙党姚宗文等人；稍后，阉党成员杨维恒又翻梃击案，认为张差疯癫本属实情，指责王之寀过于多事，最后王被逮入狱，后惨死狱中。王之寀直到崇祯年间阉党覆灭，才得以平反。②

红丸案

梃击案后，太子朱常洛的地位总算是确立了。万历四十八年（1620）七月，万历帝病逝，庙号神宗。八月，朱常洛登基，年号"泰昌"。

朱常洛的登基，令郑贵妃极为恐慌。郑贵妃以往一心要为自己的儿子常洵争夺太子的地位，处处打击常洛。如今朱常洛顺利地即位，成为当朝皇帝，她深恐朱常洛挟前嫌而加害于她，便改变策略，极力巴结笼络朱常洛，不断给他送去珠宝玉石之类，还投其所好，送给他八名美女。多年饱受冷遇的朱常洛，此时待遇与从前可谓有天壤之别。登基之初，他一反万历帝的作风，日理万机，勤勉持政，力图有所作为。他本来身体单薄，朝事如此劳累，令他不胜负荷。如今郑贵妃又送来八名美女，他本人又近女色，如此一来，身体很快就

垮了。勉强支撑完成登基大典后，不久
就病重不起。

明光宗朱常洛像

郑贵妃派亲信太监崔文昇来诊
治。崔以常御药房太监的身份向
皇上进通利药大黄，朱常洛服药
后，一夜间腹泻三四十次，次日便
不能动弹了。朱常洛自知病将不
起，开始交代后事。八月二十九日，
他召见了方从哲等大臣，当面将长子
朱由校托付给大臣。这时，鸿胪寺寺丞
李可灼前来献药，称仙丹。方从哲等人
怕出意外，没有答应。而朱常洛对此还抱有一线希望，便命内侍宣召
李可灼进宫诊视。李可灼诊完后，调制了红色的药丸前来献上，朱常
洛服下后，觉得暖润舒畅，似乎好了许多，还产生了食欲。众臣都很
高兴地退去了。到了傍晚，李可灼从宫内出来，方从哲前去询问，李
可灼说："皇帝好多了，他怕药力不够，要加服一粒红丸。"在场的御医
都认为不宜再服，但是皇上催促得紧，只得遵命再让皇上服了一丸，
谁也不曾料到，服了二粒红丸后，第二天早上，泰昌皇帝就驾崩了。

对于这突如其来的变故，舆论哗然。人们在感到惊愕的同时，
联想到皇上登基一个月来的遭遇，不约而同地把怀疑的目光转到
了郑贵妃身上。应该说，郑贵妃进美女，指使崔文昇进药，蛛丝马
迹显露无遗，但李可灼是否受她指使，则查无实据。实际上，朱常
洛当时已病入膏肓，难以治愈，只是因为吃了江湖怪药，事情就变
复杂化了。

在人们看来,朱常洛是服红丸而驾崩的,因此,"红丸案"也成为天启朝追查的重要内容。崔文昇懂得医药,他使用过量大黄,致使朱常洛一夜泻了三四十次,无疑是对朱常洛原已虚弱身体的釜底抽薪,这是摧垮朱常洛的重要原因,也是后来朱常洛服红丸驾崩的直接缘由;李可灼进红丸,则直接置朱常洛于死地。这些本应继续深究,这也是多数大臣的一致意见。但内阁首辅大学士方从哲却认为李可灼诊治有功,拟旨令李可灼引疾归,并赏以金银。这样,大臣们迅速把矛头指向方从哲,方从哲遭罢斥。

方从哲是万历四十一年(1613)晋升为礼部尚书兼东阁大学士而入阁的。次年,首辅叶向高致仕,方从哲便继而得任为首辅,及至万历四十八年(泰昌元年,1620)致仕,作为阁臣虽然只有七年多,但他却经历了三朝皇帝。更为奇巧的是,梃击、红丸及后文将述及的移宫三案,都发生在他为首辅的时期。他对三案的处置有些失当,但平心而论,他在红丸案上固然有一定责任,但在党同伐异的晚明政坛,方从哲的错误显然被夸大了,把"红丸案"作为掀翻首辅方从哲的引子,实在夹杂着过多的朋党意气之争。朝廷内外,放过了主犯郑贵妃,对罪行不亚于李可灼的崔文昇亦从轻发落,却对方从哲死攻不放。特别是东林党人孙慎行、魏应嘉、高攀龙等不肯善罢甘休,又先后上疏,继续追究,要求坐方从哲弑逆之罪,实是过分。这是晚明政治腐败的表现,也是魏忠贤集团得以发展的关键。

在明朝历史上,万历帝朱翊钧是在位时间最长的皇帝,可他的儿子泰昌帝朱常洛,在位时间却是最短的,只有二十九天,连年号都没来得及改。人们似乎感到命运造化对人的捉弄。郑贵妃利用万历帝对她的宠爱,令朱常洛几经波折才成为皇太子;而在万历帝死后,她还操纵着即位仅一个月的泰昌帝的命运。朱常洛虽然登基成了皇帝，却最终未能摆脱笼罩了几十年的厄运。③

移宫案

朱常洛早死，王朝又面临继嗣问题。皇长子朱由校已十六岁，但还没来得及册立为太子。按照常规，太子继位，太子妃也随之转为皇后。但朱常洛即位时，元妃郭氏已死，他又没有再册封元妃，因此，他身边最得宠的李选侍便随他入居乾清宫。朱由校生母早逝，他自小深受祖父万历帝宠爱，并由李选侍抚育。李选侍利用和朱由校的这种特殊关系，加之朱常洛对她的宠爱，多次催朱常洛封自己为皇后，朱常洛也有此意，但终因其逝世太早而未能办成。

朱常洛驾崩，李选侍册封皇贵妃落了空，更不用说当皇后了。照理她应该立即从乾清宫搬出，但她仿效郑贵妃，赖在乾清宫不走。其意图很明显，想迫使朱由校即位后，尊封她为皇太后。于是，她和郑贵妃密谋，把皇长子朱由校拥留在慈宁宫，并叫太监守住大门，不许大臣入内，想借机与大臣讨价还价。朝中正直的大臣不能容忍让李选侍"挟皇长子自重"的计谋得逞。于是兵部给事中杨涟、吏部尚书周嘉谟及左光斗等人入宫见皇长子，没想到行至宫门口，被太监们手持梃杖阻于宫门之外。杨涟大喝一声："我们是皇帝召来的，皇帝已经驾崩，嗣主年纪尚幼，你们拦在这里，意欲何为？"太监们慑于正气，不敢再阻拦。群臣来到乾清宫，发现皇长子并未在场。这时皇长子朱由校正被李选侍阻于乾清宫暖阁，司礼监太监王安入宫，扶持朱由校出宫。群臣一见，立即叩头，连呼"万岁"，七手八脚把皇长子扶上轿子，把他送往慈庆宫。朱由校被册立为太子，并准备于九月初六

明代县学图。此为明代县学模式图,大成殿为祭祀孔子之处。

日行即位大礼。

为了使朱由校在正式即帝位时能住进皇帝应住的乾清宫,也为了使李选侍彻底丧失干政的可能,左光斗等人逼迫李选侍搬出乾清宫。到了九月初五日,李选侍仍然居住在乾清宫内,不肯搬出,而第二天就是即位大典的日子了。群臣实在按捺不住内心的愤怒,齐集宫前叫嚷,喧嚣之声传至深宫。最后,李选侍经受不住外廷大臣的强大压力,也经受不了宫内太监王安等人的恐吓,加之朱由校也下了"即日移宫"的旨意,终于仓促移宫。她甚至未及等来侍从,只能自己徒步从乾清宫走向仁寿殿。九月初六日,朱由校登基即位,下诏以明年为天启元年。④

万历帝逝后的一个多月中,宫中疑案迭起,皇位两次更替,闹剧不断。"梃击案"和"红丸案"中留下了许多不解隐秘,它们和"移宫案"一起,并称为明末三大案。

东林书院与晚明党争

万历后期,由于皇帝的长期怠政,明政府朝臣内部的派别斗争日趋激烈,并形成了不同名目的派别。当时主要有东林党、宣党、昆党以及以地域官僚而划派的齐、楚、浙等各党。

东林党的主要代表人物是顾宪成、高攀龙等。顾宪成为万历八年进士,他进入仕途后,积极关心朝政,而且为人正直。万历年间的立储之争中,针对万历帝的三王并封之诏,他上疏力谏,并给当时的首辅王锡爵写信,反复辩论此事。后来万历帝被迫收回此诏,顾宪成的努力是重要原因之一。正因为他不阿权贵,敢言直谏,最终得罪了万历帝,于万历二十二年(1594)被革职为民。

顾宪成罢官后回到无锡老家。无锡原有东林书院,是宋代杨时讲道的地方。顾宪成回乡后,与当地因遭排斥而罢官在家的正直官吏如高攀龙、钱一本、史孟麟等人,齐聚东林书院讲学。其他为数众多的不满时政、退处山林的士大夫,也纷纷前来参加。他们在讲习学术之余,仍

顾宪成像

不忘关心朝政大事。书院有一副著名的对联："风声雨声读书声声声入耳；家事国事天下事事事关心。"一时间，东林书院成为江南地区名噪一时的舆论中心，而顾宪成等东林派人士的行为、观点对朝臣也有很大的影响。东林人士虽然只是革职下野官僚结成的民间团体，但后来，他们成为朝廷内外正直一派士大夫的代表，也因此被其政敌称为"东林党"。

与东林派人士相对立的其他各派主要有：以宣城人汤宾尹为首领的宣党，以昆山人顾天峻为首的昆党，他们也都是喜谈"天下大计"之辈，但却采用了排斥异己，招收朋徒，结党拉派的方法。此外，齐、楚、浙三党则是按其集团首领的籍贯而形成的。齐党是以给事中亓诗教（莱芜人）为代表，楚党以给事中官应震（黄冈人）、吴亮嗣（广济人）为代表，浙党以给事中姚宗文（慈溪人）、御史刘廷元（平湖人）为代表。他们与宣党、昆党一起，号称"以攻东林、排异己为事"，共同与东林党为敌。他们中有较多的心胸狭隘、看风使舵，甚至瞒上欺下之辈，故而有的史籍中称其为邪恶派。其中以阁臣沈一贯为首的浙党，掌握了朝中大权，相对比较得势。

东林党与其他党派在许多问题上，意见不一，互相攻击，互不相让。如立储——国本之争，各派实际上并没有根本分歧，都主张册立太子，但当权的阁臣沈一贯等人，为保住自己的位子，不敢过于开罪万历皇帝，故而不想过分催逼；而顾宪成等人则认为，原则问题不能妥协，因此不断上疏，力请不已。他们看不惯沈一贯等阁臣明哲保身的处事方式，指责他们迎合郑贵妃，而不顾国之根本。两派便争吵不休，由口头争吵，发展到互相贬斥。万历皇帝则对各派的争斗，采取未置可否的态度，任其争吵。但他本人似乎更喜欢浙党等人充满谄媚之语的奏折，在需要他最终裁决时，他往往会偏向于浙党等派，朝中许多正直的大臣却遭贬逐。因此，在万历一朝的后期，许多主张正义的东林派官员被罢、被贬，浙党、宣党等占了上风。在后来发生的梃击案中，若不是朝中有一部分势力拥戴福王朱常洵，而有正义感的官员遭到排斥，性质如此严重的梃击案也不会草草了结。⑤

万历四十八年（1620）七月，太子朱常洛继位；一个月后，朱常洛又死，其子朱由校继位，共在位七年，年号"天启"。

朱由校能够得以顺利登位，与朝中当时正直的大臣杨涟、左光斗、周嘉谟等人的支持及比较有正义感的太监王安的协助，密不可分，他们在移宫案中曾冒死相助。因此，朱由校上台之初，杨涟等正直的官员深得信任，倍受重用。许多在万历时期被排挤出朝廷的正直官员，也相继被召回朝廷，像万历间被迫离职的首辅叶向高，在梃击案中因使案情内幕得以披露而得罪官僚被罢官的刑部主事王之寀，以及著名的东林人士高攀龙等一大批官员，陆续返回朝廷任职，有的还掌握了关键性的职位。与此同时，一些在万历后期，因谄媚、诬陷他人而得势的官僚，则被迫相继引退。因此，天启前期，一度出现了正直派官吏掌握相当一部分朝政的局面，他们继续前一时期的一些改革措施，整顿吏治，加强边防，减轻人民的赋役负担等，时人称之为"东林方盛"。

但是，从万历中期开始的党争痼疾，使得朝中各派门户之见已根深蒂固。包括东林派人士在内的官员，也未能跳出门户之争的圈子，他们的许多精力和宝贵的时间，都浪费在这无谓的争吵之中。

天启朝前期，各派纷争的焦点是梃击、红丸、移宫三大案的是非。重新执掌权力的官员指责此前办案官员违心媚上，要求严惩三大案

东林书院。此为旧迹，创建于北宋政和元年(1111)，当时为北宋理学家程颢、程颐嫡传高弟、知名学者杨时长期讲学的地方。后废。明朝万历三十二年(1604)，由东林学者顾宪成等人重新修复并在此聚众讲学，他们倡导"读书、讲学、爱国"的精神。

中负有责任的官吏。平心而论，这时比较得势的东林派官员，围绕三案对前朝官僚的弹劾，也是符合实际情况的。但他们中的一些人由于受过前朝官员的刁难和迫害，如今总算翻过身来了，许多人是抱着除恶务尽、与对手誓不两立的严厉态度来面对这些事的，故而难免有些感情用事。⑥

　　由于将太多的精力时间用于追究宿敌，一方面使得大臣们无法在政治改良上有太多的作为，另一方面，也加深了与对立派之间的矛盾与仇恨，使得双方更加势不两立。门户之争不仅没有停止，反而愈演愈烈。天启后期，宦官魏忠贤集团兴起，并最终取代东林等正直派官吏而掌握朝中实权，与朝臣各派之间这种无谓的争斗不无关系。

阉党误国

魏忠贤，肃宁人，万历年间自行阉割入宫。他善于逢迎拍马，通过巴结王安手下的魏朝，认识了天启的乳母客氏。当时魏朝与客氏相好，魏忠贤搭上了客氏后，很快便博得了客氏的好感。这自然引起了魏朝的嫉妒与不满，两人为此大打出手。事情闹到天启面前，朱由校向来依赖乳母，他知道客氏心中向着魏忠贤，于是毫不留情地将魏朝赶出宫去。最后，魏朝被魏忠贤派去的打手杀死。王安对此不满，便引起了魏忠贤与客氏的嫉恨，不久，他们又合谋将王安置于死地。魏忠贤很快爬上了司礼监秉笔太监的职位，不久又兼管东厂。虽然他大字不识几个，却能凭朱由校的宠爱，掌握宫内实权。他常常趁爱好土木的朱由校专心埋头于斧凿刀削的雕琢之际，从旁边递上奏折公文，让朱由校批阅。这就时常惹得朱由校不耐烦地说："你们去做就是了，我知道了。"其口气与当年荒唐误政的正德皇帝朱厚照如出一辙。这使得魏忠贤俨然成了皇帝的代言人，权倾一朝，肆无忌惮地号称"九千岁"。

明熹宗朱由校像

天启初期，东林人士等正直官吏掌握朝中实权，他们看不惯魏忠贤、客氏等人的日益跋扈，时常上疏弹劾魏氏等人的不法行为。与此同时，一些喜好投机的官员，为了政治上的需要，对魏忠贤等人则极尽献媚。从当时朝中的实际情况来看，这些官吏投奔魏忠贤的目的是为了巩固和发展自己的政治地位，以增加与对手斗争的砝码；而魏忠贤为扩大自己的势力，也需要在朝中找到自己的代言人。这样，双方关系越来越密切，投奔的人也越来越多，最终形成一个集团。由于其集团首领为宦官魏忠贤，故而称之为阉党。

阉党从其形成之日起，便视东林人士及正直派官员为劲敌。其时，"东林"二字已成为打击异己的手段，魏忠贤等人更把凡是反对"阉党"专政的人一概斥为"东林党"，把原本子虚乌有的"东林党"视作一个组织实体。为了达到排斥异己的目的，他们广泛罗织罪名，不择手段，并开出黑名单，一个不剩地予以清除，这种斗争充满了血腥。

面对阉党势力的日益强大，朝中正直的官员们也感到了威胁与压抑。愤怒之余，杨涟上了有名的《二十四疏》，以大量事实为依据，对魏忠贤进行弹劾，内容涉及其二十四个方面的罪状。其中包括"亲乱贼而仇忠义"，横行宫内，操纵东厂，挟公济私，等等，并坚决要求对之加以严惩。杨涟希望皇上"大奋雷霆，召集文武勋戚，交由刑部严加审讯，以正国法"。此时的他则早将个人生死置之度外了。

但昏庸愚昧的朱由校，朦朦胧胧，好坏不分，反而将杨涟痛斥一顿。群臣为杨鸣不平，接连上疏，弹劾魏忠贤，但丝毫也没有改变朱由校偏袒魏忠贤的态度。双方的交锋以杨涟的败阵而结束。此后，双方的斗争局势发生了重大的变化，正直的官员开始逐渐丧失在朝廷上的优势地位，而阉党的影响则进一步扩大，逐渐走向垄断朝政的阶段。

阉党得势后，便开始了对正直官员的打击报复。工部主事万燝因赞同杨涟的《二十四疏》，便被下令斥逐为民，于午门前被杖毙。紧接着，阉党又把目光转向了当时的内阁首辅叶向高。叶向高是天启年间第二次出任内阁首辅，对阉党行为极为不满，从而引起了魏忠贤等人的仇视。当时巡城御史林汝翥是叶向高的同乡，曾因事杖责过两个太监，阉党便趁机找茬传旨要杖打林汝翥，林闻讯后秘密逃走。阉党声称叶藏匿了逃犯，百余名太监闯入叶家大肆搜查，勒索钱财。叶向高身为内阁首辅，竟被太监们如此凌辱，简直毫无尊严可言。他深感朝政已不可为，故而坚决辞官而去。此后，朝中正直的大臣杨涟、高攀龙、魏大中、左光斗、朱国祯等人，相继被罢黜或斥逐。到天启后期，朝中局势已大大改变。天启四年底，内阁首辅之职落到了阉党手中，此后，天下权柄，"尽归忠贤"，明朝政治进入了又一个黑暗时期。

随着阉党势力的日益膨胀，他们已不满足于对正直官员们的罢免和贬斥，他们还要对其进行肉体上的消灭，于是，正直的东林人士首当其冲。与此同时，投奔魏忠贤的新老官吏，也把攻击东林人士作为讨好魏氏的手段。他们大多与东林派人士积怨颇深，便趁此机会加以报复。于是，相继发生了"六君子之狱"、"七君子之狱"等惨绝人寰的大狱。

"六君子之狱"是阉党炮制假供词，以迫害杨涟等六位正直官员为主，同时牵连其他正直官员的案件。天启五年三月，汪文言被逮捕，魏忠贤等人逼他诬陷杨涟贪赃枉法，汪文言宁死不屈，结果被活活打死。阉党伪造了汪文言的供词，逮捕了杨涟、左光斗、周朝瑞、袁化中、魏大中、顾大章等六人，对他们进行严刑拷打。他们逼六人裸体跪于堂下，对他们进行百般侮辱，实施酷刑。几次大刑下来，六人在审讯时都无法跪起，只能戴着枷镣平躺堂下。最后，阉党又残酷地杀害了六人，杨涟死时，土囊压身，铁钉贯耳，其情景惨不忍睹。

"七君子之狱"，则是魏忠贤等人迫害高攀龙、周宗建、缪昌期、李应升、周顺昌、黄尊素和周起元等当时七位正直官员的事件。高、缪等人均曾支持杨涟的《二十四疏》，故而被阉党视为眼中钉、肉中刺。天启六年三月，高攀龙在无锡的家中得知将要被捕的消息后，为免遭凌辱，留下遗书，投水自尽了。其他六人则均被严刑拷打，死于狱中。

与此同时，阉党分子卢承钦编了一本《东林党人榜》，完全按照宋代"元祐党人碑"的体例，开列所谓"东林党人"的黑名单，共计三百零九人，于天启五年十二月以奏疏形式呈进，由魏忠贤把它刊布于天下。其政治意图十分明显，一方面要显示作为政治结社的"东林党"实体的存在，另一方面，则是按照这个名单，对正直的官员一一加以搜捕，清除异己。王绍徽则仿照《水浒传》，编东林一百零八人为《点将录》，献给魏忠贤，号称"按名黜汰"，这便是臭名昭著的《东林点将录》。魏忠贤等还组织人编修《三朝要典》，将嘉靖、泰昌年间的梃击、红丸和移宫三案，全部翻案，曾参与案件争论的正直的官员们也都惨遭迫害。

就这样，自天启四年 (1624) 十月至天启七年 (1627) 八月朱由校死,阉党集团对异己势力进行了残酷的打击。其中,被阉党集团行刑死于诏狱的十余人,逮捕入狱及谴戍者数十人,削职者三百余人,其他被"革职贬黜者不可胜计",朝中正直的大臣几乎被迫害殆尽。⑦

注释:

① [美] 黄仁宇:《万历十五年》,中华书局1982年版。

② 温功义:《三案始末》,重庆出版社1984年版。

③ 钟来茵:《论红丸案》,《明清小说研究》1997年第3期。

④ 温功义:《明代宦官与三案》,重庆出版社2004年版;任昉:《明末的党争与"三案"》,《文史知识》1994年第1期。

⑤ 谢国桢:《明清之际党社运动考》,中华书局1982年版;贺凯:《晚明东林运动》,载费正清主编、郭晓兵等译《中国的思想与制度》,世界知识出版社2008年版。

⑥ 任昉:《明末的党争与"三案"》,《文史知识》1994年第1期;樊树志:《东林非党论》,《复旦学报(社会科学版)》2001年第1期。

⑦ 樊树志:《晚明史(1573—1644)》(上、下),复旦大学出版社2003年版;牛建强:《明后期政界之纷争——兼论东林学派政争之非直接介入》,《东北师大学报(哲社版)》1995年第1期。

后金的崛起 10

努尔哈赤建立后金

长期以来，明政府对东北边疆的女真各部采取分而治之的策略，使他们各自雄长，不相统一，以便从中驾驭控制。嘉靖万历年间，明政府对外忙于应付南倭北虏，朝内则内阁倾轧、党争不已。这给东北地区的经营也带来了严重的消极影响。

隆庆四年 (1570)，明政府任命李成梁镇守辽东。李成梁祖籍朝鲜，其高祖李英从朝鲜迁居辽东，当上了铁岭卫指挥佥事，以后世代居于辽东。受家庭影响，李成梁本人也是英勇骁健，他镇守辽东二十二年，东北地区各族民众基本相安无事，女真部在他的打击下，曾一度一蹶不振。万历十九年 (1591)，李成梁因居功自傲遭朝臣弹劾，被嘉靖帝罢免，以无能的杨绍勋出任辽东总兵。此后十年间，辽东更易八帅，没有一个人的军事才干能与李成梁相匹敌，辽东边备日趋废弛，为建州女真首领努尔哈赤率部崛起提供了时机。

努尔哈赤生于嘉靖三十八年 (1559)。其历代祖先多人受过明朝的册封，他的祖父觉昌安与父亲塔克世，都是建州女真部的首领，

努尔哈赤骑马铜像

并受明册封为建州左卫指挥使。努尔哈赤十岁时母亲去世，继母待他很不好。他十九岁便离开家庭，独自生活。为维持生计，他和其他伙伴一起，在莽莽林海中，挖人参，采松子，并把采集的物品拿到抚顺的"马市"（即明政府开放的汉人与满人、蒙古人相互贸易的场所）去卖。他因经常往来于建州与抚顺之间，接触汉人较多，学会了汉语，还能阅读《三国演义》等汉文书籍，深受汉文化熏陶。

由于从小受家庭环境的影响，努尔哈赤练就一身娴熟的骑射功夫。他曾投奔到明辽东大将李成梁帐下为将，骁勇善战，深受李成梁器重。万历十一年（1583），李成梁袭击经常率部侵扰汉人的建州右卫首领阿台。当时努尔哈赤的祖父和父亲都在阿台的古勒寨内，被图伦城主尼堪外兰出卖，皆遭明军冤杀。后来，虽然明廷对努尔哈赤表示歉意，并封他为建州左卫指挥使，以示补偿，但努尔哈赤认为，杀父之仇，不共戴天。他表面上接受了明政府的封赏，内心深处则发誓：此仇不报，誓不为人。同年五月，努尔哈赤以祖父、父亲留下的十三副铠甲武装部下，发兵攻打出卖父亲的仇人尼堪外兰，攻占了尼堪外兰的驻地图伦城，并最终杀了尼堪外兰。从此，努尔哈赤开始了统一建州女真各部的战争。经过五年的征战，到万历十六年 (1588)，努尔哈赤基本上统一了建州女真各部。

努尔哈赤在统一建州女真各部的过程中，展示了其过人的军事才能；而他在处理与明政府的关系方面，则显示了其足智多谋的卓越的政治才干。他采取了明顺暗防、韬光养晦的策略，不动声色地发展扩大自己的势力。

随着他的兵势日益强盛，明政府对他也极尽笼络。万历十七年 (1589) 相继封他为建州左卫都督佥事、都督等官，万历二十三年 (1595)，又封他为龙虎将军。对此，努尔哈赤一概来者不拒，表面上对明政府还表现得非常恭顺，每年按时向明政府朝贡。但他心里时刻未忘复仇和统一整个女真部落的志向。万历四十一年 (1613)，野人女真部归顺，海西女真的大多数部落也相继被征服，到万历四十七年 (1619)，努尔哈赤终于完成了女真各部落的统一，并征服了东北地区其他弱小的民族。

在统一女真各部落的过程中，为适应战争形势的需要，努尔哈赤在政治、经济、文化等各方面对女真部进行改革，其中最主要的便是创立了八旗制度。他把每三百人组成一个牛录，五个牛录组成一个甲喇,五个甲喇组成一个固山,各级首领均称额真。万历二十九年最初建制时只有黄、红、蓝、白四旗,到万历四十三年(1615)增设了镶黄、镶蓝、镶白、镶红四旗,把女真族全部人丁编入八旗。旗民"出则为兵,入则为民","无事耕猎,有事征调"。八旗既是军事组织,又是行政组织和生产组织。它的创立,使得女真族战时的兵源和军需物资有了供应的保障,从而加强了女真族的军事力量,也提高了社会生产力,有利于促进当时女真社会的经济发展,也保证了统一战争的顺利进行。

此外,努尔哈赤设立了理刑听讼大臣五人,与八旗旗主一同参议政务。他还创制了女真文字,建州女真原先没有自己的文字,文书均

努尔哈赤建元即位图

用蒙古文。努尔哈赤命人以蒙古字母与女真语音拼成新文字。这就是老满文。因它还存在着字母数量不够、字形不统一等缺点，所以后来皇太极于崇祯五年 (1632) 又命人对老满文加以改进，编制十二字头，增加圈点符号，并设特定字母以用于拼写汉语等外来语，特别是人名和地名。经过改进后的满文较老满文大为丰富，被人们称为新满文。满文的创制和推行，对满族社会的发展，特别是满汉文化的交流起到了巨大的推进作用。①

万历四十四年 (1616)，努尔哈赤在赫图阿拉称汗，国号大金，年号天命，历史上称为"后金"。他还为自己的家族创设一个姓——"爱新觉罗"，女真语"爱新"是"金"，"觉罗"是"族"，"爱新觉罗"意为"金族"。他以此表明自己是继承历史上的金朝。从此以后，大金政权就公开与明政府为敌。

明军兵败萨尔浒

万历四十六年 (1618) 四月，努尔哈赤以"七大恨"告天。"七大恨"历数明廷迫害建州各部族民众、强占建州女真垦田、阻碍建州女真统一等"罪状"，其中第一条便是诉说对其祖父、父亲被冤杀的愤恨，表示明政府"欺凌太甚，情所难堪"，誓师反明。

努尔哈赤兵分两路出击，他自己亲率正黄、正红、镶红、镶蓝四旗直奔抚顺。努尔哈赤年轻时经常参加抚顺马市贸易，对那里的地形十分熟悉。他事先派人扮作商民潜入抚顺市内做内应，然后大兵随至，内外夹攻，抚顺很快被攻陷，守将李永芳被捉。明辽东巡抚李维翰派总兵张承荫率军前往迎战，又被后金兵打败，张承荫战死。努尔哈赤乘势攻克了辽东重镇清河,明军连连败退。

努尔哈赤在辽东抚顺、清河的大捷,令明政府大惊失色。辽东是京师的屏障,若辽东失陷则京师危急。为此,明政府急忙调兵遣将,任命曾任辽东巡抚的现兵部侍郎杨镐为辽东经略,准备兵力与后金军决一死战。当时明军驻守辽东的部队约有八万,但能战的精兵仅有一万多人,且分散在各地防守。由于明政府的腐败,政府官员和将官私扣军饷、剥削士兵的现象十分严重,士兵军心涣散,根本没有战斗力,明政府只得征调福建、浙江、四川、山东等地的军队赴辽。万历四十七年(1619)二月,明朝共集结十万余兵力,由杨镐坐镇沈阳总指挥,由总兵刘綎(东南路)、李如柏(南路)、杜松(西路)、马林(北路)率领,兵分四路,向后金根据地赫图阿拉进攻。

明军出征之日,适逢连日大雪,给行军带来了不便。杜松和刘綎作为久经沙场的宿将,认为在这种情况下不可轻易出师。但昏庸无知的杨镐却逼迫他们出军,并将一战剑悬挂于军门,严令部将如若不从,则军法处置。这样,明军在天时、地利都极为不利的条件下出征了。与此同时,明军的军事行动秘密却尽被努尔哈赤掌握。他仔细研究了明军的军力分布和行动路线后,认为明军兵力分散,短期内难以集中作战,且地形生疏,难以快速反应。他提出"任你几路来,我只一路去"的作战方针,决定采取集中优势兵力,各个击破的办法来对付明军。

三月初一,杜松率西路军到达萨尔浒地区,遭到了多于明军数倍的后金军的伏击。由于兵力对比悬殊,加之明军地形不熟,很快便陷入混乱,溃不成军,杜松本人在战斗中阵亡,明西路军全军覆没。随后,努尔哈赤又率军击败马林的北路军和刘綎的东南路军,李如柏的南路军在听到其他三路军全部兵败的消息后，及时回撤，才免遭所有明军全军覆没的命运。在短短的四天时间里，明军各级军官阵亡三百十余人，军士阵亡四万五千八百余人，失去马、骡、驼等共二万八千六百余匹。这就是明后期历史上著名的萨尔浒战役。

萨尔浒战役之初，明朝有军队十万余人，后金总兵力约六万人，明军在

明朝长城卫兵腰牌

总人数上占据明显的优势。但明军兵分四路，兵力分散，而努尔哈赤则是集中其最强的兵力，相继对明军的各路兵马集中围歼。因此，在具体的交战过程中，后金兵力都是占据绝对的优势。加之明朝部队军心涣散，将领之间缺乏协调，信息闭塞，盲目作战；像西路军首领杜松，恃勇喜功，结果全军覆没。反观后金方面，努尔哈赤不仅对明军进攻计划了如指掌，知己知彼，而且熟悉地形。他能准确地把握每次作战机会，从而在四天之内，逐个歼灭三路明军，速战速决。

萨尔浒战役是我国历史上以少胜多、以弱胜强，集中优势兵力打歼灭战的著名战例。萨尔浒战役成为双方势力的转折点，它暴露了明政府的腐朽与无能，使得明政府控制女真族的政策彻底破产，明朝

在辽东的军事经略从此也由进攻转为防御。此后明朝控制后金的凶猛攻击已属不易，遑论收复失地。而后金则从此由防御转为进攻，对明朝东北边防的威胁日益加重。[②]

明政府惩处了萨尔浒之战惨败的主要责任者杨镐，派熊廷弼为辽东经略，出来收拾残局。熊廷弼，字飞百，湖北武昌人，万历二十六年 (1598) 进士。他虽然是科举出身，却智勇双全，武艺高强，能左右开弓，堪称帅才。熊廷弼在战略上有独到之见，甚得万历皇帝器重。早年巡按辽东时，就主张积极守边。如今受命于危难之际，万历皇帝寄希望于他能够力挽狂澜。熊廷弼客观地估计了当时的形势，采取了坚守渐逼、积极持久的防御方针，经略辽东一年，局势大为稳定。

万历四十八年 (1620) 七月，万历帝病逝后，明朝廷内部党争更加激烈。熊廷弼性情耿直，为官清廉，尤其不结交朝中诸党。加上他不徇私情，执法甚严，也得罪了不少人。万历帝病逝，熊廷弼失去了

明代婚嫁场面 (仇英《清明上河图》卷局部)

强有力的支撑，因此，他遭到朝内官员出于党派门户之见的无端攻击，最终被迫罢官。接替他的辽东经略袁应泰不懂军事却固执己见，导致辽东战略重镇沈阳、辽东政治中心辽阳相继沦陷。从此，辽东的局势急剧恶化。

辽沈失陷，孤守宁远

明天启元年（1621）三月，努尔哈赤攻破沈阳，随后，又攻打辽阳。辽阳守军进行了顽强抵抗，终因寡不敌众而失守，袁应泰自杀。辽阳是辽东首府，是明朝在东北地区的政治、经济和文化中心。辽阳失陷以后，驻守辽河以东其他地区的明军纷纷投降，几天之内，后金便占领了三河、静远等大小七十余城。河西军民则惊恐万分，纷纷逃亡，以至出现了前线二百余里烟火断绝的惨象。京师大为紧张，白天也紧闭九门，实行戒严。眼看着明政府多年对辽东的经营成果要付诸东流。

这时，明朝当权者又想起了熊廷弼，再次起用他为辽东经略，同时任命投靠"阉党"的王化贞为辽东巡抚。但这次熊廷弼本人并没有多少实权。当时王化贞拥兵十四万驻守广宁，熊廷弼只有五千兵士，驻右屯。王化贞不谙兵法，但他与投靠阉党的兵部尚书张鹤鸣关系密切，凡事奏请无所不从，而且可以不受熊廷弼控制；而熊廷弼所奏却常常得不到批示，兵饷粮草有时还要不到。在对战局形势的估计判断方面，熊廷弼主张固守，伺机进攻，王化贞则主张速战速决，迅速收复失地。熊、王二人因意见、处境不同，矛盾逐渐加深。在辽东的守卫问题上，也常常是每事必争，形同水火，给边防经略带来了很大的消极影响。

天启二年（1622），努尔哈赤集结后金兵力进攻河西地区，王化贞派人迎战，并命心腹大将孙得功率广宁兵为前锋。但孙得功早已蓄意降后金，明军刚与后金兵交战，他便率人先逃，明军不战而溃，广宁城中大乱。当时王化贞刚起床，还在看文书，他的手下江朝栋撞开府门，把他扶持上马，仓皇而逃。在半路上，王化贞遇上了前来救援的熊廷弼。后金兵已经占领了宁远，熊、王等人只得弃宁远和前屯，退入关内。

广宁之败后，熊廷弼与王化贞俱被捕入狱。当时朝内魏阉当道，他们向熊廷弼索贿不成，便诬陷他贿赂东林党人，借机打击朝中正直的官员。天启五年（1625）八月，熊廷弼被斩，并"传首九边"。一代勇将竟落得如此悲惨的下场，令人扼腕。而熊廷弼之死，对明政府来说，无疑是自毁长城，从此以后，辽东的防务一泻千里，更加不可收拾。天启五年，努尔哈赤迁都沈阳，改名盛京。

广宁大败之后，明朝廷上下一片惊慌，许多官僚纷纷主张退守山海关。时任兵部主事的袁崇焕在实地考察了关内外形势后，坚决反对弃关退守。于是，明政府提升他为佥事，去关外监军。

袁崇焕，字元素，广西藤县（一说广东东莞）人，万历四十七年（1619）进士。素有谋略，好谈兵事，尤其是边塞形

袁崇焕像

势。熊廷弼等人被捕后，继任的辽东经略王在晋怯懦无能，主张退守山海关。对此，袁崇焕和其他一些中低级将领坚决反对，他们得到了大学士孙承宗的支持。天启四年（1624），孙承宗继任辽东经略，与袁崇焕等人一起，大力整顿边境防务。他们内抚军民，外筑城堡，先后修复大城九座，堡四十五个，练兵十一万，建立车营、火营、水营等十余个，拓展地盘四百里，开屯五千顷。这样，在山海关以外，筑起了坚固的防线，使得努尔哈赤不敢西进。

但是，明政府内部的阉党专权再次祸及边防。由于孙承宗不断遭到朝内阉党的攻击，于天启五年十月，被迫辞官回家。继任的高第认为关外必不可守，他一反孙承宗往日加强防御的做法，强令关外将士撤入关内，并要袁崇焕撤离宁远、前屯二城。袁崇焕坚拒不撤，高第一意孤行，"撤锦州、右屯、大小凌河及松山、杏山、塔山"等地守防，甚至扔下了十余万斤的军粮。这样，袁崇焕只得于山海关外孤守宁远城了。

努尔哈赤得知高第尽撤关外诸防，而且也知道高第昏庸无能，认为进攻的时机已到，便于天启六年（1626）正月，率十三万大军，西渡辽河，直逼宁远。面对数倍于自己兵力的后金兵，袁崇焕率宁远民众奋力抗击。他拒绝了后金的招降，并写下血书，拜于全军将士面前，表示誓死守城。后金兵轮番攻城，都被守城军民击退，宁远保卫战打得异常激烈。后金兵冒死凿城，曾数次将宁远城凿开缺口，守城官兵将火把、火球扔往缺口，数次击退了后金兵。

在这次战役中，袁崇焕首次用西洋大炮轰击后金兵营，给后金兵以沉重打击。努尔哈赤原以为宁远城孤且小，指日可破。没想到攻了三天还没有拿下，且自身伤亡惨重，最后，只好撤兵而去。无功而

宁远之战中的明军与后金军（清人所绘）

返的努尔哈赤回沈阳后不久，便染疾于当年八月病逝。

宁远保卫战，是明朝对后金作战以来的第一次重大胜利，它大大鼓舞了东北地区军民抗击后金军的士气与信心。从此以后，明将才有自信谈论战守。③

君臣猜忌，痛失良将

天启六年（1626）八月，努尔哈赤病死，其第八子皇太极继汗位。他决心继承父志，占领东北，最终入主中原。

天启七年 (1627) 五月，皇太极率兵攻打明军守卫的锦州和宁远。在总兵赵率教和袁崇焕、满桂等大将的坚守下，皇太极攻锦州十四天未得任何便宜，攻宁远更是伤亡惨重，最后不得不撤兵退回沈阳。这次战役被明政府称为"宁锦大捷"。宁远保卫战和明军宁锦大捷，使皇太极认识到，袁崇焕是他占领东北进而入主中原的重要障碍，他下定决心，必欲除之而后快。

　　就在皇太极对袁崇焕恨之入骨的时候，袁崇焕在朝内的日子也不好过。当时正是"阉党"的专政时代，是非颠倒，黑白混淆。像袁崇焕这样一位运兵布阵、计谋策略独具慧识，且扭转十年积弱，力挫敌人锋芒的功臣，却因不善拍马逢迎，尤其是对宦官阉党，更是不肯屈就，竟遭魏忠贤嫉恨，魏忠贤唆使党羽上疏诬劾其"暮气"，迫使他辞官回乡。

　　不久，朱由校死，朱由检继位，年号"崇祯"，魏忠贤伏诛。朱由检渴望扭转辽东的忧患局面，袁崇焕又重新被委以重任，全权掌管辽东事务。崇祯元年 (1628) 四月，袁崇焕被任命为兵部尚书兼右副都御史，负责蓟、辽军务，并兼管登、莱、天津军务。目睹熊廷弼、孙承宗的前车之鉴，袁崇焕不无忧虑，希望朱由检用人要"信而勿疑"。当时，朱由检刚继位，正一心想挽救明王朝江河日下的颓势，故而对袁崇焕极力安慰，对他的请求也全部慨然应允，并赐给他尚方宝剑，令他统筹全局。袁崇焕任辽东巡抚时，为了抢时间构筑关外防线，曾与后金私下进行过议和谈判。这次复出督镇蓟辽，他不顾朝中大臣的反对和朱由检的疑虑，仍然坚持与后金进行谈判，这就为后来皇太极设下反间计提供了口实。

　　崇祯二年 (1629)，皇太极亲率十万大军，入塞劫掠。他知道袁崇焕驻守宁锦，关外诸城难攻，他便绕过袁崇焕的防区，不经山海关，而是取道蒙古进关。当时明朝在东北地区布有重兵，而北边宣府、大同等地则防卫虚弱。所以，后金兵没有受到太多的阻挡，便攻陷遵化，直抵京师。山海关总兵赵率教率兵支援，战死于遵化城下；袁崇焕也率部增援，但等他们赶到蓟州时，后金军已经越过蓟州西进，并连下三河、香河诸城，袁崇焕只得急忙率兵去保卫京师。

　　这次后金兵绕过袁崇焕的辖区进逼京师，袁崇焕千里救援，应该说是无罪有功。但是京城里却盛传袁崇焕"纵敌拥兵"，朝中和他有过节的官员也诬蔑他与后金有"城下之盟"，所以后金兵才不从他的防区走。多疑的朱由检听了这些流言蜚语之后，不免对袁崇焕产生了怀疑。

虞山毛氏汲古阁图（绘于明崇祯十五年即1642年，中国国家图书馆藏）。汲古阁为明末毛晋藏书刻书之处，曾校刻《十三经》、《十七史》等，为历代私家刻书最多者，亦视为善本。遗址今已不存，绘图依在。

皇太极利用朱由检对百官不信任的多疑性格，设下了反间计，离间明君臣关系。他将抓来的明朝太监关在军营中，然后叫他的部将故意在夜间悄悄谈论说，袁崇焕与后金有密约，后金兵可以不动一刀一枪进入北京。这些话被太监听后记在心里。第二天，皇太极有意地纵放了这个太监。太监进入北京城后，就立即向朱由检报告了袁崇焕通敌之事。朱由检信以为真，联想到以前袁崇焕与后金的和谈行为，怒不可遏，下令逮捕了袁崇焕。

崇祯三年（1630），袁崇焕被凌迟处死，家产被没收，兄弟妻儿被流放。可叹的是，当袁崇焕被害之时，由于不明真相，不少人都以为他真的是通敌叛国。一直到清人入关后，撰修清太宗皇太极实录时，人们看到了当时的档案材料，袁崇焕所谓的"通敌"真相才大白于天下。袁崇焕的被杀，明政府无异于自斩手脚，自毁长城，为清兵进关除去一大障碍。此后再难谋求足以克敌制胜的帅才，辽事更加难以收拾。④

袁崇焕被冤杀后，皇太极率十万大军直抵北京城下。朱由检不顾实际情况，听不进满桂等大将的保存实力、不可轻战的劝言，逼迫满桂率军迎战，结果全军覆没，满桂本人也阵亡。此后，皇太极又发动了多次以消耗明朝军事力量为目的的掳掠内地的军事行动。

崇祯七年（1634），皇太极再次绕道蒙古，发动了远袭明朝宣府、大同的战役。这次皇太极的主要目的是抢掠人口财物，因此也不强行攻城。当时明政府将大量精兵强将征调去驻守东北地区，西北边防非常薄弱。进入山西崞县的后金兵只有二千多人，他们押送着俘获的上千名妇孺经过代州城下，城上城下的亲人相望，哭声连天。但明边防守军竟然没人发一箭，眼睁睁看着后金兵扬长而去。朱由检后来得知此事，也只能跺脚叹息。明政府在西北地区的边防已是形同虚设了。

清兵虎视中原

崇祯九年（皇太极即汗位的第十年，1636）四月，皇太极正式即皇帝位。为了避免刺激汉族人民对历史上金朝侵宋这段历史的不快回忆，特别是怕因此而产生对后金的民族仇恨，皇太极便废去"金"的国号，改国号为"大清"，又改族名女真为"满洲"，改元崇德。因为在阴阳五行学说中，朱明属火，原国号金，犯火克金之忌；新国号"清"与新族名"满洲"，都带有水，符合水克火的轮回，也同时带有清灭明的吉兆。

崇祯十一年（崇德三年，1638），多尔衮率清军入关在京畿、河北、山东等地抢掠达半年之久，攻下州县七十余城。当时明政府内部朝臣为主战与主和吵得不可开交。兵部尚书杨嗣昌和总监高起潜都主张议和，明主战将领卢象升坚决反对，最后，朱由检决定起用卢象升抵抗清军。但杨嗣

皇太极雕像

昌等人却在兵力及粮草配给等方面暗中阻挠。几经苦战，卢象升只剩下五千人马，而且人困马乏，粮草皆断。卢象升请求支援，杨、高等人置之不理。最后，卢象升率众在河北巨鹿贾庄，与清兵血战数日，终因寡不敌众，壮烈战死。

崇祯十四年 (1641)，清军再次攻打锦州。明政府派蓟辽总督洪承畴率军支援。洪承畴久经沙场，富有作战经验。他亲率六万士兵，赶到离锦州十八里的松山，指挥诸军奋战，屡败清军。锦州守将祖大寿也带兵接迎。这样，内外夹攻，夺占了清军正、镶红旗和镶蓝旗的阵地。在沈阳的皇太极听说后，急得吐了血，亲率三千精锐骑兵，昼夜奔驰六天赶到松山。他派人偷袭了明军后营，夺得了大批粮草，并切断了松山与外界的联系。

皇太极调兵用的满文信牌

在这前后被围、孤立无援的情况下，洪承畴号令全军将士，齐心协力，拼死一搏。但此时的明军，已是军心涣散，早已失去了斗志。当晚，总兵王朴率兵先逃，其他各部也相继奔逃，半途遭到清军伏杀，结果明军五万三千多人被歼灭，被赶到海中死亡的不计其数。只剩下洪承畴与总兵曹变蛟、王廷臣等率一万多残兵退守松山孤城。皇太极采取围而不攻的战略，洪承畴多次突围，均告失败。

崇祯十五年（崇德七年，1642）二月，松山城内粮尽，副将夏成德降清，并于夜间引清兵入城。洪承畴被俘。同年四月，锦州城也被清军攻下，随后，塔山、杏山相继陷落。至此，明朝在关外的四城（锦州、松山、杏山、塔山）皆落入清军手中，自熊廷弼、孙承宗到袁崇焕等苦心经营的宁锦防线，全线崩溃，明政府在关外只剩下了宁远一座孤城。松锦之战的激烈程度和对明朝的打击，与萨尔浒之战相仿。明朝经此打击，元气大伤，再也无力与清军进行大规模的决战了。

洪承畴被俘之初，拒不投降。皇太极派范文程前去劝降，遭到洪承畴的痛骂，以求速死。劝谈过程中，房梁上的灰尘落到洪承畴的衣服上，他几次把灰尘抖掉。范文程回去对皇太极说："洪承畴必不肯死，他连自己的衣服都爱惜，何况自己的生命呢？"于是皇太极亲自去看望洪承畴，并脱下自己的貂皮大衣披在他身上，问道："先生很冷吧？"洪承畴盯着皇太极，看了好一会儿，长叹一声："真命世主啊！"便叩头请降了。

在此之前曾传闻洪承畴为国捐躯，崇祯帝朱由检还为之痛哭祭奠，得知真情后，气得暴跳如雷。洪承畴投降后，皇太极对他待遇甚优，这引起了一些满族大将的不满。皇太极说："中原王朝所行诸道，

洪承畴像

我们犹如盲人聋子，一窍不通。如今来了一位向导，何乐而不为呢？"以后，洪承畴在帮助清军夺取全国统治权方面，确实起了不小的作用。

皇太极即位后的十六年中，前后数次大规模深入关内，极大地消耗了明朝的军事力量和经济力量，并给明政府以沉重的打击。崇祯十六年（崇德八年，1643）八月九日，皇太极病逝。他的第九子福临被拥为皇帝，改元顺治。福临当时只有六岁，其叔父摄政王多尔衮辅政，并掌实权，继续执行皇太极进取中原的战略计划。崇祯十七年（顺治元年，1644）三月十九日，李自成率领农民军进入北京城，崇祯皇帝于煤山自缢而死，明王朝也随之灭亡。不久，明将宁远总兵吴三桂引清兵入山海关，李自成的农民军被迫退出北京，清军进入北京，开始了其对中原地区长达二百多年的统治。⑤

注释：

① ［美］魏斐德著，陈苏镇、薄小莹等译：《洪业：清朝开国史》，江苏人民出版社2008年版。

② 孙文良、李治亭：《明朝萨尔浒之战失败原因探究》，见孙文良、李治亭著：《明清战争史略》，中国人民大学出版社2012年版。

③ 孙文良、李治亭：《明清战争史略》，中国人民大学出版社2012年版。

④ 王昊：《崇祯帝与袁崇焕之死》，《史学集刊》1993年第1期；樊树志：《晚明史（1573—1644）》（上、下），复旦大学出版社2003年版。

⑤ ［美］魏斐德著，陈苏镇、薄小莹等译：《洪业：清朝开国史》，江苏人民出版社2008年版。

崇祯帝无力回天

11

思宗励精图治

天启七年（1627）八月二十二日，朱由校病逝，年仅二十三岁。朱由校没有留下子嗣，便遗诏指定其第五弟信王朱由检继皇帝位。八月二十四日，朱由检正式即皇帝位，以第二年为崇祯元年。朱由检在位十七年，甲申之变，以身殉国，南明弘光朝追谥为思宗烈皇帝，清朝则追谥他为怀宗端皇帝。故而史称思宗、怀宗或烈皇帝。

朱由检继位后，对魏忠贤不再宠信。但出于策略上的考虑，他并没有马上向魏阉集团开刀。两个月后，不断有人上疏弹劾魏忠贤及其党羽。随着时机成熟，天启七年十一月，朱由检下令将魏忠贤贬至凤阳。但魏忠贤临走时，仍然摆出了

崇祯帝朱由检像

"九千岁"的威风架势。据说他出京时，前呼后拥的卫队、随从竟达千人之多，并且都还身佩兵器，押着满载金银珠宝的四十辆大车，意气扬扬，招摇而去。朱由检得知这一消息后，大为震怒，他立即给兵部传旨，着令锦衣卫逮捕魏忠贤，所有随从人员，也一并捉拿，"不得纵容"。此时的魏忠贤深感大势已去，他也自知作恶多端，罪孽深重，便自杀身亡。与其勾结成奸的客氏和其他阉党成员也被诛杀，权势一度炙手可热的魏阉集团从此覆灭。

朱由检即位时年仅十七岁，比朱由校即位时只大了一岁。但与朱由校的贪玩、荒政截然不同，朱由检是一个头脑清醒、做事决断、志于大事的人。他上台不久，便不动声色地铲除了阉党，令人们对他的能力刮目相看。紧接着，他又开始了一系列的勤政措施，力图以自己最大的努力，来挽救明王朝江河日下的颓势。

自崇祯初年起，朱由检就经常召见大臣，商讨国事。他白天处理朝政，晚上批阅奏折，夜以继日地操劳，经常工作到深夜方才休息。翻开崇祯时期的史籍，此类记载俯拾皆是。面对复杂的局面，成堆的问题，朱由检除自己励精图治之外，尤重视有实际才能的人。在重实才的思想指导下，他在位期间，对明朝一些传统的用人制度进行了一些改革，首先打破过分看重进士资格的任官习惯，他用人不限于进士，因此他在位期间，出任巡抚等地方高级官吏的举人出身的人数，远远超过明代其他皇帝在位时的数目。其次，对大学士的任用，也打破了仅限于从翰林中选拔的旧例，他任命了很多非翰林的"外僚"为大学士。这些措施的实施，对当时朱由检的图治改革，起到了一定的积极作用。

朱由检自己是一个自律甚严的人。有一次，他在便殿批阅文件，忽然飘来一阵烟香，竟引起他的性欲。他十分不解，便走出殿外，很快便平静下来。他叫来太监询问，太监说这是宫中旧方，有人在暗中焚香。他把太监斥责了一顿，并下令毁掉此物，从此不许再进。在明朝的诸位皇帝中，他是最不贪恋女色的了。身为万人之尊的皇帝，在嫔妃成群的时代，能做到这一点是非常不容易的。

此外，朱由检也是一个非常崇尚节俭的人。他深知朝廷财政匮乏，便要求臣下厉行节约，并以身作则，从他自身做起。明神宗以来，皇宫内每天仅餐费就高达万余金，如今皇帝下令尽减，仅存百分之一；按以往的旧制，皇帝衣冠鞋袍每天要更换一次，如今每月更换一次。宫中的金银等器撤掉，改用陶器，并训诫大臣不得擅用金银。①

通过以上措施，崇祯初年确实出现了朝政气氛为之一新的局面。

明末农民战争

明朝后期，吏治败坏，朝政腐败，边境不宁。这时，明初实行的卫所制度早已破坏，军队主要靠兵饷维持。但中央政府拨发边军的饷银，未出京城就要被扣掉十分之三，落入贪官污吏私人腰包。随着边境战事的日益紧张，军费开支越来越大，政府财政赤字也越来越大。为弥补财政亏空，明万历末年，政府加征"辽饷"；到崇祯年间，为镇压境内此起彼伏的农民起义，又增征"剿饷"和"练饷"。"三饷"合征，比国家正赋还要多二百多万两。与此同时，由于各级政府的腐败无能，各地水利长期失修，灾荒颇繁，百姓不堪重负，叫苦不迭。特别是陕西地区，饥荒尤为严重，出现了大量饥民。他们无以为生，而贪得无厌的地方官却一点也不肯减轻赋税。众多的饥民便不得不"相

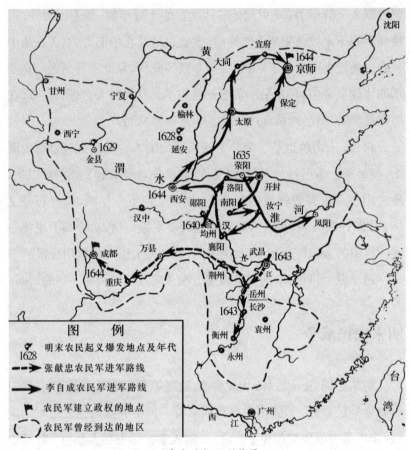

明末农民起义形势图

聚为盗"。这是僻处西北的陕西成为明末农民大起义首发地区的重要原因之一。

另外，陕西是明朝在西北地区的边防要地，其附近设有延绥、宁夏、固原等边镇，驻有大量的军队。但明朝末年，随着政府日益加深的财政危机和朝中文武官员的腐败，拖欠克扣军饷的现象日益严重，使士兵们的日常生活难以维持，这也成为他们日后加入到农民军队伍中的一个重要原因。实际上，在明末农民起义军中，贫困的边军正是与饥民并肩作战的重要力量。

崇祯元年（1628）七月，陕西白水县的王二等人聚饥民起义，揭开了明末农民大起义的序幕。这一年，陕西大旱，颗粒无收，饥民遍野。但澄城知县张斗耀不顾百姓死活，仍然催逼钱粮。白水县农民王二振臂一呼："谁敢杀张知县？"立时有数百人响应。他们以墨涂面，冲进了县城衙府，杀死了贪官知县，聚集山中起义了。王二的起义引起了连锁反应，陕西各地随即有十几支义军先后奋起，有府谷的王嘉胤、杨六、不沾泥（本名张存孟），清涧的王左桂、飞山虎、大红狼等，很快波及全省的大多数州县。同年十一月，明末农民军的著名领袖高迎祥自称"闯王"，率众起义，并很快与王嘉胤部会合。当时的起义领袖中，起诨名者很多，如"不沾泥"、"飞山虎"、"大红狼"等，他们主要是怕连累了亲戚朋友，故而多不用真名称呼自己。

起义很快便遭到明政府的残酷镇压。由于各支义军分散作战，没有统一的指挥，相继遭到明军的重创。但当时西北地区的饥荒不断，灾民仍在增加，因此，起义不仅没有停止，反而有愈演愈烈的趋势。到崇祯三年，参加农民军的人数已越来越多，甚至连明政府失业的驿卒，也加入到了起义军的队伍中来。著名的农民起义领袖李自成，便是因裁减驿卒失去差使而参加义军的。

随着义军规模的越来越大，波及的地区越来越广，明政府感到，光靠残酷的剿杀手段不能完全解决问题，还要采取招抚的手法。于是，在军事镇压的同时，明政府开展了大量的招安活动。当时起义军方面。虽然人数不少，但尚难以与正规的明军大规模正面交锋，因此，面对明政府的招安举措，除了少数义军拒不接受外，还有相当一部分义军接受了政府的招抚。但是，由于参加农民军的人，多是一些贫困至极、生活无依的穷苦百姓，政府对他们招安，就必须对他们的生活要有适当的安排，而当时的明政府又做不到这一点，故而很多接受招安的义军，不久后又重新起义，形成官兵来了则"稽首归降"，官兵一走重又起兵的局面。同时，起义的范围也不断扩大，并成不可阻挡之势。到崇祯四年(1631)，起义已波及邻近的山西地区，并形成了以李自成和张献忠为领袖的两大主力军。

李自成，陕西米脂人。自幼家贫，长大后在县城内的银川驿当了一名驿马夫，在驿卒中很有威望。他曾借过当地豪绅艾氏的钱，逾期无力偿还，艾氏便勾结官府，将他抓起来，众驿卒看不下去，一哄而起，砸毁了枷锁，将前来追捕的县官打死，将兵吏冲散。一时间，很快便聚集了千余人。李自成便率领这批人，扯起了义旗，后来又投奔了"闯王"高迎祥，号称"闯将"，自成一军。

张献忠，陕西延安府肤施县(今延安)柳树涧人，出身贫寒。据史料记载，张献忠身材魁梧，气力过人，留着一副漂亮的长须，尤显得仪表堂堂，勇猛威武。他在延绥镇当兵时，曾经因为"犯法当斩"，但主将陈洪范见他相貌奇特，便为他说情，将他释放了。崇祯三年(1630)六月，他率众在米脂十八寨起义，自称"八大王"。由于他性格粗犷豪爽，作战勇敢，很快便成为义军的首领，其所率部众也成为明末农民起义军中，与李自成并行的重要力量之一。

李自成自投奔高迎祥后，因其智勇双全，武艺高强，深得高迎祥器重，也很受起义军士的拥戴。他所领导的部队称为"八队"，纪律严明，作战勇敢，很快便在众多的农民军队伍中，崭露头角。

崇祯六年 (1633)，高迎祥被推为起义军诸部的盟主，李自成的实力也相应大为增强。当时，明政府正倾全力围剿义军，起义军活动范围被限于山西、豫北、冀南地区。为了求得更大的生存空间，起义军决定自豫北渡黄河南下。这年冬天，他们踏过黄河冰面，在渑池县境内登陆 (这件事史称"渑池渡")，从此义军广泛活跃于河南、湖广、四川、陕西等地，使明政府对义军彻底剿灭的企图破产。

崇祯八年 (1635) 正月，农民军在河南再度联合，号称十三家七十二营，人数达二三十万。义军首领在荥阳召开了大会，会上接受了李自成"分兵定向"的作战方针，决定兵分五路，迎击官兵。会后，高迎祥、张献忠率兵以迅雷不及掩耳之势，东进安徽寿州、颍州等地，并直捣中都凤阳，烧了朱元璋的祖坟。消息传至北京，正在举行"御经筵"的崇祯皇帝急得大哭，命文武百官都穿上丧服，以示悼念。

凤阳祖坟被毁，给明统治者以沉重的打击。他们深深意识到起义军这时已成为心腹大患了。崇祯皇帝调洪承畴等统重兵镇压。崇祯九年 (1636)，高迎祥中陕西巡抚孙传庭的埋伏，被俘牺牲。李自成继续领导这支队伍，自称"闯王"，在渭南一带坚持斗争，并攻占了川北许多州县，一度逼近成都。崇祯十一年 (1638) 春，李自成在潼关中了洪承畴的埋伏，遭受重创，队伍仅剩数千人。但他并没有屈服，而是率领残部潜伏商雒山中，等候再起。不久，张献忠也在谷城受抚于熊文灿，起义暂转入低谷。

张献忠受抚后，主抚派对他敲诈勒索，主剿派则虎视眈眈，千方百计地要除掉他。因此，张献忠也始终没有解除武装，经过一年的休整，他于崇祯十二年 (1639) 五月，再度起兵。并联络罗汝才等，在房县罗猴山重创明总兵左良玉,消灭官兵五万人。崇祯帝一怒之下,杀了熊文灿,再命杨嗣昌督师围剿。张献忠在川陕边界地区遭遇明军伏击,损失惨重,只好退入四川深山休整,并采取"以走致敌"的策略,避开杨嗣昌的主力,拖着明军在四川腹地兜圈子。

从崇祯十三年(1640)八月到次年正月,起义军纵横驰骋了大半个四川。明军被拖得疲惫不堪,军心涣散,将领之间也是矛盾重重。张献忠抓住左良玉与杨嗣昌等人不和、军事上互相扯皮的机会,在开县突然迎击明军。接着,他又挥师顺江而下,以一昼夜三百里的行军速度,直奔明军事重镇襄阳,并杀了襄阳王,发库银十五万两赈济饥民。杨嗣昌闻讯后,急得吐血,随后又传来洛阳失陷的消息,急忧攻心,畏罪自杀。至此,张献忠把明末农民起义再次推向高潮。

张献忠谷城起兵之后,李自成也打出了"闯"字大旗,率部进入河南。当时河南连年旱蝗灾害,百姓生活十分困苦,甚至出现了人相食的惨象。李自成一进入河南境内,各地饥民跟随者即达数万人,一批士人也投靠过来。如当地士绅李岩、举人牛金星、方士宋献策等人都投入到李自成麾下。李自成针对明末土地高度集中,赋役繁重,民不聊生的社会现象,明确提出了"均田免粮"的口号,受到广大农民的热烈拥护。当时到处传唱着"吃他娘,穿他娘,吃着不尽有闯王,不当差,不纳粮"和"杀牛羊,备酒浆,开了城门迎闯王,闯王来时不纳粮"的歌谣。李自成还制定了严格的军事纪律,提出"杀一人如杀我父,淫一人如淫我母"的口号,义军所到之处,秋毫无犯。崇祯十四年(1641)正月,李自成率众攻破洛阳,杀了作恶多端的福王朱常洵,并开仓分粮,赈济饥民。百姓如流水般归附李自成,义军一下子发展到百万之众。

攻下洛阳后，至崇祯十五年 (1642) 五月，起义军三围开封。第三次围攻开封历时五个多月，打得异常激烈，也非常残酷。当时正值李自成全盛之时，共有骑兵三万，步兵数十万，连家属几达百万之众。到九月中旬，开封城内断粮，巡抚高名衡见守城无望，竟下令挖开黄河，灌淹围城之军，义军只得撤离。开封水退后，城中泥沙淤积深达几米。开封城的毁灭使明朝在中原的统治发生了动摇，正如时人所指出的："汴城 (即开封) 不守是无河南，河南不保是无中原，中原不保则河北之咽喉断，天下也就岌岌可危了。"此后，明官军再也无力抵抗。农民军从战略防御转入了战略进攻阶段，并以不可阻挡之势，继续发展。②

攘外与安内的两难选择

朱由检继位之时，正值明政府陷入内外交困之中。一方面，东北边境危机不断。万历四十四年 (1616)，努尔哈赤建立后金，正式宣告与明廷为敌。皇太极继位后，不时率兵越过长城关隘，进逼北京，虎视中原。崇祯二年 (1629)，皇太极率后金军突破喜峰口，从明朝守备薄弱的西北边关乘虚而入，兵临北京城下，给京师带来一片惊慌，大白天也宣布戒严；崇祯九年 (1636) 四月，皇太极建立了清朝。同年六月，清军又一次从喜峰口突入内地，大肆劫掠，京师再一次戒严。满洲虎此时似乎已是"羽翼丰满"，随时要将明王朝一举吞没。另一方面，崇祯初年开始，中原内地的农民起义愈演愈烈，席卷大半个中国。崇祯八年 (1635) 十月，甚至一度将凤阳明朝帝王祖陵焚毁，大

《榜葛剌进麒麟图》(原
图为明沈度绘，中国国
家博物馆藏)。榜葛剌
即今孟加拉。

有将明王朝摧而毁之之势，因此，在整个崇祯朝的十多年中，明政府始终要面对攘外与安内的选择。③

崇祯十年（1637）三月，崇祯起用了前任宣大总督杨嗣昌出任兵部尚书。就当时的形势而言，清兵数次入关所带来的外患，与正在蔓延的"流寇"驰骋中原的内忧，两者孰轻孰重，是在战略决策时无法回避的问题。经过仔细的权衡比较，杨嗣昌的结论是：边境烽火出于肩臂之外，"乘之甚急"；而流寇祸乱出自腹心之内，"中之甚深"。两者相较，深者更不可忽视。于是，他向崇祯提出了"必先安内然后才能攘外"的治军方略，并制定了"四正六隅十面网"的军事围剿计划。主要内容是：以陕西、河南、湖广、江北起义军主要活动区为"四正"，派四巡抚"分剿而专防"；以延绥、山西、山东、江南、江西、四川为"六隅"，派六巡抚"分防而协剿"；四正六隅合成"十面网"，再命总督、总理二大臣，统一指挥，随农民军活动方向"专征讨"。杨嗣昌

西洋国人献狮子（《皇都积胜图》局部），中国与西洋诸国交往频繁，互派使臣，互赠方物，此为描绘西洋国人献狮子的场景。

还推荐熊文灿任兵部尚书，执行他的军事计划。从明王朝当时的实际情况来看，这似乎也是唯一可取的战略方针。

在崇祯的大力支持下，杨嗣昌的攘外必先安内的方针取得了明显的成效。从崇祯十年（1637）至十一年（1638）间，熊文灿在湖广大力招抚，洪承畴、孙传庭在陕西围追堵截，农民军一度受挫。除李自成梓潼失利外，其他农民军也遭到败绩。崇祯十一年四月，张献忠也在谷城受抚于熊文灿。至此，对明政府而言，"内乱"之祸似乎有望解除。与此同时，明政府向东北的后金方面尝试议和事宜，欲以和议换回边境三年平静，但因皇太极要价太高而未成。崇祯十一年（清崇德三年，1638），多尔衮率清军入关，在京畿、河北、山东等地抢掠达半年之久，攻下州县七十余城。崇祯下令征调洪承畴、孙传庭等人前往解围，从而使中原"安内"战场的兵力陷于空虚状态。

崇祯在攘外与安内的两难选择中始终摇摆不定，犹豫不决。崇祯九年，他把卢象升从中原五省总理调任宣大总督已属失策，时隔两年，又把威震陕豫的陕西三边总督洪承畴、陕西巡抚孙传庭调往北方边防线，使杨嗣昌精心策划的对付李自成、张献忠的"十面张网"战略功亏一篑。关键在于其对"安内"形势判断失误，他把李自成息马商雒山、张献忠等人的伪降谷城，看作内乱已经平定。实则农民军乘中原空虚之机，发展壮大自己的力量。李自成由商雒山挺进河南，张献忠的谷城再起，也宣告了明朝招抚政策的彻底失败。崇祯恼羞成怒，逮杀了力主招抚的兵部尚书熊文灿，并于崇祯十二年（1639）八月下令杨嗣昌代替总督熊文灿，前往湖广督师。但这时形势已难以逆转。洪承畴驻扎山海关，孙传庭因党争而下狱，杨嗣昌一人孤掌难鸣，最终心力交瘁，畏罪自杀。此时，崇祯除了叹息之外,已经是束手无策了。

在攘外方面,蓟辽总督洪承畴奉旨率十三万精兵,于崇祯十四年(1641)五月出山海关,解锦州之围。洪承畴本拟打一场持久战,无奈形势逼人,只好违背初衷,力求速战速决,结果导致全线惨败,宁锦防线尽失,宁远成为关外孤城。

此时,明政府又想到了与清议和。平心而论,在当时内外交困的情况下,如能与清议和以求得一时的安宁,也不失为明政府的权宜之计。没料想事情泄漏,舆论哗然,朝臣们在对内"剿贼"问题上立场一致,也同样不能容忍外族的入侵。此时此刻,谁都不愿、也不敢背负"和谈-投降-民族罪人"的包袱。最终,兵部尚书陈新甲因承担和谈之罪名而被处死。

平心而论,陈新甲在中原战场与辽东战场的战略决策中确有重大失误,但不足以构成死罪,真正置他于死地的是遵旨议和。在当时内外交困的形势下,崇祯授权陈新甲秘密与清媾和,不失为一种权宜之计。一些不了解全局又不明真相的大臣死抱住所谓大义不放,用传统政治伦理来否定媾和,使颇有政治主见的崇祯也不敢理直气壮地力挽狂澜,只能怯懦地退缩。经过此番波澜,明廷内部包括崇祯在内,再也不敢尝试与清和谈一事。在攘外与安内的两难选择中,崇祯已无牌可打,清兵入关也只是时间问题了。

明王朝沉疴难起

当万历朝富庶的光环渐渐退去之时,明王朝开始了其不可挽回的末世之路。经过万历、天启时期的挥霍,至朱由检接手时,明政府财政紧缺，军队腐败，外有后金窥视，内有农民起义，可谓内忧外患，危机重重。更为严重的是，由于几十年党争的影响，政府各部门已然是帮派林立，明争暗斗，做事推诿，贪污成风。整个政府机构，犹如一架长满了锈斑、不堪运转的庞大机器，已难以启动，更谈不上高效运转了。

面对这种情况，崇祯帝朱由检心急如焚，他恨不得一夜之间就能改变这种局面，急躁情绪油然而生。作为年轻的皇帝，毕竟缺少政治经验，在处理许多棘手的问题时，不免急功近利，结果不仅没有解决问题，反而是越搞越糟。曾有臣下上奏，认为他做事操之太急，但朱由检却刚愎自用，根本听不进去。他自己能够做到严于律己，同时希望臣下也能同样做到。但这实际上是不现实的。于是问题越来越多，焦虑失望之余，他又迁怒于文武百官，责备他们不能恪尽职守，于是出现了严厉惩处文武百官的"重典绳下"的局面。他认为用人不当，便频繁换人，诛杀朝官。据统计，崇祯一朝十七年，兵部尚书换了十四人，刑部尚书换了十七人，内阁大学士前后任用五十人，还有七名总督被杀。

"重典绳下"的直接后果便是导致了君臣之间开始离心离德。朝中大小臣僚因"功令太严，（皇上）恩威莫测"，深恐一不小心，触犯龙颜，性命不保，故而不敢出头做事，敢于犯颜直谏的人越来越少。这使得朱由检身上的缺点不仅得不到克服，反而越来越严重。随着朝政中的问题越来越多，朱由检对朝中的文武百官也越来越不信任，君臣之间的隔阂越来越深。

"重典绳下"的政策，没有带来社会政治、经济状况的丝毫好转。这时的明王朝实际上已是病入膏肓、积重难返了。当时朝臣之间的门户之争依旧存在，朋党之争依然不息。崇祯对士大夫的门户之争采取坚决禁止的态度，规定：凡已颁示天下的"钦定逆案"，不许翻案；并严禁臣下互相党附，分门别派。但收效并不明显，其中最著名的则有复社与阉党残余之争。④

　　复社的创始人是太仓人张溥和张采。它原是一个以文会友的文人社团，是一个生员的结社，其成员绝大多数是为了争取科举考试合格，才来入社的。张溥、张采以"光复古学，务为有用"为宗旨，标榜新学，追求经世之学。这样，不可避免地像东林党人一样，触及时事，卷入政治斗争的漩涡。后来，它的规模几经扩大，包括了江南地区好多社团。当时许多东林被难遗孤如周顺昌之子周茂兰、黄尊素之子黄宗羲等都是复社成员。从人员组成及复社宗旨来看，复社中多为正直的士人，并有强烈的为民着想的民本思想。

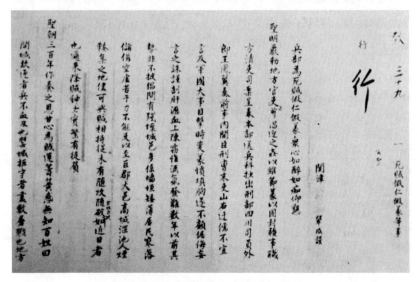

明兵部报告"开城款迎"农民军的行稿

但是，复社在同阉党残余的斗争过程中，不可避免地染上了浓厚的门户之争的色彩。士大夫之间的门户之争实已成为崇祯时期政治黑暗的痼疾。

明政府已陷入了内忧外患的境地，一方面，山海关外的清兵正虎视眈眈地窥探中原，时刻都有越过长城边隘、进逼北京的危险；另一方面，关内农民起义此伏彼起，明王朝实已到了分崩离析的边缘。此时的朱由检，纵然是竭尽全力，也是无力回天了。

李自成在河南取得战略优势后，便移师南下，进军湖广。崇祯十五年（1642）冬，李自成攻下湖广重镇襄阳。第二年一月，又攻下承天，李自成被推为"奉天倡义文武大元帅"，发表檄文，历数明朝昏主罪恶，宣布"兴仁义之师"，剿兵安民。同年三月，李自成改襄阳为襄京，称"新顺王"，创立了新顺政权。

新顺政权建立后，李自成决定进取北京，推翻明朝。他采纳了顾君恩的建议，制订了先取关中作为基地、然后经山西攻取北京的作战计划。

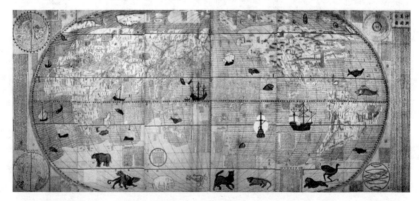

明代《坤舆万国全图》（引自黄时鉴、龚缨晏《利玛窦世界地图研究》）

崇祯十六年（1643）八月，明政府派陕西总督孙传庭领兵阻击李自成。依孙传庭的计划，原打算先守后战，这不失为稳妥可行之计。但崇祯一心想迅速剿灭农民军，一再催促孙出战。当两军对峙时，连日阴雨，明军粮运不济，又被李自成派人截获，从而使明军军心动摇，被李自成打得大败。明军死伤四万余人，丢弃辎重数

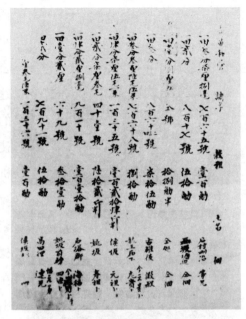

崇祯十六年（1643）地租簿

十万件。李自成乘胜追击，十月，攻破潼关，击毙孙传庭，占领了西安。经过这一战役，明政府再也无力阻挡李自成的胜利进军了。

崇祯十七年（1644）正月，李自成改西安为长安，称西京。建国号大顺，建元永昌。并任命大学士以下官员，开科取士，以进一步完备大顺中央政府机构，正式表明要取明朝而代之，并兵分两路合击北京。同年二月，李自成率部渡过黄河，攻克太原；接着又连下大同、宣府，夺取居庸关、昌平，一路上几乎没遇到什么像样的抵抗，大军逼近北京城。一路上，大顺军纪律严明，宣布"蠲免钱粮"，或"五年不征"，或"三年不上税"，并提出"平买平卖"口号，实行公平交易，受到各地人民的欢迎。

崇祯十七年，张献忠占领成都后称帝，正式建立政权，国号"大

张献忠大西政权所铸铜印

西"。明朝廷内外的官员们，平素里党争立派时，个个能言善辩，互不相让。而如今在这国难当头、需要承担责任的关键时刻，却都推诿不决，使明廷一次次地贻误了战机。崇祯十七年三月，李自成攻陷北京，崇祯走投无路，在紫禁城北面煤山（景山）的一棵树上自缢身亡。临终前他在衣服上写下遗诏："因失江山，无面目见祖宗于地下。"并自去冠冕，以发覆面。

至此，受命于危难之际的朱由检在位十七年，试图挽狂澜于既倒，虽然出现过转机，终未能成功。在内忧与外患的两面夹击下，最终无奈地上演了一出"并非亡国之君的亡国悲剧"。

崇祯帝的悲剧

用"生于末世运偏消"来形容明朝最后一个皇帝朱由检的命运，似乎是最恰当不过的了。他为人清高自负，继位后亲政勤政，一心想要扭转明王朝急转直下的颓势。怎奈他的前辈留下的实在是一个难以拯救的烂摊子，朱由检即位之时，明王朝已是内外交困了。他不仅要面对以魏忠贤为首的"阉党",更要面对前朝留下的颓靡政局。"今日吏治、民生、夷情、边备,事事堪忧",是其处境最生动的写照;而"此时不矫枉振颓,太平何日可望"之感叹,透露了其内心的焦虑与拨乱反正、中兴大明王朝的愿望。为此,他几乎食不甘味,寝不安枕,孜孜不倦地探究新政。

　　然而,长年累月形成的官场积弊,已经成为一种风气,绝不是明察苛求所能奏效的。正因为朱由检求治心切,对臣下要求有时近乎苛刻,也就必然造成臣下终日畏怵,畏首畏尾,而最终陷入皇上一人独劳、"求治之心操之过急,不免酿为功利,功利之不已转为刑名,刑名之不已流为猜忌,猜忌之不已积为壅蔽"的困局。崇祯时期朝政的一大特色,便是深得朱由检宠信并居相位达八年之久的温体仁,推行没有阉党的阉党路线,形成耐人寻味的崇祯"遭瘟"现象,"体仁以告讦见知于上,结党之说深启圣疑,攻者愈力,而圣疑愈坚矣"。这种局面使得朱由检希望禁绝朋党的急切期望化作泡影,在强大的惯性带动下,整个崇祯朝党争从未间断。从温体仁攻讦钱谦益事件,到由袁崇焕之狱引发的钱龙锡案,及至温体仁与周延儒的倾轧,各种政治纷争与权力争夺,演化成一幕又一幕的乌烟瘴气的党争。朱由检也不禁喟然长叹:"诸臣但知党同伐异,便已肥家!"致使"卒之君子尽去,而小人独存,是毅宗之所以亡国"。说党争是导致明亡的一个原因,是毫不为过的。无谓的内耗争斗,直接削弱了明政府的统治能力,加剧了日益严重的边防与内政危机,使得明政府面对着内外交困的社会危机,自乱阵脚,力不从心。

　　以边防而言,从熊廷弼到孙承宗,再到袁崇焕,几任有为的辽东边将，莫不因朝内党争而受牵连。熊廷弼遭"阉党"诬陷，落个被杀后又传首九边的下场；孙承宗因受"阉党"爪牙无端攻击，被迫辞官回乡；袁崇焕的悲剧固然有皇太极反间计的影响，但同时也是明末党争的直接恶果。朱由检最初下令逮捕袁崇焕时，并没有要把他处死的意思，只是"暂解任听勘"而已。当时，朝廷大臣中也多有为袁崇焕鸣冤者，只是惮于皇上震怒，而未敢轻易进谏。但是，朝廷中另外一些别有用心的人，唯恐天下不乱，阉党余孽上蹿下跳，把袁崇焕与党争纠缠在一起，由袁崇焕牵连到内阁辅臣钱龙锡，终于使袁崇焕的罪状层层加码，丧失了转圜的可能，使事情越来越复杂化，以致无法收拾。为了达到个人或一己小集团的利益，往往欲置对方于死地而无所不用其极，更把国家社会利益丢诸脑后，这是明末党争最典型的特点。如果当时朝廷内外能够同心协力，一致对外，又何至于到此地步？对朱由检而言，杀袁崇焕无异于自斩手脚，自毁长城，此后再难谋求足以克敌制胜的帅才，辽事更加难以收拾。"自崇焕死，边事益无人，明亡征决矣。"⑤

朝臣内部的尔虞我诈直接削弱了明政府对辽东地区的控制力量，当内地民变危机日呈燎原之势时，以温体仁为首的朝臣仍然无动于衷，醉心于党派争斗，从内阁到六部依然我行我素，丝毫没有改弦更张的意思，听任局势日益恶化。

至此，明政府丧失了全面掌控内外局面的能力。面对日益严重的民变危机，在抚与剿之间犹豫不决，举棋不定；面对日益恶化的边境局势，在对清朝和与战之间优柔寡断，瞻前顾后，丧失了一次又一次的机会。最后，当陈新甲因承担和谈投降之罪名而被法办之后，明政府陷入了无可挽回的危机。

明末农民起义攻占北京(17世纪法国　　《崇祯帝自缢图》(17世纪法国绘画)
绘画)

　　虽然晚明时期开始的全球化对当时中国的经济和文化已经开
始产生重大的影响，但是，这种影响并没有改变中华帝国的统治者
对世界的看法，对统治者来说，"一切仍然是以不变应万变"，政治
体制与权力运作仍然是中华帝国的老传统。从万历到崇祯的几十
年间，朝廷上下都忙于政治派系之争，忙于窝里斗，而且斗得不可开
交，听任腐朽的政治极大地消耗国力，使它在经济全球化中的优势
逐渐丧失。最后，在东北崛起的满洲铁骑和内地农民起义的双重夹
击下，明朝廷最终在"无可奈何花落去"的无奈之中，走到了其历史
尽头。因此，明亡的祸根，实在是历久弥深，不待义军蜂起、清兵入
关，明朝的生命力早已在人与人之间无尽的内耗中厮杀殆尽了，至
崇祯时，已是"大势已倾，积习难挽，在廷则门户纠纷，疆场则将骄

卒惰,兵荒四告,流寇蔓延,遂至溃烂而莫可救"。这也是招致明王朝亡国悲剧的深刻内涵。

晚明社会的历史变迁更直观、更形象地展示了传统政治体制的种种恶果。中国传统政治体制中的诸种弊端,到了晚明时期已是腐败毕呈,沉疴难起。从张居正所倡导的万历新政因"政以人举又以人亡"的失败,到崇祯衷心勤政却不明政理的悲剧,他们殚精竭虑,使出浑身解数,最终仍不堪重负,筋疲力尽地倒下,而无力改变明朝衰亡的命运。这也昭示人们,在这种制度框架下,所谓的经济繁荣是多么地不堪一击,而诸多个体的努力又是多么的苍白无力。没有一种有效的制度安排与体制保护,再繁华的经济大厦也是非常容易倾覆的。晚明时局的历史变迁表明,中国传统政治制度的治理效率与应变能力,实在已无力支撑与掌控明朝历史的大变局了。

转瞬即逝的大顺政权

崇祯十七年 (1644) 正月,李自成建立大顺政权后,率军攻城略地直逼北京。同年三月,李自成攻陷北京,崇祯皇帝自缢,明朝灭亡。

当李自成进入北京时,明政府在京官僚大约有二三千人,他们大多持观望态度。李自成进京后,下令接管政府各衙门,并严肃军纪,号称"军兵入城,有敢伤一人者斩,以为令"。并四处张贴告示:"大师临城,秋毫无犯,敢掠民财者,即磔之。"这些措施甚得民心,京城百姓夹道欢迎大顺军入城,社会秩序安定。当时,江南还有五十万明军,关外又有清军虎视眈眈,形势不容乐观。但进京后的大顺政权,很快便暴露出自身的弱点,不能适应新的形势变化。

首先，随着军事上的迅速胜利，占领北京以后，李自成的麻痹轻敌思想进一步暴露出来。当时他身边的军队总数大约有十万人，受封侯爵的大将有刘宗敏、李过、刘芳亮、张鼐、谷英，加上明朝投降过来的军队，兵力也还可观。李自成在大同留下了大将张天琳镇守，在真定委任了大将马重僖为节度使，但是惟独在京东山海关一带没有派遣

李自成大顺政权所铸铜印

"老本"嫡系大将去镇守，在某种程度上，对关外虎视眈眈的清军掉以轻心。几十万大军屯驻北京，既不积极布防，也不安排下一步的征战。对于屯兵山海关的吴三桂更是抱有幻想，只派降将唐通持吴三桂父亲吴襄的信，以及金银绢帛和侯爵封号前去招抚。与此同时，李自成手下的大将如刘宗敏、李过等人，开始忙于贪图享受，他们搬进明贵戚勋臣的华丽府第，过起了饮酒行乐的生活。牛金星则八抬大轿遍访同乡，大宴宾朋，俨然太平宰相模样。全国局势未定，他们却已开始将生死攸关的军事任务置之不顾。

义军中也缺乏有远见卓识的人物，许多人身上的小农局限性——稍富即安、目光短浅等弱点，也都显露无遗，许多士兵腰缠金银珠宝，打算富贵还乡。大将刘宗敏则热衷于拷打明官追赃，甚至霸占了吴三桂的爱妾陈圆圆，这成为后来吴三桂降清的导火索。加上李自成本人的一些过激政策，如"比饷镇抚司"的设立，也导致了大

顺政权在北京统治基础的削弱。

"比饷镇抚司"是李自成农民军在北京设立的对明朝贵戚大臣实行"追赃助饷"的机构,由刘宗敏、李过、李牟主持,用暴力逼迫明朝贵族大臣、贪官污吏交出剥削来的金银财宝,充作军饷。李自成提出"各官罪甚者杀之","贪鄙多赃者刑之",规定了镇反和追赃的基本原则,主要有:下令三品以上的明官员一律不得留用,发往各营追赃助饷,即便四品以下官员也要主动捐银助饷。据称大顺军逮捕明勋戚、大臣、文武百官八百余人,押至刘宗敏、李过等处,审讯追赃助饷,还处决了明勋卫武职官五百余人,这对明朝旧臣及皇亲国戚是毁灭性打击。这些过激政策,使得当初曾持观望态度的大批明朝旧臣,站到了义军的对立面。

追赃助饷是大顺军的一贯政策,因为对百姓免税,就要对豪绅地主征财,这对在战时争取大量民众的支持是有积极作用的,而且它客观上也解决了大顺军相当一部分的军需。但入城后,政治形势发生了变化,包括李自成本人的身份也发生了微妙变化,不及时调整统治政策,自然要行不通。

一方面是大敌仍然当前,另一方面则是义军斗志的削弱。此消彼长,当起义军面对吴三桂与清军的联手攻击时,其失败的命运也就不可避免了。崇祯十七年四月二十一日,李自成与驻守山海关将领吴三桂交战。吴三桂降于清摄政王多尔衮,两军联手击溃李自成,主将刘宗敏受伤,急令撤退,李自成逃到京城。四月二十九日,李自成在武英殿登基称帝。四月三十日,农民军入京仅仅四十二天后,就不得不撤离北京。撤离前,李自成怒杀吴三桂家大小三十余口,火烧紫禁城和北京的部分建筑。五月二日,多尔衮率清兵进入北京。

撤离北京后,李自成部七月渡黄河,败归西安,不久,弃西安,经蓝田、商州,走武关。由于南明弘光帝朝廷的建立和大顺军的节节败退,很多投降大顺的原明朝将领复投南明或清朝,李自成于是疑心日盛,终于枉杀李岩等人,致使人心离散。

顺治二年(1645),清军以红衣大炮攻破潼关,李自成避战,经襄阳入湖北,试图与武昌的明朝总兵左良玉联合抗清未成。四月,李自成军入武昌,但被清军击溃。后到湖北九宫山的时候,遭当地地方武装袭击,李自成身亡,大顺政权瓦解。

短暂的南明朝廷

崇祯十七年(1644)三月十九日,北京失陷、崇祯帝自缢身亡时,明朝在南方尚有五十多万军队,南京形式上还保留着一个中央政府班子。如果能够建立一个强有力的权力中心,以当时的兵力,加之长江天堑,以及民间广大百姓同仇敌忾的抵抗决心,也未必不能重建明朝,或至少像南宋那样,依江而治,将明王朝继续延续下去。但事情的发展却与这样的愿望背道而驰。

由于北京与南京遥距千里,当北京失陷的消息最终被南京方面确认时,已是一个月以后的事情了。这时,南京方面首先考虑的是议立新君的问

史可法像

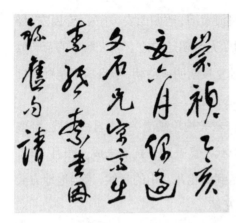

史可法手迹

题。五月十五日，崇祯帝朱由检从兄福王朱由崧在凤阳总督、阉党残余马士英等人的拥戴下，在南京称帝，建元弘光。

在这国难当头之时，明大臣们仍忙于党争。马士英等人极力拥戴福王，东林党人则认为福王行为不端，不愿拥立。马士英等要尽手腕，最后成功，并把正直派人物代表、南京兵部尚书史可法排挤出南京，让他督师扬州。马士英大权独揽，飞扬跋扈，又编了名为《蝗蝻录》的东林、复社人员黑名单，以图将反对派一网打尽。当时曾有人以"秦桧在内，李纲在外"，来比喻马士英等人的卑劣手段。史可法看到国势危殆，大局可忧，便决心鞠躬尽瘁，克尽臣节。

张煌言像

福王朱由崧称帝后，昏庸荒淫，不问政事，每天关心的只是饮酒戏女，寻欢作乐，甚至以割山海关外地和岁币十万两为条件，向清廷屈辱求和，但遭到清统治者的拒绝。清廷兴兵南下，弘光元年(1645)五月，南京失陷，福王"乘小轿，衣蓝袍，首披包头，油扇障面"，到南京请降，但仍没能摆脱被杀的命运。南京弘光政权前后只存在了一年。

顺治二年（1645）闰六月，浙江的将官在绍兴拥鲁王朱以海监国，拥有绍兴、宁波、温州、台州等地；同时，郑芝龙、黄道周等也在福州拥立唐王朱聿键称帝，建元隆武。鲁王、唐王两个政权互争真伪，不肯合作。同时，两个王朝内部也非常腐败。顺治三年（1646）六月，清军渡过钱塘江，进攻绍兴，温州、台州等相继陷落，鲁王在属下保护下浮海逃至舟

郑成功像

山。顺治八年（1651），清军攻破舟山，张名振、张煌言护鲁王航海南下金门。顺治十年（1653），鲁王去监国名号，最后投奔了郑成功，老死在台湾。唐王的大权则掌握在郑芝龙手中，而郑芝龙本无意抗清，他只不过是想借唐王的旗号为自己谋利。他当时手中有二三十万大军，但却忙于搜刮财物，扩充实力。当浙东鲁王政权崩溃、清军南下进逼福建时，他甚至与清军暗中密约，准备降清。他尽撤仙霞岭上的防军，使清军得以长驱直入。顺治三年秋，福州失守，唐王逃至汀州（今长汀），被清军俘杀。郑芝龙不听其子郑成功的劝告，剃发降清，隆武政权倾覆，历时仅一年零三个月。其后，朱聿鐭在广州称帝，改元绍武，绍武政权仅维持了四十天。

顺治二年十月，桂王之子朱由榔受两广总督丁魁楚、广西巡抚瞿式耜拥立，在广东肇庆称帝，改元永历。永历政权在大西农民军余部的支持下，前后维持了十六年，最后几年躲进缅甸。南明政权的存

南明抗清铁炮

在,显示了明朝皇室世系的延续,成为人们抗清斗争的精神支柱。但当时真正的抗清力量是接受南明政权招抚的农民军余部。顺治十八年 (1661),吴三桂率兵追入缅甸,在清军压境的情况下,缅王交出了朱由榔,南明王朝灭亡。此后,以李来亨、郝摇旗领导的农民军为主体的抗清斗争还在继续,并一直坚持到康熙三年 (1664)。⑥

注释:

① 樊树志:《崇祯传》,人民出版社1997年版。

② 顾诚:《明末农民战争史 (修订版)》,光明日报出版社2012年版。

③ 樊树志:《崇祯传》,人民出版社1997年版;樊树志:《晚明史 (1573—1644)》(上、下),复旦大学出版社2003年版。

④ 樊树志:《崇祯传》,人民出版社1997年版。

⑤ 樊树志:《晚明史 (1573—1644)》(上、下),复旦大学出版社2003年版。

⑥ 顾诚:《南明史》,光明日报出版社2011年版。

<table>
<tr><td>

明代
文化

</td><td>

12

</td></tr>
</table>

耶稣会士与西学东渐

明代是早期的"西学东渐"的发展时期。西学东渐不仅是中国文化史上的一件大事,而且对儒家思想的发展和演变具有至关重要的意义。据统计,明清之际,进入中国的耶稣会士可考者约五百人。其中最著名的便是意大利传教士利玛窦(1552—1610)。

利玛窦早年加入耶稣会,曾接受赴东方传教的培训,对中国儒学有所了解。他把传教与中国儒学相结合,谓之合儒、益儒、补儒和趋儒,尽量将西方基督之学以中国化的形式,让中国民众接受。他在万历年间来到中国,在广东端州、韶州先后滞留十五年,埋头钻研儒家经典,曾一度剃去头发,穿上僧服,后

利玛窦像（游文辉绘，1610年）

利玛窦与徐光启

又脱去僧服,换上儒装。后来他得到了在北京居留与传教的默许。

利玛窦在中国生活了二十七年,最后死于北京,并成为第一个受皇帝批准而安葬在中国土地上的外国人。据统计,自利玛窦1583年在肇庆招收第一个信徒开始,到1603年受他施洗的信徒就达五百人,到1608年为两千人,到他逝世的1610年,这二十七年间,经他受洗的信徒已达二千五百人。通过其他传教士受洗的全国的信徒更是不计其数。其中包括当时有名的徐光启、李之藻、冯应京等人。这些知识分子之所以接受天主教信仰,不可否认具有宗教方面的原因,然而如果从当时社会文化背景来考察,则可看到这种信仰的转变与儒学自身的发展趋势密切相关。

利玛窦注意调和天主教与儒学的矛盾。他把中国自古崇拜的天神"上帝"与圣经中的"天主"等同;把天主教蔑弃现世物质利益、追求永恒天国,与儒学"重义轻利"、"存天理、灭人欲"等同。并对中国的祭天、祭祖、祭孔等传统持宽容态度,允许天主教徒家中保留祖宗牌位。这一切都赢得士大夫们的好感,从而风靡追随。

利玛窦以及其他早期传教士在向中国人传递西方文明的同时，也对中国固有的文化成就表示尊敬，他们真诚地希望能从与中国正常的文化交流中获益，使欧洲文明在东土获得更大的推介。尤其是利玛窦，作为第一个真正掌握中国语文的传教士，他对中国的古典文明进行过相当深入的钻研，对孔子的哲学表示极为钦佩。他把孔子及《四书》、《五经》热情地介绍给西方人，明确指出如果西方人批判地研究孔子那些被载入史册的言行，就不得不承认孔子可以和任何异教哲学家相媲美，而且还要超过他们中的大多数人。利玛窦对孔子及儒学的尊重代表了当时欧洲的某种社会文化心态。

　　除了将中国的儒家学说介绍西传、将西方的宗教传入中国外，利玛窦在把西方科学介绍给中国方面也作出了贡献。万历三十五年(1607)，他与徐光启合译了欧几里得的《几何原本》前半部。欧几里得是古希腊数学家，他的《几何原本》是希腊古典时期数学成就的总结性著作。由利玛窦口述，徐光启笔录、翻译的《几何原本》共六卷，涉及三角形、线、圆、圆内外形、比例等，每卷都有定义、公理、作图公法，这是第一部译成中文的西方科学著作。人们普遍认为，《几何原本》的价值超出了几何学本身，它被视为人类历史上真正代表科学理论的教科书。

　　后来，利玛窦又与李之藻合作，编译了第一部系统介绍欧洲笔算的著作《同文算指》。《同文算指》主要根据德国数学家克拉维斯《实用算术概论》和中国数学家程大位《算法统宗》编译而成，系统介绍了欧洲笔算，贡献与影响巨大，被认为其收效不亚于《几何原本》。

　　这些著作不仅把欧洲数学介绍到中国来，还为我国近代数学的科学名词规范奠定了基础。如几何、点、线、面、平行线、角、三角形、四边形等，都由此使用并确定下来，对我国数学的发展和传播起了重要作用。

此外，徐光启还和意大利传教士熊三拔合译《泰西水利》，介绍了十七世纪初西方水力学原理和新式提水工具；进士王征与传教士邓玉函合作编译了西方机械工程学专著《远西奇器图说》，等等。

值得注意的是，早期传教士曾多次回欧洲募集图书。1614年，耶稣会士金尼阁返回罗马教廷述职时，成功地募集到由教皇保罗五世捐赠的五百多册书，加上他与同伴邓玉函在欧洲各国收集到的图书，总数达七千多册。这批图书后来通过各种途径进入中国，其中不少被译成中文，向中国人民介绍宣传西方科技与文化，在早期的西学东渐中发挥了重大影响。[①]

早期的西学东渐，为中国人打开了窥视西方的窗户，开近代中国学习西方先进科学技术的先河。

心学的兴起

明朝的官方意识形态仍是儒家思想为主体。朱元璋尊崇儒家思想的实际内容，主要是程朱理学。明代科举制度的乡试、会试中，一律采用程朱理学家对儒家经典的标准注本（如《四书集注》）为立论依据。这样固然提高了理学的地位，致使程朱理学风靡一时，出现前所未有的盛况，但另一方面，物极必反，这种儒学官学化的过程，对于儒家思想的发展实际上是弊大于利。因为任何思想一旦定于一尊，都势必导致其活力的减弱和式微。

到明中后期，随着社会经济的发展，社会风气发生很大变化，人们开始崇尚奢靡，公开追求物质享受。社会上要求摆脱儒家思想传统的束缚，要求个人意志自由展开的思潮油然而生，儒家的伦理道理与现实社会开始发生严重的冲突。

当时程朱理学虽然势力强大，深得官方的青睐，但由于其思想体系本身已显现出很大的局限性，尤其是程朱理学的格物致知、格物穷理思想方法的支离破碎的特征，更使为数众多焦灼于现实问题的知识分子对其失望和望而生畏。于是便有陈献章、王守仁的理学革命，希望把个人的思想从圣贤经书中解放出来。陈献章的"小疑则小进，大疑则大进"的主张，开自由思想的先声。随后，更有著名的王守仁"心学"及泰州学派。

王守仁（1472—1528），字伯安，浙江余姚人，二十八岁中进士。曾筑室阳明洞中攻读、讲学，故世称"阳明先生"。他早年因反对宦官刘瑾专权，被贬为贵州龙场驿丞。历任兵部主事、南赣巡抚，官至南京兵部尚书。其任南赣巡抚期间，为平定宁王朱宸濠叛乱立下汗马功劳。

王守仁深受南宋陆九渊心学理论的影响，主张心即理，并据此提出知行合一的口号，创立良知之学。他认为人心是一切事物的本源，没有人的意念活动，就没有客观事物。人的意念指到哪里，哪里便产生物；人心想到什么，什么就是物。他还提出，"心外无理"。事物的"理"，不存在于事物之中，而是存在于

王阳明像

人们的心中，所以"良知"就是"人心"，是心之本体，是"人人皆有"的。良知即是天理，要认识"理"，即所谓"致良知"，则要通过心中去体认先验的伦理道德观念。在王阳明看来，良知天理在人们的心中，天理的昭明灵觉就是人心之虚明灵觉。通过它，人们便能很自然地感觉或判断出人的行为的善恶是非，从而推动良知，并使它充分发挥自己的机能，以善念支配人的道德行为的过程，此即致良知的功夫。与此相关联的，他强调"知行合一"，认为知与行都归结于心，他反对在心外去求理，而讲求知行合一于心中。

王守仁心学的最可贵之处，是强调"以吾心之是非为是非"，而不必以孔子之是非为是非。同时，王守仁也和朱熹一样，把"人欲"看作"天理"的对立物，认为由于先天的"良知"受到了外来物的"昏蔽"，人们才会有不善的思想和行动。因此，他竭力主张"去人欲，存天理"，达到最大限度的人格上的自我完善。个人道德完善后，才会有社会道德的完善。②

这实际上是用一种注重身心修养的学说来取代朱熹沉溺词章、支离决裂的格物致知说。这样，王阳明的格物便不是朱熹即物穷理的求知方法，而更偏重于为善去恶的内心涵养，从而使格物与致良知完全吻合起来。这种新的格物说，正包括了他的所谓心即理、知行一、致良知的心学观点。

王门弟子王艮，把王学的主张进一步加以引申和发展，创立泰州学派。王艮（1483—1540），字汝止，号心斋，人称心斋先生。他出身盐商家庭，曾拜王守仁为师，习王学。他强调"悟性"，宣扬不睹不闻，不思不虑。他继承了王阳明的良知学说，并把它发展为"复初说"。他认为，要治理天下，首先要端"本"，要搞好个人的道德修养，即所谓"诚其心"，实际上是修其身。他认为天下动乱不安，是由于"身"不正，因此，做学问的目的就在于明白"身安而天下国家可保"的道理。因此，人们要自觉地用"良知"来支配自己的行动。与王守仁相较，王艮更加重视社会实践，王守仁之后，王学之能够发扬光大，王艮功不可没。③

如果说泰州学派是王学左派，那么李贽便是王学左派中更加激进的一员，被人们称为泰州后学中"异端之尤"。

李贽（1527—1602），初姓林，名载贽，后改姓李，名贽，字宏甫，号卓吾，又号笃吾、温陵居士、百泉居士，泉州晋江人。嘉靖三十一年（1552）举人，历任河南共城（今辉县）教谕、南京国子监博士、礼部司务等职，五十一岁时出任云南姚安知府，任期未满就力辞而去，到湖广麻城龙湖芝佛院隐居著书，写出了震动一时的《焚书》、《续焚书》和《藏书》。

李贽的叛逆性格主要体现在对宋明理学正统的批判上。他从阳明心学的一些基本原则出发，竭力反对宋明理学家的道德说教和神秘主义。他在其著述中，驳斥了当时流行的正统观点——以孔子之是非为是非，言必称孔子，不敢越雷池一步的社会现象，坚决反对宋明理学家假借圣人的语言以治人的把戏，他称这些理学家为假道学。强调为社稷民生着想、关心百姓生活才是"真道学"，并

李贽像

提倡个性自由的主张。他反对纲常名教及其具体化的"礼"，认为这种"礼"是外加的，人为的，实际上是"非礼"。而真正的"礼"应该是出于自然，摈弃一切规范，完全自由自在。

但这些观点被当时统治者视为"淫僧异道"、离经叛道之语，是当权者绝对不能容忍的。于是，龙湖芝佛院被拆毁，李贽也以"敢倡乱道，惑世诬民"的罪名被捕入狱。万历三十年（1602），七十六岁的李贽在狱中自刎而死。④

李贽异端思想的出现，意味着宋明理学的式微，也意味着陆王心学同样无法解救现实社会的危机。然而在没有新的思想资源、文化资源作凭借的历史条件下，思想家们的思考只能在旧有的范围内打转。中国思想界期待着新的思想资源的注入。

"四大奇书"

明代在文学艺术方面也是成就卓著，特别是小说，已达很高的艺术水准。《三国演义》、《水浒传》、《西游记》和《金瓶梅》被称为明代四大奇书，堪称一代巨著。

《三国演义》全称《三国志通俗演义》，元末明初罗贯中著。关于罗贯中的情况，人们所知甚少。从目前零散的史料记载来推断，他大约生活于元天历（1328—1330）到明永乐（1403—1424）之间。后人也据此称《三国演义》为中国历史上第一部著名长篇小说，并习惯上列于《水浒传》之前。但也有学者认为，《三国演义》用文言写成，主要读者应当是文人士大夫。而文言小说在元代是相当衰微的，不大可能出现像《三国演义》这样优秀的长篇文言小说，而明初

《三国志通俗演义》插图，明万历十九年刊本

则是文言小说的新发展阶段。因此，《三国演义》很可能晚于《水浒传》，成书于明初洪武、永乐之际。而且它与《水浒传》不同，它所叙述的主要内容不是出自民间传说的故事，而是依据《三国志》正史，因此，人们也多视它为一部比较规范的历史演义小说。《三国演义》故事起于刘、关、张桃园结义，终于吴国被平，描写了东汉末年和整个三国时代统治集团之间的矛盾和斗争，寄托了百姓渴求政治清明、社会安定的愿望和作者本人"圣君贤相"、"忠臣义士"的政治理想。全书非常注重战争与历史人物的形象刻画，三国时代的许多人物，除去曹操、刘备、孙权之外，如诸葛亮、关羽、张飞、赵云、周瑜、鲁

肃等，都是通过《三国演义》而广为人知的。在人物性格的刻画方面，如曹操的心狠手辣、诡谲多变，刘备的宽厚恭谨、以礼待人，诸葛亮的足智多谋、料事如神，周瑜的才华横溢、嫉贤妒能，以及关羽的勇武刚强，张飞的性急莽撞，等等，在文中栩栩如生。其中著名的赤壁之战、官渡之战、"借东风"、"过五关、斩六将"等故事在民间广为流传。⑤

《水浒传》又名《忠义水浒传》，施耐庵著。施耐庵，生平不详，一般认为生活于元末明初之际，曾中元末进士，因与权贵不合而弃官归里。他亲身经历了元末朝政腐败、"官逼民反"的动荡时代，作《水浒传》以抒胸中愤慨。一般认为《水浒传》的创作始于元末。在明初严厉的文禁之下，不仅不可能创作出这样的长篇小说，而且事实证明，已经成书的《水浒传》在明初也没有能够刊刻流行。今天可知的刊本，均为万历以后刊本。全书以北宋末年宋江为首的农民起义

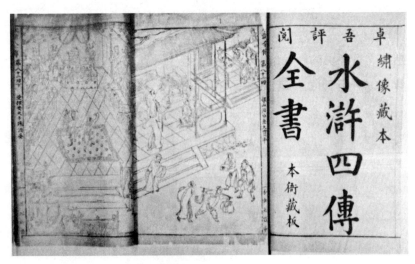

明刻本《水浒传》

为题材,揭示了当时的社会矛盾,暴露了北宋末期统治者的残暴和腐朽,塑造了李逵、武松、林冲、鲁智深等梁山英雄好汉形象。全书成功运用了大量宋时的方言土语,使其人物性格鲜明,故事曲折跌宕,语言生动活泼,"武松打虎"、"智取生辰纲"、"三打祝家庄"、"血溅鸳鸯楼"等故事数百年来一直脍炙人口。

《西游记》是以唐代僧人玄奘赴天竺(今印度)各国取经故事为题材的长篇神话小说。作者吴承恩(约1500—1582),字汝忠,号射阳山人。嘉靖二十三年(1544)举贡,后迁居南京,卖文为生。曾任浙江长兴县丞,仕途不顺,隆庆初归乡,贫老以卒。《西游记》成书于吴承恩晚年。他根据民间流传的玄奘取经故事和有关话本杂剧,经过精心加工整理创作而成,是一部规模宏伟、结构完整的长篇巨著。全书运用浪漫主义的创作手法,虽然所写的完全是超出了人间生活的天庭、地府,神、佛、鬼、怪,但却都活灵活现。全书想象丰富,情节曲折,别具一格,语言生动诙谐,勾勒出了一个仿佛就在身边的幻

《西游记》插图,明万历二十年刊本,中国国家博物馆藏。

境。而在作者勾画的人间生活之外的仙、佛境界中，同样存在着与人间社会相同的种种弊端，人间社会现实的诸种腐败现象，也被写到了神怪天庭的生活当中。书中歌颂了敢于反抗压迫、不畏困难的斗争精神，而神话小说本身的特点，也给作者提供了更为便利的思想表现方式，达到了我国古典幻想小说的高峰。其在思想和艺术上的成就不仅超过了以前的作品，而且在后来，也没有一部神话小说能够与之相媲美。⑥

《金瓶梅》出现于明中叶，作者署名"兰陵（今山东枣庄峄城区）笑笑生"，其真实姓名不可考。全书一百回，主要以《水浒传》中的西门庆为主角，描写了这个集富商、官僚、恶霸于一身的暴发户的种种

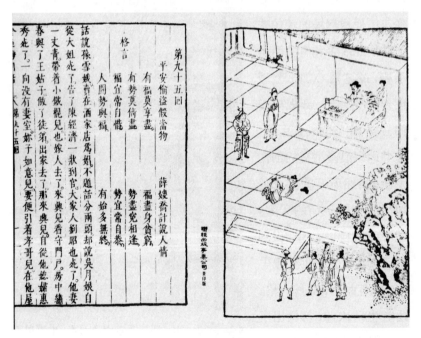

明刻本《金瓶梅》

劣迹。西门庆花钱行贿，结交官府，甚至攀附太师蔡京为靠山，威福一方。从中揭露了晚明时期官僚士绅阶层生活的腐朽糜烂及官场政治的腐败，在一定程度上也反映了明代城市的经济生活和市民的思想意识。作者在书中尤其注重刻画人物的心理状态，人物形象栩栩如生，在艺术技巧和写作成就方面有很大的突破。《金瓶梅》是中国历史上第一部脱离历史故事或者传说，而直接以社会日常生活为题材创作的小说，开写作世情小说的先河。书中大量的色情描写，也成为该书的一大特色，因此它也被视为中国古代色情小说的代表作。⑦

明代科技

　　明代在科技方面的成就也值得一提。天文气象方面，十四世纪中叶的《白猿献三光图》载有一百三十二幅云图，并与天气变化联系起来，绝大部分与现代气象学原理相一致。1383年明政府于南京设京师观象台，1442年北京设观象台。而明末方以智结合中国传统的天文学和当时传教士传入的西方天文学，讨论了地心学说、九重天说、黄赤道、岁差、星宿、日月食、历法等天文学问题。其著名的代表作《物理小识》共十二卷、十五类，依次为天类、历类、风雷雨阳类、地类、占候类、人身类、医药类、饮食类、衣服类、金石类、器用类、草木类、鸟兽类、鬼神方术类、异事类。从内容来看，它广泛涉及天文、地理、物理、化学、生物、医药、农学、工艺、哲学、艺术等诸多方面。

　　医学、科技、地理学等领域，李时珍的《本草纲目》、徐光启的《农政全书》、宋应星的《天工开物》和徐宏祖的《徐霞客游记》，都是当时有影响的著作。

南京紫金山天文台的浑仪

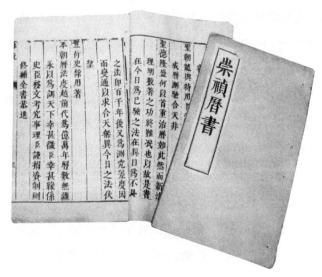

《崇祯历书》书影

《本草纲目》是我国历史上的医学名著，明代李时珍著。李时珍（1518—1593），字东壁，号濒湖，湖北蕲州（今湖北蕲春）人，出身医学世家。嘉靖三十一年（1552）开始编写《本草纲目》。他亲自上山采药，深入民间访求，同时参考历代医药书籍八百余种，历时二十七年，最终完成《本草纲目》。全书共五十二卷，收载药物一千八百九十二种，详细叙

李时珍像（木雕）

述了各种药物的产地、形态、栽培及采集方法，并搜集了大量古代医家和民间药方，附有一千一百余幅药物形态图，内容极为丰富。书中还系统总结了我国十六世纪以前药物学的经验，是我国药物学、植物学等领域的宝贵遗产，是几千年来我国药物学的总结，为后世药物学的发展作出了重大贡献。作为药典，不论从它严密的科学分类，还是从它包含药物的数目之多和流畅生动的文笔来看，都远远超过古代任何一部本草著作。《本草纲目》不仅在药物学方面有巨大成就，在化学、地质、天文等方面，都有突出贡献。它在化学史上，较早地记载了纯金属、金属、金属氯化物、硫化物等一系列的化学反应。同时又记载了蒸馏、结晶、升华、沉淀、干燥等现代化学中应用的一些操作方法。李时珍还指出，月球和地球一样，都是具有山河的天体，"窃谓

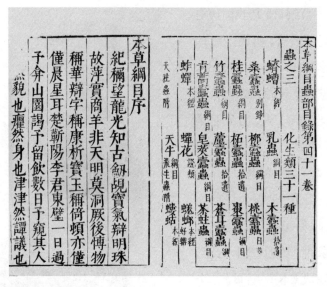

《本草纲目》书影（明万历三十一年刻本，上海图书馆藏）

月乃阴魂，其中婆娑者，山河之影尔"。因此，《本草纲目》不仅是我国一部药物学巨著，也是我国古代的百科全书。从十七世纪起，《本草纲目》传至国外，已有日、英、法、德、俄、朝鲜以及拉丁文等多种译本，被称为"东方医学巨典"。

宋应星（1587—1661），明代著名科学家，字长庚，江西奉新人，明万历年间举人。他经过详细的观察研究，从科学技术和生产实践出发，著成《天工开物》一书，共三编十八卷。全书系统总结了我国古代农业、手工业的生产技术和经验，包括谷类和棉麻栽培、养蚕、染料、制盐制糖等食品加工、砖瓦、陶瓷、硫黄、制油、造纸、丹青、珠玉及五金开采和冶炼、兵器等各个方面，涵盖了古代中国工农业生产不同部门的所有生产技术，具有珍贵的历史价值和科学价值。如在《五金》卷中，宋应星是世界上第一个科学地论述锌和铜锌合金（黄铜）

《天工开物》插图（铸鼎）

《天工开物》插图（铸锚）

《天工开物》插图（采珠）

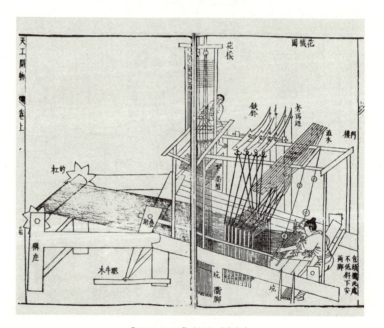

《天工开物》插图（花机）

的科学家。他明确指出，锌是一种新金属，并且首次记载了它的冶炼方法。这是我国古代金属冶炼史上的重要成就之一。全书对中国古代的各项技术进行了系统的总结，构成了一个完整的科学技术体系，特别是对原料的品种、用量、产地、工具构造和生产加工的操作过程等，均有详细说明。书中附有一百二十三幅作者自绘的工艺流程插图，画面生动而逼真、线条清晰、比例适当、有立体感，直观地反映了古代各类器物的形状、结构及其原理，以及各种工艺的生产工序或生产过程，成为中国古代科技史上一部里程碑式的名著。

《天工开物》初刊于崇祯十年；十七世纪末传入日本，十九世纪广传于日本，十八世纪流传到朝鲜，成为李朝后期实学派学者参引的著作。《丹青》、《五金》、《乃服》、《彰施》及《杀青》等篇由法兰西学院教授儒莲摘译成法文，接着再转译成英文、德文在各国流传。英国学者李约瑟把宋应星称为"中国的阿格里科拉"和"中国的狄德罗"。日本学者薮内清也认为宋应星的书足可与十八世纪法国启蒙学者狄德罗主编的《百科全书》匹敌。

《农政全书》的作者是徐光启。徐光启（1562—1633），字子先，号玄扈，松江府上海县人，进士出身。先后任翰林院检讨、内书房教习、翰林院纂修、少詹事、河南道监察御史、礼部右侍郎等职，官至礼部尚书。

《农政全书》系徐光启在对前人的

徐光启像

《农政全书》插图

农书和有关农业的文献进行系统摘编译述的基础上，加上自己在农业和水利方面的研究成果和心得体会撰写而成。既沿用了前代农书中的大量资料，系统地归纳了前人及当时的文献，同时又融入了自己的体会、科学观点及研究成果，拓宽了科学知识范围，增加了屯垦、荒政、水利等全新的内容。全书共六十卷，五十余万字。内容宏富，计有农本、田制、农事、水利、农器、树艺、蚕桑、蚕桑广类、种植、牧养、制造、荒政等十二目，堪称我国农业科学遗产的总汇。

《农政全书》的主导思想是"富国必以本业"，所以《农事》三卷被放在全书之前。其中《经史典故》引经据典阐明农业为立国之本，《诸家杂论》则引诸子百家言证明古来以农为重。《农政全书》区别于其他农书的一个显著的特点是，该书将"农政"摆在了首位，而因地制宜兴修水利，并将此与屯垦储粮、安边保民、增强国力等措施紧密结合在一起，则是徐光启农政思想的又一重要方面。书中"水利"

《农政全书》插图 (水转翻车)

一目，提出了一系列水利工程规划及措施，并引王祯《农书》的水利图谱、徐氏本人笔记的《泰西水法》，这些都是我国古代水利建设的经验总结。

值得一提的是，书中"荒政"一目，约占全书三分之一以上。可见备荒救灾也是作者农政思想的重要内容。书中提出的"预弭为上，有备为中，赈济为下"之救灾方针，于国计民生不无好处。而书中所录之《救荒本草》与《野菜谱》，无论是饥馑之岁，抑或丰穰之年，于拓展养生资源方面，都具有重要意义。此外，全书尤有学术价值的"树艺"、"种植"等目，记载了大量的植物及其栽培方法。据统计，《农政全书》目录上记有栽培植物一百五十九种，皆国人千百年来衣食住行取资之源，其文献资料的实用价值不言而喻。

《农政全书》不仅总结了十七世纪以前的中国农业生产知识，而且还融合了部分外来的农业知识，基本上囊括了古代农业生产和人民生活的各个方面，为后世保留了大量宝贵的文献资料，对人们研究古代农业技术作出了重要的贡献。遗憾的是，《农政全书》在徐光启生前未能出版，后来由他的学生陈子龙整理刊行。

《徐霞客游记》是以日记体为主的中国地理名著，作者是徐霞客。徐霞客（1587—1641），名弘祖，一作宏祖，字振之，号霞客，南直隶江阴（今属江苏）人。从万历三十五年（1607）

徐宏祖（霞客）像

二十一岁开始第一次出游，至五十六岁病逝前为止，他以惊人的毅力和非凡的胆略，"不避风雨，不惮虎狼"，年年出游，足迹遍及大半个中国。他以科学的态度，敏锐的观察，生动入微的文笔并附以日记的形式，详细记叙了旅途观察所得，对所到之处的地理、水文、地质、植物等现象，均作了详尽的记载，写有天台山、雁荡山、黄山、庐山等名山游记十七篇和《浙游日记》、《江右游日记》、《楚游日记》、《粤西游日记》、《黔游日记》、《滇游日记》等著作，除散佚者外，遗有六十余万字游记资料，身后由他人整理成《徐霞客游记》。书中有关西南地区岩溶地貌的记载，早于欧洲人约两个世纪。

传世的《徐霞客游记》文笔生动，记叙精详，极富地理学价值。该书被视为中国最早的一部详细记录所经地区地理环境的游记，也是世界上最早记述岩溶地貌并详细考证其成因的书籍，是研究我国历史地理的珍贵资料。

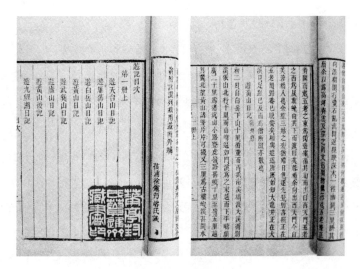

《徐霞客游记》书影

　　《徐霞客游记》还是一部很好的文学作品。其写景记事，悉从真实中来，具有浓厚的生活实感。书中经常运用动态描写或拟人手法，远较前人游记细致入微；写景时注重抒情，寓情于景，情景交融，使游记表现出很高的艺术性，具有恒久的审美价值。此外，在记游的同时，还常常兼及当时各地的居民生活、风俗人情、少数民族的聚落分布、土司之间的战争兼并等情事，多为正史所不载，因此，该书也具有重要的历史学、民族学价值。⑧

注释：

①　沈定平：《明清之际中西文化交流史——明代：调适与会通》，商务印书馆2007年版；王军、孟宪凤：《西学东渐与东学西渐——16—18世纪中西文化交流特点论略》，《北方论丛》2009年第4期；何兆武：《明末清初西学之再评

价》,《学术月刊》1999年第1期。

② 方尔加:《王阳明心学研究》,湖南教育出版社1989年版。

③ 吴震:《泰州学派研究》,中国人民大学出版社2009年版。

④ 张建业:《李贽评传》,福建人民出版社1992年版。

⑤ 张锦池:《中国四大古典小说论稿》,华艺出版社1993年版。

⑥ 王齐洲:《四大奇书与中国大众文化》,湖北教育出版社1991年版。

⑦ 黄霖:《金瓶梅漫话》,学林出版社1987年版。

⑧ 史仲文、胡晓林主编:《中国全史》第77卷《明代科技史》,人民出版社1994
年版。

附
录

附录一　明大事记

洪武元年（1368），朱元璋在应天府即帝位，国号明；同年，元顺帝逃往上都，史称北元；明军占领大都，元亡。

洪武十三年（1380），胡惟庸案发。左丞相胡惟庸以谋反罪被杀，株连三万余人；罢中书省，废丞相制度；改大都督府为五军都督府。

洪武十五年（1382），置锦衣卫，置都察院；置殿阁大学士，以备顾问。

洪武二十六年（1393），蓝玉案发。凉国公蓝玉因谋反被杀，受株连而死者一万五千余人。

洪武三十年（1397），南北榜案发，此后开明朝取士分南北区之先例。

洪武三十一年（1398），明太祖驾崩，皇太孙朱允炆即位，是为建文帝。

建文元年（1399），燕王朱棣起兵北平，靖难之役起。

建文四年（1402）六月，燕兵渡江，攻入南京。宫中起火，建文帝不知所终。燕王朱棣即帝位，是为明成祖。

永乐三年—宣德八年 (1405—1433)，郑和七下西洋，历经三十余国。

永乐五年 (1407)，《永乐大典》成书，凡二万二千九百三十七卷，一万一千零九十五册；改安南，置交趾布政使司。

永乐十九年 (1421)，迁都北京，以南京为留都。

永乐二十二年 (1424)，成祖第五次率师亲征鞑靼。七月还至榆木川时病死。皇太子高炽即位，是为仁宗。

洪熙元年 (1425) 五月，仁宗病死。六月，太子朱瞻基即位，是为宣宗。

宣德十年 (1435) 正月，宣宗死，太子朱祁镇即位，是为英宗。以宦官王振掌司礼监，明代宦官乱政由此开始。

正统十四年 (1449)，瓦剌也先犯大同，英宗率军亲征。八月十五日，在土木堡被瓦剌军所破，英宗被俘，史称土木之变。九月，朱祁钰即帝位，为景帝。十月，也先挟英宗逼京师，于谦率军击退也先，时称北京保卫战。

天顺元年 (1457) 正月，宦官曹吉祥及其党羽石亨等乘景帝病危，迎太上皇英宗复位，史称夺门之变。二月，景帝死。

天顺八年 (1464) 正月，英宗死，太子朱见深即位，是为宪宗。

成化十三年 (1477)，置西厂，太监汪直掌之。

成化二十三年 (1487) 八月，宪宗死。九月，太子朱祐樘即位，是为孝宗。

弘治十八年 (1505) 五月，孝宗死。太子朱厚照即位，是为武宗。

正德三年 (1508)，置内行厂，由太监刘瑾领其事。

正德五年 (1510)，河北刘六、刘七起义，为明中叶规模最大的一次起义。

正德十四年 (1519)，宁王朱宸濠反于南昌，南赣巡抚王守仁发兵平抚。

正德十六年 (1521) 三月，武宗死。四月，武宗从弟朱厚熜即位，是为明世宗。

嘉靖三年 (1524)，定大礼议，群臣力争，"左顺门之变"下狱者一百数十人。

嘉靖二十一年 (1542)，宫婢杨金英等谋杀世宗未遂，史称"宫婢之变"。

嘉靖四十五年 (1566) 十二月，世宗死。子朱载垕即位，是为穆宗。

隆庆五年 (1571)，封俺答为顺义王，开互市，史称"隆庆议和"。自此宣大以西平静无事。

隆庆六年 (1572) 五月，穆宗死。六月，太子朱翊钧即位，是为神宗。

万历元年 (1573)，张居正请行"考成法"，以整顿吏治。

万历九年 (1581)，张居正进行赋役制度改革。全面推行一条鞭法。

万历十六年 (1588)，努尔哈赤统一建州五部。

万历二十年 (1592)，宁夏之役起。

万历二十年—万历二十六年 (1592—1598)，日本丰臣秀吉侵朝鲜，朝鲜之役起，明军赴援。最后丰臣秀吉死，日军撤走。

万历二十二年 (1594)，吏部郎中顾宪成被责革职，遂回无锡修东林书院，与高攀龙等讲学，讽议朝政，评论人物，东林党议始于此。

万历二十八年 (1600) 播州杨应龙作乱多年，明军平乱，史称播州之役。同年，耶稣会教士利玛窦到京，神宗允许其在京师建教堂传教。

万历四十三年 (1615)，"梃击案"发。同年，努尔哈赤正式建立八旗制度。

万历四十四年 (后金天命元年，1616) 正月，努尔哈赤在赫图阿拉称汗，国号金，史称后金。

万历四十七年 (1619)，萨尔浒之战，此后明军对后金居守势。

泰昌元年 (1620) 七月，神宗死。八月，太子朱常洛即位，是为光宗。光宗病，鸿胪寺丞李可灼进红丸。光宗服后驾崩，时人疑下毒致死，是为“红丸案”。同年，廷臣恐光宗选侍李氏操纵朝政，迫令迁宫，是为“移宫案”。同年，皇长子朱由校即位，是为熹宗。

天启二年 (1622)，荷兰殖民者入侵台湾。

天启三年 (1623)，魏忠贤提督东厂。

天启六年 (后金天命十一年，1626) 八月，努尔哈赤死。九月，皇太极即位，是为清太宗。

天启七年 (1627)，熹宗死，弟信王朱由检即位，是为思宗。

崇祯元年 (1628)，陕西连旱，高迎祥等起义，明末农民战争开始。

崇祯三年 (1630)，李自成、张献忠起义。

崇祯九年 (清崇德元年，1636)，高迎祥遇难。李自成代为“闯王”。四月，皇太极即帝位，改国号为清，年号崇德。

崇祯十六年 (清崇德八年，1643)，李自成自称“奉天倡义文武大元帅”。八月，清太宗死，子福临即位，是为清世祖。

崇祯十七年 (1644) 正月，李自成陷西安，改西安为长安，号西京。并于西安称王，国号“大顺”。三月，李自成率大顺军攻占北京。明崇祯帝自缢死，明亡。

附录二　明代皇帝世系表

姓　名	庙　号	谥　号	年　号
朱元璋	太祖	高皇帝	洪武 (1368—1398)
朱允炆	惠帝	让皇帝	建文 (1399—1402)
朱　棣	成祖 (太宗)	文皇帝	永乐 (1403—1424)
朱高炽	仁宗	昭皇帝	洪熙 (1424—1425)
朱瞻基	宣宗	章皇帝	宣德 (1426—1435)
朱祁镇	英宗	睿皇帝	正统 (1436—1449)
朱祁钰	代宗	景皇帝	景泰 (1450—1457)
朱祁镇	英宗	睿皇帝	天顺 (1457—1464)
朱见深	宪宗	纯皇帝	成化 (1465—1487)
朱祐樘	孝宗	敬皇帝	弘治 (1488—1505)
朱厚照	武宗	毅皇帝	正德 (1506—1521)
朱厚熜	世宗	肃皇帝	嘉靖 (1522—1566)
朱载垕	穆宗	庄皇帝	隆庆 (1567—1572)
朱翊钧	神宗	显皇帝	万历 (1573—1620)
朱常洛	光宗	贞皇帝	泰昌 (1620—1621)
朱由校	熹宗	悊皇帝	天启 (1621—1627)
朱由检	思宗	烈皇帝	崇祯 (1628—1644)

附录三　主要参考书目

南炳文、汤纲：《明史》（上、下），上海人民出版社1986、1991年版。

[美] 牟复礼、[英] 崔瑞德著，思炜等译：《剑桥中国明代史》，中国社会科学出版社1992年版。

樊树志：《国史概要》，复旦大学出版社2004年版。

孟森：《明史讲义》，上海古籍出版社2002年版。

南炳文：《20世纪中国明史研究回顾》，天津人民出版社2001年版。

吴晗：《朱元璋传》，三联书店1965年版。

晁中辰：《明成祖传》，人民出版社1995年版。

王家范：《百年颠沛与千年往复》，上海远东出版社2001年版。

关文发、颜文广：《明代政治制度研究》，中国社会科学出版社1995年版。

樊树志：《明代文人的命运》，中华书局2013年版。

谭天星：《明代内阁政治》，中国社会科学出版社1996年版。

王天有：《明代国家机构研究》，北京大学出版社1992年版。

余华青：《中国宦官制度史》，上海人民出版社1993年版。

田澍：《嘉靖革新研究》，中国社会科学出版社2006年版。

[美] 黄仁宇：《万历十五年》，中华书局1982年版。

李洵：《下学集》，中国社会科学出版社1995年版。

张显清、林金树：《明代政治史》，广西师范大学出版社2003年版。

刘志琴：《晚明史论——重新认识末世衰变》，江西高校出版社2004年版。

刘志琴：《张居正评传》，南京大学出版社2006年版。

樊树志：《晚明史（1573—1644）》（上、下），复旦大学出版社2003年版。

[日]小野和子著，李庆、张荣湄译：《明季党社考》，上海古籍出版社2006年版。

谢国桢：《明清之际党社运动考》，中华书局1982年版。

顾诚：《南明史》，光明日报出版社2011年版。

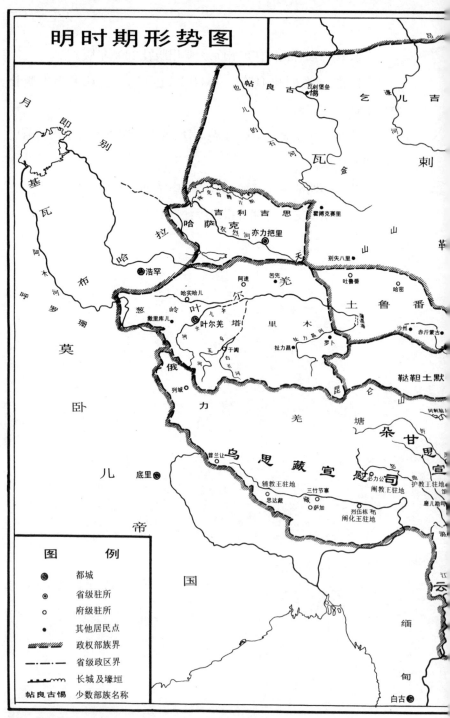

明时期形势图

月即别

瓦剌

吉利吉思

哈萨克

也帖良古㥄
瓦剌堡垒

乞儿吉吉思
乞儿河

瓦剌
金山
山

霍搏克赛里

哈拉

乌克哈朋古儿
吉利吉思
衣列河
亦力把里

别失八里

浩罕

哈实哈儿
葱岭
撒里库儿
叶尔羌
于阗

阿速 苦先
羌

吐鲁番 哈密

里 木 土鲁番
拉力昌
罗卜
沙州 赤斤蒙古

塔
叶尔羌河
玉河 白玉河

昆仑山

鞑靼土默

俄力

列城

羌

塘

垜 甘思宣

乌思藏宣

乌思藏宣尉司

普兰让

辅教王驻地

三竹节寨
思达藏
萨迦

慰力公
阐教王驻地

护教王驻地

磨儿勘河

底里

儿 帝 国

烈伍栋布
阐化王驻地

缅甸

白古

图　例

◎ 都城
◉ 省级驻所
○ 府级驻所
• 其他居民点
〰 政权部族界
‒·‒ 省级政区界
⌒⌒ 长城及壕垣
帖良古㥄 少数部族名称

万历十年（1582）

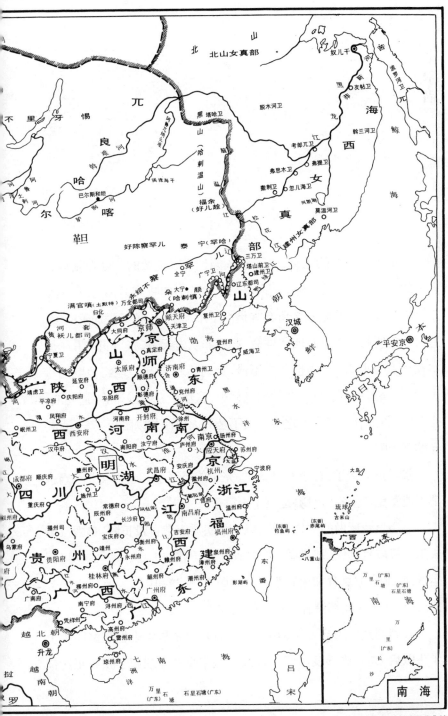

据《中国历史地图集》绘

结束语

　　一个走向灭亡的王朝，是无法人为地加以挽救的。就在张居正去世的第二年，万历皇帝在朝内落后守旧势力的胁迫下，对张居正当政时期参与改革的差不多所有官员都下了黑手，还抄了张居正的家，追回生前所赐的玺书及四代诰命，并以罪状告天下，张居正的儿子原本在锦衣卫办事，官声也非常不错，此时也莫名其妙地将他贬为平民，并且宣布永不录用。在抄家过程中，张居正家中饿死的、逼死的、拷问而死的，有一二十人之多。要不是有人出面加以阻止，差一点要开棺戮尸呢！

　　张居正的诸子，自杀的自杀了，充军的充军了。连其女儿女婿也都不能幸免。张家此时算是倒了大霉了。

　　万历皇帝所做的一切，史家以为那实质上是自毁长城，自毁改革成果。报应也真快，那样做立刻加速了明王朝的灭亡。民气丧尽，国运低迷，而官僚层愈加地腐败。对张居正一门的迫害，一直到万历帝的辞世，几十年间都没有一点点的改变。

　　直到明熹宗天启二年 (1622)，也就是离张居正去世整整四十个年头以后 (差不多涉及了两三代人)，熹宗皇帝才想起了张居正这位大功臣、大忠臣！复原官，予祭葬，张家家产只要有着落的一概发还。这些，于国、于民、于家都还有什么意思呢？正如朱东润教授在他的名著《张居正》的"尾声"一章中说的：

"国家到了艰难的时候，才想起往日的功臣。复官复荫，一切都想激励当日的臣工，但是事情已经太迟了。"

是啊，是太迟了。

此时，离明末农民大起义在崇祯元年 (1628) 的正式爆发，只有五六年的时间了。数以万计的所谓"贼兵"，正啸聚于白山黑水之间，他们已经对这个王朝完全失去了信心，他们注定要成为明王朝的掘墓人。

此时，严格地说是此前，也就是还在明政府对张居正一家严加惩处的万历四十四年 (1616)，也即是对张居正一家恢复名誉前六年，后来被称为清太祖的爱新觉罗·努尔哈赤建立了后金政权，正在筹划对明政权取而代之呢！

1622年，也就是为张居正一家人平反昭雪的那一年，离明王朝的彻底覆亡只有大约二十个年头了。

太晚了，的确是太晚了。民气丧尽，国运惨淡，明王朝只能是"无可奈何花落去"了。历史的潮流终究是不可阻挡的，其走向究竟如何呢？且看"细讲清史"一书。

图书在版编目（CIP）数据

沉暮与新生：明／张海英著. —— 上海：上海人民
出版社，2018
（细讲中国历史丛书／李学勤，郭志坤主编）
ISBN 978-7-208-15098-0

Ⅰ.①沉… Ⅱ.①张… Ⅲ.①中国历史－明代－通俗
读物 Ⅳ.①K248.09

中国版本图书馆CIP数据核字（2018）第068384号

总 策 划　郭志坤
策　　　划　上海文柏文化传播有限公司
出 版 统 筹　孙　瑜
责 任 编 辑　高笑红
装 帧 设 计　范昊如　夏　雪　等
地 图 绘 制　陈伟庆
地 图 审 图 号　GS（2014）1228号

细讲中国历史丛书
李学勤　郭志坤主编

沉暮与新生——明

张海英　著

出　　　版　上海人民出版社
　　　　　　（200001　上海福建中路193号）
发　　　行　上海人民出版社发行中心
印　　　刷　江苏苏中印刷有限公司
开　　　本　890×1240　1/32
印　　　张　10.5
插　　　页　5
字　　　数　228,000
版　　　次　2018年6月第1版
印　　　次　2019年5月第2次印刷
ISBN 978-7-208-15098-0/K·2731
定　　　价　68.00元